希腊化和中世纪早期哲学经典集成

章雪富 主编

《创世记》字疏
（下）

[古罗马]奥古斯丁 著

石敏敏 译

中国社会科学出版社

图书在版编目(CIP)数据

《创世记》字疏.下／(古罗马)奥古斯丁著；石敏敏译.
—北京：中国社会科学出版社，2018.11（2023.5 重印）
ISBN 978-7-5203-2790-9

Ⅰ.①创⋯　Ⅱ.①奥⋯②石⋯　Ⅲ.①基督教—研究
Ⅳ.①B978

中国版本图书馆 CIP 数据核字（2018）第 277235 号

出 版 人	赵剑英
责任编辑	韩国茹
责任校对	张爱华
责任印制	张雪娇

出	版	中国社会科学出版社
社	址	北京鼓楼西大街甲 158 号
邮	编	100720
网	址	http://www.csspw.cn
发 行 部		010-84083685
门 市 部		010-84029450
经	销	新华书店及其他书店
印刷装订		环球东方（北京）印务有限公司
版	次	2018 年 11 月第 1 版
印	次	2023 年 5 月第 2 次印刷
开	本	660×950　1/16
印	张	18.75
插	页	2
字	数	261 千字
定	价	78.00 元

凡购买中国社会科学出版社图书，如有质量问题请与本社营销中心联系调换
电话：010-84083683
版权所有　侵权必究

目　录

《创世记》字疏（下）

第七卷｜3

第八卷｜39

第九卷｜85

第十卷｜118

第十一卷｜162

第十二卷｜215

附录1｜282

附录2｜284

中译者后记（下）｜295

《创世记》字疏（下）

第七卷

人的灵魂被造

第一章　现在必须根据创 2.7 思考人的灵魂被造的问题

着手讨论灵魂问题

1. "上帝用地上的尘土造人,将生气(flatum vitae)吹在他脸上,他就成了有灵的活人(animam viventem)。"①

在前一卷开头我已经考察了这段经文,我想我已经根据我所理解的圣经含义,比较充分透彻地讨论了人的被造,尤其是他身体的被造问题。但要理解灵魂不是件容易的事,所以我认为明智的做法是将这个问题留到该卷单独讨论,只是不知主会在多大程度上帮助我,让我对这个问题说出点道理(recte loqui)。但我确实清楚地知道一点:若没有主的帮助,我不可能说出任何道理。

说出道理就是说得真实(veraciter)而恰当(congruenter),当我们按照信心和基督教教义都无法判定真伪时,就既不武断地拒斥什么,也

---

① 《创世记》二章 7 节。

不草率地论断什么；但是对于能够基于明显的事实或者某种圣经典据教导的事，我们要毫不犹豫地主张。

如何理解创 2.7：上帝……吹（flavit，sufflavit）……，等等

2. 那么我们首先考察圣经里所说的"上帝将生气吹在他脸上"①这句话。有些手稿译作"上帝赋予他灵气（spiravit，inspiravit）"②。但是希腊文本用的是 ενεφύσεν，所以显然，拉丁文应该是 flavit 或者 sufflavit（吹）。③

在前一卷④我曾讨论"上帝用手"从尘土造出人，这里，关于"上帝……吹"这话，我又何须多说，上帝当然不是用嘴和唇吹气，就如他造人时并非用看得见的双手创造一样。

3. 然而在我看来，圣经在我们讨论一个困难重重的问题时，通过这个词给予我们莫大的帮助。

第二章　将灵魂吹入人里面并不意味着上帝将他的实体给予人

灵魂并非与上帝同一本性

有些阐释者基于"吹"这个词认为灵魂是出于上帝自身实体的某

---

① 拉丁文：Flavit (sufflavit) in faciem eius flatum vitae.
② 拉丁文：Spiravit (inspiravit) in faciem eius.
③ 见 *De civ. Dei* 13.24，奥古斯丁在那里详尽讨论了他对创 2.7 的阐释。他的观点是，LXX 文本的正确译文（见本页注①）是 Insufflavit Deus in faciem eius flatum vitae, 不是 Inspiravit Deus in faciem eius spiritum vitae; 而这样的译文表明，上帝通过这个行为赐予人灵魂，不是把他圣灵分给人。
④ 见《〈创世记〉字疏》（上）6.12.20。

4

种东西，即属于上帝本性的某种东西。① 他们之所以持这种观点，是因为当人呼吸（sufflat）时，他的气息里呼出他本身的某种东西。但正是出于这个原因，我们要当心，这种观点违背大公教信仰，我们要拒斥。因为我们相信上帝三位一体中的本性和实体是绝对不变的，对此，虽许多人相信，却少有人理解。而对于灵魂，谁会怀疑它可以变好或变坏呢？因此认为灵魂与上帝属于同一实体是渎神观点。因为这种观点何异于相信上帝是可变的？

因此我们必须毫不犹豫地相信并理解真信仰所教导的，即灵魂之源于上帝，不论以何种方式，是他产生的（genuerit），还是他发出的（protulerit），乃如同他所造的一物，绝非出于他自己的本性。

第三章　进一步证明灵魂不是上帝实体的一部分

灵魂不是上帝实体的一部分，我们的气息也不是灵魂的一部分

4. 我们的对手反驳说，如果灵魂不是上帝的一部分或者确凿地说上帝实体的一部分，那经上为何写着："上帝将生气吹在他脸上，他就成了有灵的活人？"其实，从经上所使用的词可以清楚地看出事实并非如此。因为当人呼吸时，可以肯定，他的灵魂推动身体——身体服从灵魂——使身体产生气息，而不是从灵魂自身产生气息。我们的批评者绝不会无知到没有看到，当我们想要呼气时，我们的气息是通过对我们周围空气的自然呼吸产生的。即使可以认为在我们呼出的气息里，我们呼出某种不是源于我们呼吸的空气，而是出于我们自己

---

① 奥古斯丁想到了摩尼教徒。见 *De Gen. c. Man.* 2. 8. 11（ML 34. 201 – 202），他在那里反驳这种观点。他可能还想到普里西利安主义者（Priscillianists），他们认为天使和人的灵魂都是上帝实体的释放。见 G. Bardy, DTC 13. 1（1936）s. v. "Priscillien", 395。

身体的东西，身体与灵魂也是本性不同的事物，对此我们的对手应该没有异议。

因此同样确定的是，管理并推动身体的灵魂①本质上不同于气息，这气息是灵魂从服从于它的身体产生的，不是从身体所服从的灵魂自己的实体产生的，同时灵魂也调控气息。如果我们要比较两个大相径庭的事物，我们可以说就如灵魂支配身体，上帝支配造物。经上既说上帝吹出气息，我们为何不能理解为，上帝从一个服从于他的造物造出灵魂？虽然灵魂支配身体不同于上帝支配他所造的世界，但可以肯定，灵魂通过运动产生气息，并不是从它自己的实体造出气息。

在什么条件下可以说灵魂是上帝的气息

5. 我们或许可以说，并非上帝的气息就是人的灵魂，上帝乃是通过吹出气息造出人的灵魂。但我们绝不能因为在我们一句话好过一口气，就认为上帝通过话语所造的事物好过他通过气息所造的事物。无论如何，就我上面所引的话来看，完全可以把灵魂称为上帝的气，只要我们明白它不是上帝的本性和实体，而只是认为吹出气就是产生气息，产生气息就是产生灵魂。

上帝藉着以赛亚所说的话与这样的解释相一致："我的灵从我发出，每个气息都是我所造。"这里他并非指有形的气息，从接下来的话可以表明这一点。因为当他说了"每个气息都是我所造"后，就接着说："因他的罪，我就暂时磨炼他、击打他。"② 这样看来，气息的意思

---

① 采纳拉丁文 quae，它比 qua 更合理。
② 《以赛亚书》五十七章 16—17 节。奥古斯丁的经文基于 LXX。希伯来文本有各种不同的译法。RSV 译为："灵从我发出，我造出生命之气。因他贪婪的罪孽，我就发怒击打他。"无论哪种译法，气息都等于上帝所造的灵魂。见 T. K. Cheyne, *The Prophecies of Isaiah* (London 1880–1881) 2.74；而这就是奥古斯丁的意图。

不就是灵魂吗，此外还有什么意思？这灵魂因为罪受到击打，遭受苦难。所以，"每个气息都是我所造"的意思不就是"每个灵魂都是我所造"吗？

第四章　即使主张上帝是世界灵魂的人也不可能合乎逻辑地认为上帝的气息就是他实体的一部分

灵魂不是出于上帝的实体，也不是出于世界的身体

6. 如果我们说上帝就如同这个有形世界的灵魂，世界本身对他来说就如同一个生命物的身体，①那当我们说他用自己的气息造出人的灵魂时，要正确理解它的意思，只能说我们是指由周围空气形成的物质性灵魂，它是他身体的一部分，顺服于他。至于他通过呼气可能给予的，②我们必须认为，他不是从自身给予，而是从顺服于他并作为他身体一部分的空气给予，正如灵魂不是从自身产生气息，而是从同样顺服于它的某物，即它的身体产生。

但我们说不仅这世界的身体顺服于上帝，而且他在一切造物之上，包括属体的和属灵的，所以我们必须相信，他造灵魂既不是从自身呼出灵魂，也不是从世界的有形元素呼出灵魂。

---

① 在 De civ. Dei 7.6 中奥古斯丁提到斯多亚学派关于世界灵魂（瓦罗阐述）的理论；同书 10.2 提到柏拉图和新柏拉图主义关于世界灵魂（普罗提诺提出）的理论。这里他没有提出自己的世界灵魂观，第四章第一个句子是虚拟的。

② 采纳 z 的文本，略去 fecisset（创造）。

第五章　当上帝将灵魂吹入亚当，他是从无造出灵魂，还是从某种先前造好的灵性事物形成灵魂？

探讨灵魂是从虚无造的还是从某种事物造的

7. 那么对于灵魂的被造我们该说什么呢？上帝是从那完全不存在的东西即虚无中造出它吗？或者从某种他已经造在灵性等级中但还不是灵魂的事物中产生？这是一个值得探讨的问题。①

如果我们不相信上帝在同时创造了万物之后仍然从虚无创造事物，如果我们因此相信他歇了他原初开始创造并完成的一切工安息了，因而不论他后来可能创造什么，都会从这些工来创造，那么我就不知道我们能如何理解他仍然从虚无创造出灵魂。

或许我们应该说，上帝在最初六日创造的工中创造了隐秘的日子②，以及（如果这就是我们要相信的）灵性和理智的王国，也就是天使一族（unitatis angelicae）；还有世界，即天地；那么我们或许应当补

---

① 奥古斯丁之所以面临这样的困境，是因为他认为上帝在六日创世完成了所有的工之后就不再创造任何新的存在。他已经指出，六日故事中创造的工实际上是同时（一次性）创造的，他的观点基于《便西拉智训》十八章 1 节"那永生的同时创造了万物"（据奥古斯丁的拉丁文本）。此外，创 2.2 告诉我们，上帝在第六日完成了所有的工，第七日就安息了，这似乎可以推出，他歇了创造之工安息了，这安息持续到随后所有世代，所以不可能他还创造任何新的存在物。《约翰福音》五章 17 节"我父做事直到如今"，是指上帝对他所造世界的管理，不是说任何新的创造。至于可见世界里持续不断出现的新事物，那是上帝在最初创世时置于自然深腹中的原因理性，即那些种子原理的展开。奥古斯丁用这个观点解释庄稼、树木、草丛、动物甚至人体的产生。于是他的问题就成为：我们是否可以说，上帝在最初创世时创造了整个人类灵魂的属灵的原因理性，它们将在世代进程中生成灵魂。

② 参《创世记》一章 5 节："上帝称光为昼。"这是创造的第一日，上帝在这一日创造并照亮了天使。奥古斯丁认为只有一日，这一日重复了六次［见《〈创世记〉字疏》（上）5.3.6］，每个"日"没有任何时间间隔，表示造物界的一部分向天使显示［《〈创世记〉字疏》（上）5.23.46］。

8

充说，在这些既存事物中，上帝造了其他将来要显现之事物的理性原理，但不是事物本身。否则，如果这些事物早就按它们注定要成为的样子创造出来，那它们就不再是注定要成为的事物。果真如此，那么当时在被造世界里还不存在人的灵魂。当上帝吹出生气，造出灵魂，把它放在人里面，这才开始有人的灵魂。

探讨上帝的气息——从虚无形成——是人的灵魂

8. 但这并没有解决难题。我们想知道上帝是否从虚无中造出称为灵魂并且在此之前并不存在的事物，这里所基于的前提是：他的气息不是源于某种次级实体，不同于灵魂从身体呼出的气息，如我们已经指出的。那么上帝的气息完全是从虚无形成的吗？当他高兴的时候就呼出来，呼出的气息就成了人的灵魂？或者已经存在某种灵性物质，不论它的本性是什么，还不是灵魂，然后从这个物质形成上帝的气息，等同于灵魂本身？就人的身体来说，有一个与之相对应的事物（即尘土），在上帝从地上的尘土造出身体之前，这身体是不存在的，因为尘土并不是人的肉身，但它是能造出原本不存在之物的某种东西。

第六章 灵魂是否有某种先前被造的灵性物质，就如身体有尘土那样？

探讨是否预先存在某种灵魂的质料，就如身体的质料那样

9. 这样说来，如果在最初六日的创造之工中，上帝不仅创造了将来人的身体形成的原因理性（causalem rationem），而且创造了身体得以产生的质料或原料（materies），即地（土），从地上的尘土就可造出人的身体；而就灵魂来说，他只是创造了它得以形成的原因理性，但没有创造任何它得以产生的它自己的质料，这种说法是否可信呢？

如果灵魂是某种不变的东西，我们就没有必要去寻找它自己特定的质料；然而，它是可变的，这表明它有时因恶习和欺骗而毁形，有时因美德和真教义而造就，同时它作为灵魂的本性保持不变；正如肉身可以因健康而容光焕发，因疾病或伤害而憔悴难看，同时仍然保守肉身的本性。① 但肉身在成为肉身并拥有天然的美或丑之前，已有了质料，即土，从土造出肉身。那么灵魂在被造为灵魂的本性——它的美是德性，它的丑是恶习——之前，或许也已经有它自己的灵性物质存在，尽管还不是灵魂，正如肉身从中形成的土虽然还不是肉身，但已经作为某物存在。

10. 但有一点不同。因为土在人体被造之前，充满世界的最低级部分，它把自己的整个实体给予世界，这样，即使没有任何生命物的肉身从它被造，通过它自己的形式，它也可以填满世界的结构和体积；正因为这样，世界才被称为天地。

第七章　关于设想有一种灵魂从中被造的灵性质料这个问题的困难

很难说那种质料是什么东西

　　如果曾经有过这样一种灵性质料，灵魂从中被造出来，或者现在仍

---

① 见《忏悔录》12.6.6：“可变事物的可变性本身表明它能接受各种形式，使可变事物变为那些形式”，以及 12.19.28，他在那里说：“一切可变事物使我们认识到形式的某种缺乏，因此它可以接受形式，也可以改变形式。”所以，有物质性的质料，也有灵性的质料，如奥古斯丁在上面 1.4.9 至 1.5.11 所解释的。他的阐释是接受了普罗提诺思想的基督教解释。见 A. H. Armstrong, "Spiritual or Intelligible Matter in Plotinus and St. Augustine", *Aug. Mag.* 1. 277 – 283。不过这里是在讨论一个虽然相关但不同的问题，即上帝是否可能在最初的创造中放置某种灵性物质，以便后来从中造出灵魂。前一个问题讨论无形式的质料，它与形式同时被造，并作为变体的基质。而这里的问题是讨论灵性世界里是否可能有某种物质，作为一个实体与它自己的质料和形式一起被造，这样就可以说灵魂从它被造，就如同身体从地上的尘土被造一样。

有这样一种东西，灵魂从中被造，那它究竟是什么呢？它的名字是什么，形式是什么，在创造之工中起什么作用？它是有生命的，还是无生命的？如果它是活的，它做什么？它在世界中产生了什么？是过着幸福的生活，还是不幸的生活，或者既非幸福也非不幸的生活？它能赋予其他事物生命吗？或者完全没有这样的功能，并且安息在宇宙的某个隐秘深处，既无活跃的感知，也无生命的活动？如果它里面没有任何一点生命痕迹，那么这样一种无形体、无生命的质料怎么可能为某种未来生命作预备？这样看来，要么这种假设是错误的，要么这是我们无法理解的一个奥秘。

再者，如果它的生活既非幸福也非不幸，那它怎么会是理性的？如果它在人的灵魂从这种质料被造时就是理性的，那理性的（即人的）灵魂之质料是非理性的生命吗？倘若如此，这种生命与牲畜的生命有什么区别？或者它只拥有理性生命的可能性，还没有操练它？我们看到，一个婴孩的灵魂——当然是人的灵魂——还没有开始使用理性，然而我们把它称为理性灵魂。那么我们为何不能相信灵魂从中被造的这种质料也是如此，思想的生命还处于沉睡之中，正如婴孩的灵魂，可以肯定是人的灵魂，只是理性生命尚处于休眠状态？

第八章　人的灵魂从中被造的那种生命是幸福的吗？这个问题的困难

那种质料不可能是有福的生命

11. 如果人的灵魂从中被造的那种生命已经是一种有福的生命，那么灵魂被赋予的是略逊一筹的生命，因此那种生命不是灵魂的质料，灵魂倒是它所流溢（emanation）①的低级事物。要知道，当一种质料被

---

① 拉丁文为 defluxio，从词源学上看，这个词的意思是一种流出物，它表示肯定低于其源头的一种实体。

造，尤其是上帝所造，它必然因成形而得提升。但人的灵魂即使可以认为是上帝创造的处于某种有福状态的某种生命形式的流溢，也不可能认为它已经开始按自己的功德存在，唯一可以肯定的是，当它被造为灵魂，赋予身体生命，就开始过自己的生活，使用自己的感官作为信使，① 意识自己的个体生命、意愿、理智以及记忆。因为如果有某种造物，上帝从它把气吹入他所造的肉身，藉着可以称为气息的东西造出灵魂，如果气息的源头处于有福状态，它就绝不可能变动或变化，当那从它流出的溢物成为灵魂时，它也不缺失任何东西。

第九章　假设质料是非理性灵魂的困难。驳斥轮回

那种质料不可能是某种非理性的灵魂

因为它不是身体，因而不可能因呼出而有所减损。

12. 但如果理性灵魂（即人的灵魂）从中被造的质料是某种非理性的灵魂，那么又出现这样的问题，这非理性灵魂产生的源头是什么？显然，它也只能是万物之造主创造的。

或者它是从属体的质料来的？若如此，那我们为何不能说理性灵魂也是从这种质料来的？可以肯定，如果某种结果确实可以一步一步产生，没有谁会否认上帝即使省略过程也可以成就同样的结果。所以，不论中间的步骤是什么，如果某个非理性灵魂的质料是物体（corpus），而这个非理性灵魂又是理性灵魂的质料，那么毫无疑问，理性灵魂的质料也是物体。但是我知道没有人胆敢提出这样的观点，除非他主张灵魂本身不是别的，就是一种物体。

---

① 关于感官是信使，见 7.14.21 以及本书第 19 页注①。奥古斯丁一生中对感觉始终持一种积极观点。见 Kalin 13-14, 31 以及 Bourke 110-112。

探讨灵魂转世

13. 如果我们承认某个非理性灵魂是理性灵魂从中产生的基础质料，我们必须警惕，要提防灵魂转世（translatio animae）的观点，即相信灵魂有可能从兽类转移到人。这种观点完全违背真理和大公教信仰。因为它认为，如果一个非理性灵魂改造好了，就会成为某个人的灵魂；同样，如果一个人的灵魂变坏了，就会成为某个兽的灵魂。有些持有如此荒谬观点的哲学家导致他们的后辈陷入尴尬，于是这些后辈就说，他们的先辈并没有主张这样的观点，只是被人误解了而已。[1] 我相信这是事实。

同样，当我们的圣经上说"人尽管尊贵，却不明白；他与无知的畜类为伍，变成与它们一样"[2]，或者当它说"不要将向你忏悔的灵魂交给野兽"[3]，有人也可能采取这样一种错误解释。有些异端不是不读大公教圣经，他们之所以成为异端，不是因为别的，唯一的原因是他们错误地解读经文，而且顽固地坚持自己错误的观点，反对这些书卷的真理。不论哲学家关于灵魂轮回（de revolutionibus animarum）的观点是什么，相信野兽的灵魂进入人或者人的灵魂进入野兽，都与大公教信仰相悖。

---

[1] 奥古斯丁显然想到柏拉图和经波菲利修正的普罗提诺的观点。柏拉图《蒂迈欧篇》42c、《斐多篇》81d–82b 以及普罗提诺《九章集》3.4.2 都说，人的灵魂被判入住野兽体内，作为对罪的惩罚。波菲利并不认同这种观点。见奥古斯丁《上帝之城》10.30，Henry Bettenson 翻译（Penguin Books 1972）417："如果认为凡柏拉图所说的一概不能修改，那么为何波菲利自己作了一系列重要修正？柏拉图确定无疑地写道，人死后灵魂轮回，甚至进入野兽的身体。波菲利的老师普罗提诺也持同样的信念。然而，波菲利却非常正确地拒斥了这一观点。"不过，无论是奥古斯丁引用的波菲利的引文中，还是波菲利现存作品的其他地方，都没有奥古斯丁这里所提出的在温和意义上重新解释柏拉图或普罗提诺的意思。当然，奥古斯丁可能看过一些现在已经佚失的波菲利的文本。

[2] 《诗篇》四十八篇 13 节。（因与和合本相去甚远，故据英文和拉丁文直译。下同——中译者注）

[3] 《诗篇》七十三篇 19 节。

第十章　进一步反驳轮回转世说

同样的习性不能导致人的灵魂转移到野兽

14. 历史告诉我们，圣经也教导我们，人凭着自己的生活方式可以成为野地的兽类。因此我所引用的《诗篇》作者才会说："人尽管尊贵，却不明白；他与无知的畜类为伍，变成与它们一样。"① 但这话指的是今世的生命，不是来世的生命。因此当《诗篇》作者说"不要将向你忏悔的灵魂交给野兽"② 时，他希望不要将忏悔的灵魂交给像野兽一样的权势，就如主告诫我们要提防的，他说他们外面披着羊皮，里面却是残暴的狼③；或者他希望不要将他的灵魂交给魔鬼及其天使，因为魔鬼就被称为狮子和大蛇。④

探讨哲学家关于灵魂转世的论证

15. 那些认为人死后灵魂可以进入野兽，或者野兽的灵魂可以进入人体的哲学家提出了怎样的论据呢？他们指出，人的行为方式将他们引向同类的造物：守财奴引向蚂蚁，掠夺者引向鸢，残暴而傲慢的人引向狮子，贪婪者引向猪，如此等等。⑤ 这就是他们主张⑥的论据。但他们没有留意到一点，根据这种推论，死后野兽的灵魂要进入人体是完全不可能的。因为一头猪无论如何只能是猪，不可能像一个人；狮子被驯服

---

① 《诗篇》四十八篇 13 节。
② 《诗篇》七十三篇 19 节。
③ 《马太福音》七章 15 节。
④ 《诗篇》九十篇 13 节。
⑤ 参柏拉图《斐多篇》81d – 82b。
⑥ 采纳拉丁文 adserunt，而不是 afferunt。

之后，与其说像人，不如说更像狗，甚至绵羊。因此野兽并没有放弃野兽的习性，那些与同类相比多少有点另类的野兽仍然是野兽，不会与人相似。它们与人类的区别远远大过兽类之间的区别。所以，如果同类相吸，那野兽的灵魂永远不可能成为人的灵魂。

如果支持灵魂转世者的这种论证是错误的，那他们的理论怎么可能正确呢？因为他们并没有提出任何别的论据来确立这个观点的可能性——先不说它的真理性。我倾向于认同他们后来的追随者所说的，他们说老一辈最初将这种论述放在自己的作品中，意在让人把它理解为比喻今世的生活，人因恶行和可耻的行径，像野兽一样，因而在某种意义上就转变成了野兽。由此他们希望向迷途的人指明其堕落行径，从而唤醒他们抛弃恶欲。

第十一章　摩尼教徒关于转世的荒谬理论

灵魂转世的某些传说

16. 有传说某某人拥有关于自己在动物身体里的某些记忆。这样的传说要么是错误的，要么是由这些人心里的鬼魔产生的一种幻觉。因为如果人在睡梦中可以受某种错误记忆引导，误以为自己是事实上不是的角色，或者以为自己做了其实并没做的事，那么鬼魔被允许——上帝的公义审判是我们无法知道的——甚至在人清醒的时候在他们心里产生某种类似的效果，也并不足以为奇。

摩尼教徒的观点比哲学家的更可鄙

17. 摩尼教徒把自己看作基督徒，或者喜欢被人看作基督徒，他们对灵魂转世或轮回持有的观点比那些外邦哲学家或者其他教导这种谬论的人更加可鄙，更加可憎。因为外邦哲学家和其他人对灵魂的本性与上帝的本性作出区分，而摩尼教徒说，灵魂不是别的，就是上帝的实体，并且完全等同于上帝本身。他们毫无顾忌地说它是可变的，不顾这种说法与它的本性如何不配，因而按照他们不可思议的愚蠢观点，没有哪种植物或虫类不能与灵魂结合，或者灵魂不能转移过去的。

他们用"肉心"（carnali corde）来思考这些晦涩的问题，从而必然陷入错误、有害而可笑观点的泥沼，所以他们应当远离这样的问题，坚守那生来就根植于每个理性灵魂的基本原理，毫无疑义、不容争论的原理，即有一位上帝是绝对不变不动、不朽坏的。这样，他们那个冗长的无稽之说连同它的千百个不同版本——他们在愚蠢而不敬的心里可耻地构想出①上帝的可变性——就会戛然而止。

18. 因而，用来创造人之灵魂的质料不是非理性灵魂。②

第十二章　人的灵魂不是造于任何有形甚至不是从空气或天火造出

灵魂不是出于物质元素

那么上帝吹气所造的灵魂究竟是用什么材料造的呢？会是某种具有潮湿的属土物质吗？③ 绝不可能！肉身才是由这些元素构成的。因为潮湿的土不就是黏土吗？我们绝不能认为灵魂完全由水分构成，似乎肉体

---

① 拉丁文 quam finxerunt。
② 这个结论把读者一下子带回到第九章，那里奥古斯丁思考非理性灵魂作为上帝创造理性灵气之质料的可能性。关于轮回转世的讨论有点离题。
③ "属土的、潮湿的"，即由四大元素之土和水构成。在一下段落里奥古斯丁思考另外两种元素气和火。

出于土，灵魂出于水。因为以为人的灵魂是由构造鱼类和鸟类之肉身的材料创造的，岂非荒谬透顶。①

灵魂也不是出于空气

19. 那么人的灵魂是否由空气所造呢？因为气息属于这种元素——不过只是我们的气息，而不是上帝的气息。因此我在上文说过，② 如果我们把世界设想为一个巨型生命体，相信上帝就是这个生命体的灵魂，那么可以合理地认为，上帝是从他自己身体的气呼出灵魂，正如我们的灵魂从它自己身体的气呼出气息一样。但是很显然，上帝无限地超越于世上一切有形体的造物，也超越于他所造的一切灵，他是无可比拟的，所以对于这样的解释怎么能当真呢？

我们是否可以说，上帝越是藉着他那无与伦比的大能向他的整个造物界显现，他就越有可能从气（aere）造出气息（flatum），这气息将成为人的灵魂？但是灵魂是非物质的，而从世界的物质元素产生的事物，不论是什么，必然是物质性的。我们必须把气包括在世界的元素中。但即使有人说灵魂是从纯粹的天上之火产生的，我们也不能相信他。③ 有些哲学家主张所有身体都可以转变为其他身体。④ 但就我所知，没有谁会认为哪个身体，地上的或天上的，能转变为灵魂，成为非物质的存在物，这种观点也不是我们信仰的一部分。

---

① 参《创世记》一章20—22节。
② 见上面7.4.6。
③ 斯多亚主义者芝诺认为第五种实体（或元素）——他认定是火——是理性和理智的源头。见 Cic. *De fin.* 4.5.12。Aetius, *De placitis reliquiae* 4.3.3（SVF 2.779）说："斯多亚主义认为灵魂是一个火性的、理智的灵。"见7.21.27及本书第25页注②。
④ 关于元素的相互转化，见《〈创世记〉字疏》（上）第三卷第89页注①。

第十三章　根据医学家，除了土，火和气元素也存在于身体内

关于人体的某些医学观点

20. 我们或许应当考虑一下医学著作者不仅主张而且认为他们能够证明的观点。他们说，尽管所有身体显然都有对应于土元素的固体，但它们也有一些气体，在肺部，是通过血管——他们称为动脉——从心脏分送过来的。[①] 再者，如这些著作者表明的，身体也有温热的火性，它位于肝部，它的活性使它流动，并上升到最高处，即大脑，可以说，也就是身体的天。[②]

由此产生光线，从眼睛放射出来[③]，纤细的管子不仅从这个中心连

---

① 埃拉西斯特拉图斯（Erasistratus，约公元前三世纪）根据希腊医学传统认为，吸入肺部的气体是由肺动脉带到心脏的，到了心脏就成了生命的"普纽玛"（vital pneuma）。它从心脏经颈动脉到达大脑，到了大脑就转变为一种更精致的实体，称为"心灵普纽玛"（psychic pneuma），通过神经分配到整个身体，从而有可能产生感觉和活动。加伦（约公元二世纪）在几个细节上纠正了这种描述，尤其是他认为动脉包含血液和普纽玛。见Margaret Tallmadge May, *On the Usefulness of the Parts of the Body* (Ithaca, N.Y. 1968) 1.46-48对加伦的介绍。奥古斯丁对医学著作者的观点很熟悉，这似乎并不奇怪，因为在罗马帝国有许多医学作者用拉丁文写作，其中包括塞尔苏斯（Celsus）、斯克里波尼乌斯·朗格斯（Scribonius Longus）、普林尼（Pliny）、普里斯奇亚努斯（Priscianus）、文提齐亚努斯（Vindicianus）、凯利乌斯（Caelius）以及奥勒利亚努斯（Aurelianus）。奥古斯丁年轻时在迦太基就与文提齐亚努斯有私交。他提到文氏是个"具有卓见之士"（《忏悔录》4.3.5）和"明智的长者"（《忏悔录》7.6.5）。文提齐亚努斯的作品在当时有一定的影响力。见Martin Schanz, *Geschichte der römischen Litteratur* (2nd ed. Munich 1914) 4.1203-1204. 关于奥古斯丁对解剖学和生理学的兴趣的更多证据，见他的 *De anima et eius origine* 4.5.6 (ML 44.527-528) 以及 H.-I. Marrou, *Saint Augustine et la fin de la culture antique* (4th ed. Paris 1958) 141-143。

② 在《〈创世记〉字疏》（上）3.5.7 中奥古斯丁解释说，身体里的火元素，按五大感官各自的本性，产生相应的感觉。

③ 这种光线从眼睛发射出来的观点也出现在 1.16.31，4.34.54，12.16.32。见《〈创世记〉字疏》（上）第一卷第 44 页注②。

接到眼睛，也连接到其他感官，即耳朵、鼻子、上颚，产生听觉、嗅觉、味觉。此外，他们说，分布于全身的触觉也从大脑沿着颈椎的骨髓和连接中枢的脊椎骨散开，产生感觉的细小管道再从那里分布到身体的各个部位。

第十四章　灵魂通过理智所认识的远高于它通过感官所感知的

灵魂不可能出于物质元素（ex corporeis elementis）

因此，正是借着这些信使，灵魂才意识到它所注意到的物质世界的事物。① 但灵魂本身具有完全不同的性质，所以当它想要理解神灵或上帝，或者只是想理解它自身，思考它自己的德性时，它就离开这种眼睛发出的光，以便获得真实而确定的知识；当它认识到这光无助于它的目标，甚至妨碍它的目标时，它就自我提升到心灵的视界。既然这低级世界的顶端不过就是眼睛所发出的光，这光只对感知物质形式和颜色有帮助，丝毫无助于灵魂，那它怎么可能属于这样的世界呢？灵魂本身拥有数不胜数的完全不同于任何一类物体的对象，它只能用理智和理性之眼来看这些对象，这个王国是身体感官所无法企及的。

---

① 奥古斯丁在主张灵魂并非被动地受感觉感知到的物质对象作用时，不断地使用感官如信使的比喻。因此在下面12.24.51 中他说："灵魂利用身体作为信使，以便在自身内构造对象，引导他的注意力离开外在世界。"这个比喻也可见于 Cic., De leg. 1.9.26 以及 De nat. deor. 2.56.140，但那里并没有暗示主动感觉论。

第十五章　灵魂通过光和气支配身体

灵魂不可能是物体（corpus）

21. 因此人的灵魂并非由土或水或气或火构成，不过，它正是通过较为精致的元素，即光和气，支配它粗重身体的质料，即被造为肉身的湿土。① 因为没有这两种精致元素，就不会有身体的感觉，也没有灵魂引导下的任何自发的身体活动。正如知道必然先于行为，同样，感觉必然先于运动。既然灵魂是非物质的，它必先作用于某种类似于无形体者的物体，即火或者毋宁说光与气，然后通过这些物质作用于更粗重的物质元素，比如水和土，它们构成物体的固态体积，更倾向于被动承受，而不是主动作用。②

---

① 奥古斯丁所说的光和气介于灵魂与身体之间这个观念不仅建立在医学家的观点上（如他在第十三章所说的），更大的原因在于出现在亚里士多德、斯多亚主义和新柏拉图主义笔下的普纽玛这个概念。亚里士多德（*De gen. animal.* 736b）认为普纽玛是比四大元素更神圣的质料，连接灵魂与身体。根据斯多亚主义（SVF 2.442），普纽玛是气与火的合成体。普罗提诺（*Enn.* 1.6.3）说，火是所有物体中最精致的，接近无形体的精神；但他说，光是非物质的。奥古斯丁并不认为光是非物质的，但在 *De lib. arb.* 3.16.58 与 3.5.16（CSEL 70.103，28 Green；ML 32.1279）中他说："在物质世界里，光是最杰出的。"但他已经（3.4.7 supra）提醒读者，物质世界与非物质世界是分立的："确实，在物质世界里本性越是精细的事物，与灵性事物越相近；但这两个领域在类别上截然不同，一个是物质，另一个不是。"见 W. R. Inge, *The Philosophy of Plotinus* (3rd ed. London 1929) 1.219–220；A. H. Armstrong, *The Architecture of the Intelligible Universe in the Philosophy of Platinus* (Cambridge 1940，reprint Amsterdam 1967) 54–55；G. Verbeke, *L'Evolution de la doctrine du pneuma* (Paris 1945) 505；亦参见下面 12.16.32。

② Cic. *Acad.* 1.7.26 也可发现这个观念：气与火是较为主动活泼的元素，水与土是更为被动消极的元素。

第十六章　感觉和自发活动将人、动物与植物、树木相区分

为何经上说：人就成了有灵的活人（animam vivam）

22. 在我看来，经上之所以说"人就成了有灵的活人"①，正是因为他开始拥有身体上的感觉，这是表明肉体有生命、活的最明确的一个标记。诚然，树木活动不仅因为有外力激发，比如大风摇动它们，还由于某种内在活动，使树木生长发育，各从其类，使水分渗入根系，转变为植物或树木的构成部分。这个过程没有内在活动是不可能发生的。但这种活动不同于与感觉相关的管理身体的活动，就如各种动物身上的活动，圣经把动物称为有灵的活物。② 甚至就我们自己来说，若不是我们自身里面的内在活动，我们的身体不可能发育，也不可能长出指甲或头发。但如果我们里面只有这种活动，而没有感觉或自发活动，经上就不会说人就成了有灵的活人。

第十七章　为何说上帝将生气吹在人的脸上

为何说上帝将生气吹在人的脸上

23. 所有感官神经都分布在大脑前部，这一部分靠近额头，而感觉器官，除了触觉——它布满整个身体——都在脸上。即使是触觉，我们知道，它的路径也是从大脑的前部经头顶返回，然后到颈部和脊椎中

---

① 《创世记》二章 7 节。
② 武加大本拉丁文《创世纪》一章 21 节用"活物"（living being）指低级动物，但在奥古斯丁的拉丁文本中并非如此。

枢，如我所说的。① 因此，脸以及身体的其他部位都有触觉，而看、听、闻、尝这些感觉的器官只存在于脸上。

我想这就是圣经说上帝"将生气吹在人的脸上"的原因所在，"他就成了有灵的活人"②。事实上，我们可以认为大脑前部比后部更加卓越：前者领引，后者跟随；感觉源于前者，而活动出于后者，正如计划先于行动一样。

第十八章　大脑的三部分分别关联于感觉、活动以及活动的记忆

关于大脑的三个脑室

24. 由于任何一个跟随感觉的身体活动都需要一定的时间间隔，也由于我们若不借助于记忆，我们就不可能在一段时间之后还能自发活动，所以医学家指出，大脑有三个脑室。第一个在前部，靠近脸，它是所有感觉产生之处；第二个在大脑后部，靠近颈部，是所有活动产生之处；第三个位于两者之间，医学家认为它是记忆所在之处。由于活动跟随感觉，所以人若没有这个记忆之处，忘记已经做了什么，就不可能知道应该做什么。

医学家说，有些疾病或病理状态会影响大脑的这些部分，由此可以清楚地证明大脑存在这样的不同脑室。当感觉、活动以及对活动的记忆受到损伤，每个脑室的功能就会出现一个清晰的迹象，通过对这些不同脑室使用药物，医生可以确定哪个脑室需要治疗。然而，灵魂作用于大脑的这些部分，如同作用于它自己的器官。事实上它们与灵魂并不是同

---

① 见上面 7.13.20。
② 《创世记》二章 7 节。

一的事物，但灵魂激活所有这些部分，统治它们，通过它们为身体以及这个生命供应所需，由此人就成了一个有灵的活人。

第十九章　身体疾病损害身体里的灵魂活动，最终导致死亡

灵魂优越于一切属体造物

25. 在寻找灵魂的源头，即上帝创造这气息——称为灵魂——的质料时，我们不应当考虑任何物质性材料。就如上帝因其本性的卓越而高于一切造物，同样，灵魂也高于一切属体造物（corpoream creaturam）。不过，光和气在这个物质世界里属于性质优越的物质，相比于水和土，它们更加主动活泼，而不是被动消极，所以具有优越性。因此，灵魂通过这两种与灵具有某种相似性的元素管理身体。①

比如，属体的光通报某事，它不是向与它自身同一性质的某物通报，而是向灵魂通报，但作出通报的光并不是灵魂。② 当灵魂因身体上的折磨而苦恼时，可以发现，它统治身体的活动因身心平衡的破裂而受阻，这种折磨称为痛苦。此外，弥散于神经的气③服从意向，从而推动肢体，但气本身不是意向。再者，大脑的中间部分发出信号，宣告身体的活动，记忆就是留下这些活动④，但这部分并不是记忆。最后，当这些功能由于疾病或干扰完全丧失，感觉信使和活动主体停止运作，灵魂

---

① 在上面 7.15.21 中奥古斯丁谈到"光和气"是居于灵魂与身体之间的一种精致实体（或元素），然后又说到这种实体是"火或者毋宁说是光和气"（ignit, vel potius lux et aer）。关于新柏拉图主义的普纽玛概念，见本书第 20 页注①。
② 关于感官是信使，见 7.14.20 和本书第 19 页注①以及《〈创世记〉字疏》（上）第三卷第 91 页注②。
③ 见 7.13.20。
④ 见 7.18.24。

似乎没有任何理由留存，于是就飘然离去。但如果它们并没有完全丧失功能，就如死亡那样，只是灵魂的注意力①被打乱，就像一个人试图把东西放回，但一直不成功——如果是这样，医生可以从干扰的性质知道系统的哪一部分产生了机能障碍，所以如果可能，就可以找到治疗方案对付它。

第二十章　灵魂不同于身体的器官

灵魂不同于身体器官

26. 我们必须将灵魂本身与它的属体施动者（corporalia ministeria）相区分，不论这些施动者是器皿（vasa），还是器官（organa），或者其他什么称谓。区别很明显，灵魂往往脱离一切事物专注于思想，所以许多事物尽管呈现在眼前，只要睁大眼睛就能看见，灵魂却视而不见。如果一个人行走时专注于自己的思想，他会突然停住，收回原本让他双脚行走的施动者的命令。另一方面，如果他的注意力不够集中，不足以使他停住脚步，但足以使他忽视身体的活动，不留意从大脑中部发出的信息②，那么他有时会忘记自己从何处来，要到何处去，不知不觉中就走过了要去的乡间小屋，整段时间内身体安然无恙，灵魂却游离在外。

属体的天有物质性的粒子，即光和气，它们最先接受激活身体的灵魂的命令，因为它们比水和土更接近非物质实体。然后灵魂利用这些精致元素管理整个身体。③ 至于上帝是从环绕大地并覆盖它的诸天取了光

---

① 拉丁文 intentio，这里就如下面 12.13.27，这个词意指灵魂对身体上发生之事的注意。奥古斯丁还使用 vitalis intentio，意指灵魂激活身体的活动或影响力。见 *Epist.* 166（De orig. animae hominis ad Hieron.）2.4（CSEL 44.551, 7–12 Goldbacher; ML 33.722）。
② 见上面 7.18.24 以及本书第 19 页注①。
③ 见本书第 20 页注①以及第 23 页注①。

和气元素,然后将它们与有灵活人的身体结合,还是他创造出它们,就如从地上的尘土造出肉身那样,这个问题与我们的探讨无关。可以相信,每个物质实体都可以转变为其他的物质实体,[①] 但相信物质实体可以转变为灵魂则是荒谬的。

第二十一章　灵魂是非物质的

不应认为灵魂由世界的第五种元素构造

27. 所以对于那些说灵魂源于第五种物质元素的人的观点,根本不值得注意。他们说,这第五种元素不是土、水、气和火(不论是我们所熟悉的地上的火,始终处于变动之中,还是天上的火,纯粹而明亮),而是一种不同的元素,没有确定的名称,但确定是一种物质实体(corpus)。[②] 如果那些接受这种观点的人同意我们对物质的定义,即任何以自己的长、宽、高占据一定空间的实体,[③] 那么灵魂不是那样的实体,也不能认为是由那样的实体构成的。因为凡是具有那样性质的事物,不论是什么,简单地说,它的任何部分都可以通过线(Cineis)再分或者加以限制。如果灵魂也可以这样,它就不可能对这样的线——这线在长度上不能切分——有任何知识,但是它非常清楚地知道,这样的线不可能在物质世界找到。[④]

[①] 关于一种元素转变为另一元素之可能性观点的讨论,见《〈创世记〉字疏》(上)3.3.4 及那一节的注释。

[②] Cic., *Tusc. disp.* 10.22 错误地将关于灵魂本性的这种观点归于亚里士多德,见 Max Plhlenz (ed.), *Ciceronis Tusculanarum disputationum libri V* (5th ed., reprint, Stuttgart 1957) 53 n.22. 实际上这是斯多亚主义的观点,见本书第17页注③。

[③] 参 *Epist.* 166, 同上(见本书第24页注①; CSEL 44.551, 3-7):"如果物体就是这样一种实体,它以一定的长宽高在空间中静止或运动,大的部分占据大的空间,小的部分占据小的空间,它的任何部分小于它的整体,那么灵魂不是物体。"

[④] 参奥古斯丁 *De quant. An.* 6.10 (ML 32.104).

灵魂在自己的整个存在中知道完整的自己（anima tota se totam novit）

28. 灵魂不会认为自己是这样的事物，因为它不可能不认识自己，即使当它在寻求对自己的认识时，它也知道自己。因为当它寻求自己时，它知道它在寻求自己；它若不知道自己，就不会知道自己在寻求认识自己。事实上，它正是在自身里面寻求自己，它自身就是它寻求活动的源头。因而，当它知道自己在寻求自己时，它肯定知道自己。凡是它所知道的，它都是在自己的整个存在中知道（omne quod novit tota novit），因而，当它知道自己在寻求时，它在自己的整个存在中知道自己；因而它知道完整的自己（totam se novit）。因为它在自己的整个存在中所知道的，不是别的东西，就是它自己。

既然它知道自己在寻求，那它为何还要寻求自己呢？因为它若不知道自己，就不可能知道自己在寻求自己。但这适用于现世。它寻求对自己的认知，就是要知道它原来的所是，或者它将来的所是。因此，它现在应当停止猜测自己是否物体，因为如果它是，它应当知道自己是，它知道自己比知道天地更清楚，因为它知道天地是通过肉眼知道的。

关于灵魂的能力，灵魂藉此以记忆的方式贮存属体事物的形像

29. 我还没提灵魂的一种能力。野地的兽类、空中的鸟类都拥有一种能力，能使它们回到各自的洞穴或鸟巢，与此相似，灵魂显然也有一种能力，能接受所有属体事物的形像，而它自身在任何方面都不同于物质实体。一般来说，里面包含属体事物之样式的，应当与物质事物相像。既然灵魂的这种能力不属于物体——因为不可否认属体事物的形像不仅以记忆的方式储存在那里，而且无数次被任意塑造——那灵魂岂非更不可能因为它拥有的其他任何一种能力而与物质相似？

为何灵魂被称为"生命之灵"（spiritus vitae）

30. 如果有人说，在另一种意义上，一切存在的事物，即一切本性和实体，都是一种物体（corpus），① 那我们不能接受这种说法，否则恐怕难以找到措辞区分物质和非物质；但同时我们也不必为某个名称过分操心。②

我的解释是这样的：无论灵魂是什么，它不是我们熟悉的四大元素之一，它们显然都是物质；另一方面，它也不等同于上帝。描述它的最佳术语是"灵魂"或"生命之灵"。我之所以加上"生命"这个词，是因为气通常也称为"灵"。③ 然而，人们还把这气称为"灵魂"（anima），这样说来，我们不可能找到一个词准确地界定这种实体，它既非物质，也非上帝，既非无感觉的生命（树木没有感觉），也非无理性思维的生命（兽类没有理性），这种生命现在低于天使，但只要它在此世按照它造主的旨意生活，将来必定与天使的生命同等。

关于灵魂本性的总结

31. 那么灵魂的起源是什么，即它是从哪种质料被造的（如果我可以这样说的话）？或者它是从哪种完全而有福的实体流溢出来的？或者它完全出于虚无？虽然我们对这个难题有很多疑惑，并且会继续寻求答案，但有一点是毫无疑问的，即如果它在成为灵魂之前是别的什么，不论是什么，都是上帝创造的；而现在的它也是由上帝创造成为一个活的

---

① 德尔图良采纳斯多亚主义观点，认为整个实在都是物质性的。关于他的观点的概述以及所引用的文本，见 Ernest Evans（ed.），*Tertullian's Treatise against Praxeas*（London 1948）234 - 236。斯多亚主义关于灵魂是物质的观点，德尔图良在 *De anima* 5（CCL 2. 786 - 787；ML 2. 693 - 694）中提出，又在 *De an.* 7, 22 中重申。

② 参 *Epist.* 166，同上。（见本书第 24 页注①；CSEL 44. 550, 10 - 13）那里也提到关于 corpus（身体、物体、物质等）的含义存在同样的困难。

③ Seneca, *Naturales quaestiones* 5. 13. 4："区分灵（spiritum）和风（vento）的是力度，风是狂暴的灵，而灵则是温和吹送的气。"

灵魂。因为它原来或者是虚无，或者是不同于现在所是的某种事物。

关于灵魂从什么质料被造这个问题，我们已经给予足够的关注，就此告一段落。

第二十二章　上帝在第六日创造了人的灵魂的原因理性？

探讨创世第六日创造的是否灵魂的原因理性（ratio causalis）

32. 如果灵魂根本不存在，那我们得问，经上说，当上帝第六日按照自己的形像造人时，灵魂的原因理性已经存在于他所造的作品中，①这如何解释呢？因为可以肯定，按照上帝的形像造的人，只能理解为人的灵魂才是正确的。

我们说，当上帝一次性创造万物时，他创造的不是将来要实现的事物和实体本身，而是那些事物的原因理性。当我们这样说时，我们必须警惕，免得有人认为我们是在说妄言。这些原因理性是什么？为何能说上帝按它们在他自己的形像里造出人，尽管他还未从地上的尘土造出这人的身体，也未向人吹气给他灵魂？即使人的身体有一个隐秘的原因理性，借此它将得以形成，仍然需要使它得以形成的原料，即土存在，显然，原因理性就像一颗种子一样隐藏在土里。但是如果还没有实体创造出来，那最初隐藏在被造界为灵魂将来被造作预备的原因理性是什么呢？这灵魂也就是上帝吹出的气息，当上帝说"我们要照着我们的形

---

① 奥古斯丁通过比较创1.27—29与创2.7，再加上对其他经文的考察，已经得出使自己满意的回答：上帝在第六日造出人的身体的原因理性，这种理性隐藏在土里，直到上帝利用它从地上的尘土造出亚当的身体。既然这样，唯一合理的设想就是：人的灵魂也有一个原因理性，贮存在六日之工的某处。但是这种原因理性，作为非物质存在的原因，不可能像人的身体的形成性原则那样隐藏在土里。那么它是否贮藏在上帝所造的某个非物质实体里呢？这就是这一章的问题。

象，按着我们的形式造人"①（这里的人只能理解为灵魂）时，这气息就成了灵魂。

或者灵魂的原因理性存在于灵性事物中

33. 如果这个理性原则在上帝里面，而不是在造物界，那么当时它还没有被造。既如此，为何经上说"上帝照着自己的形象造人"②？如果它已经在造物界，也就是在上帝一次性创造的事物里，那它在哪种造物里？在某种灵性造物里吗？还是在物质造物里？如果它在某个灵性造物里，那它是否以某种方式作用于世界中的物体，不论天上的或地上的？或者在人还没有按自己的本性被造之前，它存在于那个灵性造物里完全没有这样的活动。③ 正如当人完全按他自己的生命造成之后，在人自身里面存在隐秘、休眠状态的生育原则，唯有通过性交和怀孕才能发挥作用？让这种原因理性隐藏的那种灵性造物是什么呢？它不履行自己的功能吗？那它为何被造？它既被造了，是否就是为了容纳人将来的灵魂的原因理性，似乎它（或它们）不能存在于自身之中，只能存在于某种拥有自己生命的造物之中，正如生育的原因理性只能存在于已经存在并得完全的事物之中？

这样说来，某种灵性造物被造是为了生育灵魂，未来灵魂的原因理性就在这个造物之中。所以，那个灵魂一直到上帝把它作为气息吹入人里面才成为灵魂。在人的生殖中，唯有上帝藉着他的智慧创造并形成新的生命，不论是在种子里还是在已经怀胎的婴儿里，这智慧因其纯洁渗透一切，没有任何污秽之物能进入它里面，④ 而它的大能渗透到世界每

---

① 《创世记》一章 26 节。
② 《创世记》一章 27 节。
③ 拉丁文 hoc vacans，有的版本为 haec vacans。
④ 参《所罗门智训》七章 24—25 节。

个角落，它将一切管理得井井有条。① 但是令我难以理解的是，为了这个目标造出某种灵性造物，而在上帝六日创造的工中没有提到这种造物。诚然，经上说上帝在第六日创造了人，但他在第六日不是创造具有其自身本性的人，而是（根据我们的推测）把人造在原因理性里，把这原因理性置于那个圣经没有提到的造物里。那个造物应该提到还有一个更大的理由：它已经是完全的，没有必要等着按照它那在先的原因理性被造。

第二十三章　如果人的灵魂有原因理性，它贮存在哪里？在天使那里吗？

灵魂的原因理性不太可能置于天使之族

34. 如果上帝最初创造的那个日子（dies ille）可以合理地理解为理智之灵（spiritus intellectualis），② 那么是否可能这样：当上帝于第六日按照自己的形象造出人之后，他把后来要造的灵魂的原因理性置于这种属灵的理智造物里？这样，就可以说他预先造了原因和形成原则，据此他在七日之后就可以造出人，而这意味着，他将人的身体的原因理性造在土里，将他灵魂的原因理性造在第一日创造的造物里。

当我们说这话时，意思不就是说，如果在那个灵性造物里预先存在将来被造之人的灵魂的原因理性，正如人里面存在他未来孩子的原因理性，那么某种意义上属灵的天使生育了人的灵魂？按照这种解释，人是人身体的父母，而天使是人灵魂的父母，上帝则是身体和灵魂的造主，

---

① 参《所罗门智训》八章1节。
② 在创1.1里"天"这个词指被造在混沌状态的天使；创1.3光的被造是指天使得以光照和形成。奥古斯丁指出，事实上它们是同时被造和形成的。因而，"第一日"要理解为整个天使之灵族。见1.9.15–17；1.17.32；2.8.16。

他通过人创造了身体，通过天使创造了灵魂。或者我们是否可以说，他从尘土造了第一个身体，从天使造了第一个灵魂——当他最初在那些他一次性创造的事物中造出人时，先把原因理性置于天使之中——然后他从人造出人，从身体造出身体，从灵魂造出灵魂？这是个棘手的问题，因为很难理解灵魂为何是天使的孩子，但若说它是物质之天的孩子，或者更有甚者，是海和地的孩子，那岂不更难理解吗？

因此，如果说认为上帝把灵魂的原因理性贮存在天使王国里很荒谬，那么设想原因理性原初——上帝先是按照自己的形象造出人，后来在适当的时候再从地里的尘土造人，并把生命之气吹在他里面——造在某个属体造物中，岂非更加可笑。

第二十四章　第一人的灵魂于第一日按其自己的所是被造，并贮存起来，直到上帝把它吹入他从土造出的身体里

根据以上推测：灵魂在进入身体之前就存在

35. 还有一种解释可能是正确的，在我看来也是人的理性更容易接受的。我们不妨设想，在上帝一次性创造的最初造物中上帝也造了人的灵魂，在适当的时候他就把这灵魂吹入从地上尘土所造的身体中。当然，上帝早就在六日创世之工，也就是他一次性创造的工作中造好了身体的原因理性，然后时机成熟时，他就通过那个原因理性造出人的身体。因为"照着自己的形象"这话只能适用于灵魂，而"男女"可以恰当地理解为仅是指身体。因此，如果圣经权威和理性之光都不反对，我们不妨设想，人在第六日被造的意思是说，他身体的原因理性造在世界的各元素中，而他的灵魂本身（anima ipsa）与第一日（primitus dies）一同被造，被造后就隐藏在上帝的工中，然后到了适当的时候，

就把它吹入他从地上尘土造出的身体里。①

第二十五章　如果灵魂在进入身体之前被造，那它进入身体是出于自己的选择吗？

如果灵魂在身体之外，那它进入身体是出于自己的意愿吗？

36. 这里我们有一个很重要的问题要思考。如果灵魂早就被造，隐藏了起来，那对它来说还有比待在原来所在的地方更好的吗？为何要把一个过着清白生活的灵魂放入我们肉体的生命里？进入身体后它将因罪冒犯创造它的那位，结果，它理所当然得负起劳苦的重担，遭受苦难的惩罚。

我们是否可以说，灵魂是出于自愿倾向于管理身体并住在身体这个生命里？因为它可以过好的生活，也可以过坏的生活，它可以有自己的

---

① 本章很谨慎地推出这个结论，作为奥古斯丁所思考问题的一个可能答案。他思考的问题是人的灵魂的被造，探讨在创世的日子里它的原因理性（如果有）放置在哪里。他提出了五种假设，最后采纳了第五种可能性。

　　(1) 灵魂没有任何原因理性（ratio causalis）贮存在被造之工里；唯有上帝里面的永恒理性（ratio aeterna）。但是这种假设无法解释创 1.27 所说的上帝在第六日造了人。见 7.22.33。

　　(2) 原因理性贮存在某种不确定的灵性造物中。但经上没有提到这样的造物，如果存在这样的造物，它的功能没有别的，就是生育灵魂。这是难以理解的。见 7.22.33。

　　(3) 上帝把灵魂的原因理性放在第一日造的灵性理智造物（天使）中。但很难理解为何人的灵魂会是某个天使或众天使的孩子（7.23.34）。奥古斯丁这里没有展开讨论这个难题，但在 10.5.8 中他指出，这种解释没有任何圣经正典的权威典据支撑。

　　(4) 上帝把灵魂的原因理性放在某种物质造物中。随即这种观点就被认为是不可能的而遭到拒斥（7.23.34）。

　　(5) 上帝在六日创造的工中也按灵魂自己的所是创造了它。奥古斯丁认为我们可以合理地设想，上帝在第六日造人的意思是指，他造出人身体的原因理性，把它贮存在世界的元素里，而在第一日就按灵魂自己的所是造出灵魂，把它贮存在创世之工中，直到他把它吹入他从地上的尘土所造的身体里（7.24.35）。所以，这就是奥古斯丁关于亚当的灵魂的观点。关于人类的灵魂留到第十卷再讨论。见 Agaesse - Solignac 48.714 - 717; Portalie, DTC 1.2359 - 2361 (tr. Bastian 148 - 151)。

选择目标，行善得报赏，作恶受惩罚。这种假设与圣保罗的话应该不会冲突，他说那些还未出生的人善恶还未作出来。① 倾向于身体既不是善行也不是恶行，不是到了审判的时候我们必须在审判官上帝面前作出说明的行为——到那时，各人都要按各自在身体里的作为，或善或恶接受报应。②

那么我们为何不能进一步设想，灵魂进入身体是出于上帝的命令？这样，如果在身体里它选择按照上帝的律法生活，就得到永生的报赏，与天使为伍；如果它鄙弃上帝的律法，就要遭受应得的惩罚，或者永久的痛苦，或者永火惩罚。或者这样的观点还是让人难以接受？因为顺从上帝的旨意总是好的行为，然而这种解释与未生之人善恶未分的原则相冲突。

第二十六章 如果灵魂立志与身体结合，它就不拥有未来的知识

如果灵魂进入身体出于它自己的意愿，那它对未来并不知晓

37. 果真如此，我们也要承认，灵魂最初被造不是为了预先知道自己将来的作为是善是恶。因为如果它预先知道自己将犯某些罪，并由此公正地受到永久惩罚，却还自愿倾向于身体里的生命，那是完全难以置信的。我们要在一切事上赞美造主，这是完全正当的，因为他创造的一切都甚好。我们赞美他必然不只是因为那些他赐予预知的事物；他受到赞美也因为他创造了兽类；但人的本性即使犯了罪，也高于兽类。因为人的本性出于上帝，但人因滥用自由意志使自己陷入罪恶，这罪恶不是

---

① 参《罗马书》九章 11 节。
② 参《哥林多后书》五章 10 节。

出于上帝。然而，如果他不拥有自由意志，那他的本性里就不可能拥有同样的高贵性。

我们必须明白，一个人即使不拥有对未来事件的预知，仍然可以正当生活；我们也必须注意，只要他有美好意愿，就不会妨碍他过正直而令上帝悦纳的生活，因为他尽管不知道未来怎样，却能凭着信心生活。谁若不愿意承认真实世界里存在着这样的人，就是否定上帝的美善。但谁若不愿意这样的人为自己的罪遭受惩罚，那就是与公义为敌。

第二十七章　灵魂本性上倾向于身体。灵魂的灵性质料与它的形式一同被造

灵魂出于本性欲求进入身体

38. 如果灵魂被造是为了被派送到身体，那我们可以问，它是不是被迫的，而非自愿的。更合理的设想是，它本性上就有这样的意愿，即它天生就希望有一个身体，① 正如我们天生就想要活着，但是过邪恶的生活并非本性引发，乃是悖逆的意志所致，所以对它的惩罚是公正的。

更为合理的设想是：灵魂源于某种灵性质料（materia spiritali）

39. 如此看来，如果我们可以这样理解，即灵魂是在日子被造时与那些最初作品一起被造的，那么寻求它从什么原料被造就是个无谓的话题。因为正如那些造物，原本不存在，后来被造存在，灵魂也如此，原本不存在，然后与它们一同被造。如果有什么质料要造，不论是物质的，还是灵性的，② 它也只能是上帝所造，万物都是他造的；它之先于

---

① 普罗提诺《九章集》4.3.13 有类似的灵魂论。
② 《忏悔录》12.6.6："可变事物的可变性本身能够接受可变事物所变化的所有形式。"这正是质料的本性。

它的构成物（formationem）不在于时间上的优先，而在于起源上的优先，① 就如声音的发声先于歌曲。② 那么，更为合理的设想岂不就是：灵魂是从灵性质料创造的？

第二十八章　概述关于创造的难题。上帝如何既完成又开始他的工。概述关于灵魂问题确定的和不确定的观点

另一种推测：灵魂与身体同时被造

40. 如果有人不愿意承认灵魂在它被吹入人造好的身体之前就已经被造，那么请他想一想，当他被问及灵魂由什么所造时该怎么回答。③ 或者他会说，上帝完成了创世工作之后确实从虚无中造出事物（不论过去还是现在）。于是他必须明白，他该如何解释人在第六日按照上帝的形象被造这一事实，这里的人只能理解为灵魂，不可能理解为别的；他必须断定上帝将还未存在的灵魂的原因理性造在什么事物里。或者他会说，灵魂不是从虚无被造，而是从某种已经存在的事物造出来。这样，他就不得不找出这个事物是什么，不论它是属体的，还是属灵的，并回答我上面所提出的那些问题。要确定上帝把还未造的灵魂——不论从虚无还是从某物——的原因理性造在他最初在六日创造的哪个被造实

---

① 见《〈创世记〉字疏》（上）第一卷第23页注①和第42页注①。
② 在1.15.29中奥古斯丁解释，声音是语词的质料，语词是声音的形式，但两者同时源于发声器官。
③ 奥古斯丁的思考使他倾向于认为，亚当的灵魂被造是在上帝一次性创造的那些最初的工中（见上面7.24.35）。在这一段落里他思考反对他这种观点的人可能会提出的两种观点：(1) 上帝就在他将气吹入亚当身体时从虚无中造出灵魂（若是这样，他必然已经在第六日造出灵魂的原因理性）；(2) 就在上帝把气吹入亚当身体时，他从某种他在第六日造好的造物中造出灵魂。这两种观点在奥古斯丁看来都是严肃的问题，他在第七卷，尤其在第5—9章以及第22—23章都已经专门思考过。

体中，这仍然是个问题。

从圣经看灵魂起源和被造的难题

41. 如果我的批评者想要避开这些难点，说人是第六日从地上的尘土造的，只是后来在复述时才记载，① 那他必须想一想该如何理解女人，因为经上说："上帝……造男造女"，"上帝就赐福给他们"②。如果他回答说女人也是第六日从男人的肋骨造的，那他必须确定在什么意义上他可以说第六日被带到亚当面前的飞鸟被造，因为圣经说各类飞鸟是在第五日从水里造的。他还必须解释种在乐园里的树木为何可以说是在第六日造的，因为圣经已经把树木的被造安排在第三日。他也要思考以下这句经文的含义："他使各样的树从地里长出来，可以悦人的耳目，其上的果子好作食物。"③ 他肯定不能说第三日地上长出来的不能悦人耳目，果子不好作食物，因为这是上帝所造的工，凡他所造的，一切甚好。

他还必须解释"上帝又用土造出野地各样走兽和空中各样飞鸟"④ 这话是什么意思，似乎这些事物都不是在最初造的，或者毋宁说，似乎所有这些之前都没有被造。因为圣经没有说"上帝又用土造出野地的其他走兽和空中的其他飞鸟"，似乎这些造物是第六日还未从地上产生的，或者第五日还未从水中产生的。但是圣经清楚地说："各样走兽"和"各样飞鸟"。

他还必须思考上帝如何在第六日创造万物：第一日造出日子本身；第二日造出空气；第三日海和地，从地发出青草菜蔬树木；第四日天上的光体和星宿；第五日水里的活物；第六日地上的活物。然后他必须解

---

① 见奥古斯丁在《〈创世记〉字疏》（上）6.2.3—6.3.5 中对这种假设的分析。
② 《创世记》一章 27—28 节。
③ 《创世记》二章 9 节。
④ 《创世记》二章 19 节。

释"日子被造之后，上帝创造天地，和野地的各样草木"①，因为当日子被造时，他造的只是日子本身。此外，上帝为何在"（野地的草木）它们还未发出来，以及田间的菜蔬，它们还没长起来"之前就造了它们？② 试想，谁不是说它长出来了所以被造了，而不会说它还未长出来就被造了，除非圣经的话别有他意？

他也务必记住圣经有话说："那永生的一次性创造了万物。"③ 他要明白为何能说万物被一次性地创造，如果它们是分开被造的，不只是在不同的时辰，而且在不同的日子被造的话。他还应当注意，有两段经文为何看起来相互矛盾，却可以皆为真：第一段是《创世记》说的，上帝歇了他所造的一切工安息了；第二段是我们主说的，"他（我父）做事直到如今"。④ 他还应当解释已经完成的事为何也可以说刚刚开始。⑤

上帝如何创造现在和将来之事

42. 鉴于圣经的所有这些证据——除非是异教徒或不敬者，没有谁会怀疑圣经的真理性——我认为上帝从起初就一次性创造了万物，有些造出了其自己的实体，有些作为先在的原因造出。因此，全能的上帝不仅创造了现世存在的事物，也创造了将来要实现的事物，他完成了这些造物的创造就安息了，以便以后创造——通过对事物的管理和统治——时间以及时间中的事物。所以他完成了所造的工意思是说他为各类造物设置了界限（terminationem），而说他开始创造是说它们必须在时间进程中繁殖生息（propagationem）。就所完成的工来说，他歇下安息了；就刚开始的工来说，他一直做事直到如今。但是如果有人能找出更好的

---

① 《创世记》二章 4—5 节。
② 《创世记》二章 5 节。
③ 《便西拉智训》十八章 1 节（据拉丁文本）。
④ 《创世记》二章 2 节，《约翰福音》五章 17 节。
⑤ 见《创世记》二章 1 节和二章 3 节。

解释来理解这些经文，我不仅不会反对，甚至会支持他。

结论：关于灵魂问题，哪些应该坚定主张，哪些需要进一步探讨

43. 关于灵魂，上帝通过吹气吹在他脸上的灵魂，我没有完全确定的观点，但以下几点是确定的：它出于上帝，但不是上帝的实体；它是非物质的，即它不是体，而是灵；它不是上帝的实体所生（genitus），也不是上帝的实体所流（procedens），而是上帝所造（factus）；它的被造不是通过某个身体或某个非理性灵魂的轮回转世；因此它是从虚无被造。我还认为，就它所拥有的生命本性而言，它是不朽的，它也不可能失去这生命；但就它的可变性来说，它既可能变好，也可能变坏，所以也可以认为是可朽的，因为唯有上帝拥有真正的不朽，所以有话说得对，他是"那独一不死的"。[1]

我在本卷提出的其他解释应该对读者有些裨益：他可能会从中发现，对于圣经没有清晰回答的问题，我们必须仔细考察，不能作出任何草率的论断；即使他不喜欢我的考察方式，至少可以看到我是如何层层展开讨论的，所以我希望，如果他能指教我，就请不吝赐教，如果不能，就与我一起寻找高人，让我们共同受教于他。[2]

---

[1] 《提摩太前书》六章 16 节。Aug. De Trin. 1. 1. 2（CCL 50. 29, 54 – 64; ML 42. 821）："圣经很少用那些上帝专有的、受造界里找不到的事物来谈论上帝。这样的例子有上帝对摩西说'我是自有永有的'，'那自有者打发我到你们这里来'（出 3. 14）。既然身体和灵魂在某种意义上都可以说'存在（是）'，那么除非上帝希望在特别的意义上理解'存在（是）'这个词，不然他肯定不会这样说。圣保罗说'那独一不死的'（提前 6. 16），这话也同样如此。既然灵魂在某种意义上可以说是不死的，使徒若非因真正的不死即是不变，就不会说'那独一不死的'，这种不死受造者不能有，因为它独属于造主所有。"亦见 Aug. Epist. 143. 7（CSEL 44. 257, 15 – 17 Goldbacher; ML 33. 588）。

[2] 关于这个句子的另一种译法，见 Agaesse – Solignac 48. 571。

第八卷

乐园以及对亚当的吩咐

第一章 对乐园的不同解释。《创世记》的记载风格是历史的,不是比喻的

伊甸的乐园既可以在真实意义上(proprie)也可以在比喻意义上(figurate)理解

1. "上帝在东方的伊甸立了一个园子,把所造的人安置在那里。"① 我知道许多作者都对乐园有过长篇大论的解释,但他们在这个话题上的观点可以大概归为三种。第一种,有些人在专门的属体意义上(corporaliter)解释"乐园"这个词;第二种,有些人更愿意对这个词作专门的属灵意义上的解释;最后一种,有些人接受这个词有双重意义,有时候有属体含义,有时候有属灵含义。②

---

① 《创世记》二章8节。
② 主张属体或者字面意义的有杰罗姆(Jerome)*Epist.* 51.5.6 – 7(CSEL 54.404, 18 – 405, 19 Hilberg; ML 22.522 – 523)和屈梭多模(John Chrysostom)*Hom. in Gen.* 13.3(MG 53.108)。支持属灵的或比喻的意义的有奥利金 *In Gen. hom.*, tr. Rufinus, 2.4(GCS 29.32, 19 – 33, 6 Baehrens; MG 12.170A – B)。安波罗修(Ambrose)*De paradise* 1.5 – 6(CSEL 32.267 Schenkl; Ml 14.276)认为两种意义都有。见 Agaesse – Solignac 49.497 – 499。

简言之，我承认第三种观点对我有吸引力。现在我就按照这种解释来讨论乐园，如果上帝应允：人是从地上的尘土所造——这当然意指人的身体——然后被安置在一个属体的乐园里；当然亚当有时候意指另外的事物，就如圣保罗所谈到的，他乃是那以后要来之人的预像。① 但这里我们把他理解为按他自己的独特本性创造的人，有一定的寿数，生养了一群子孙，像其他人一样去世，尽管他不像其他人那样由父母所生，而是从尘土所造，这是第一人所特有的。由此可见，这个乐园——上帝把他②安置在这个园子里——应该只是指一个处所，一块土地，③ 一个属地的人可以居住生活的地方。

圣经书卷里的历史和比喻

2.《创世记》的写作风格不是适用寓意解释的文学风格，就如《雅歌》那样；它自始至终都采用历史叙述的写作风格，就如《列王纪》和其他同类作品那样。但是由于那些历史书记载的是我们所熟悉的源于人类共同经验的问题，所以初读之下，很容易一下子就按字面意义来理解，然后也可以从中引申出与将来相关的历史事件的寓意。

但是《创世记》所记载的这些问题是那些专注于熟悉的自然过程的读者所无法理解的，所以他们不愿意在字面意义上解释这些问题，更喜欢在比喻意义上理解。于是，他们认为历史，也就是对所发生之事件的真实记载，始于亚当和夏娃被逐出乐园，两性结合，生儿育女。他们是否认为，随后记载的所有事，比如亚当和夏娃的长寿，以诺的升天，一位年老绝经妇人的怀孕，如此等等，都对应于我们人类的经验？④

---

① 《罗马书》五章 14 节。
② Bod, Pal 以及 m（我想其他手稿也如此）都是 eum。Z 里的 cum 显然是个打印错误。
③ 拉丁文 Terra scilicet。
④ 关于亚当的年龄，见《创世记》五章 3—5 节；关于以诺的升天，见《创世记》五章 24 节；关于老年怀孕，见《创世记》五章 3 节。

关于神奇之事和被造之物的记载之难题

3. 不过他们说,对奇异行为的记载是一回事,对创造事物的记载是另一回事。就前者来说,行为之极为奇特(insolita)表明它们不是常规的自然作为,而是奇迹,他们称之为神奇之事(magnalia);而就后者来说,那是暗示自然本性的创造。

对此我要说,这里所记载的对自然本性的创造就是奇特的、我们不熟悉的事,因为它是创造最初的事物。试问,在创造世界的万事万物中,哪个事物能像世界本身这样独特而无可比拟?我们肯定不会因为上帝现在没有创造诸个世界就相信上帝当时没有创造世界,或者因为他现在没有创造诸个太阳就认为他当时没有创造太阳。这个回答应该不只是针对那些提出创造乐园问题的人,也针对那些提出人的被造问题的人。但现在他们既然相信上帝造第一人不同于他创造其他任何人,为何他们不愿意相信乐园的被造就如同他们现在看到的森林的被造那样?

那些最初在属体意义上称呼的,首先应该在属体意义上理解

4. 当然我这是针对那些接受圣经权威的人说的,他们中确实有些人不愿意在真实意义上理解乐园,只希望按比喻意义来解释。至于那些完全反对《创世记》的人,我在另外的地方以另一种方式有过讨论。[①] 然而,即使在我的那篇作品里,我也尽我所能捍卫创世故事的字面意义(ad litteram)。于是,那些顽固或迟钝的人出于非理性的动机,拒不相信《创世记》所说的话,但又找不到任何证据证明它是错的。

另一方面,我们有些著作家诚然对圣灵启示而写的圣经书卷有信

---

① 奥古斯丁这里指 De Genesi contra Manichaeos (ML34.173-220),是他年轻时从非洲返回罗马途中所写。书中他广泛使用了寓意解释,当时还没能看到他后来才发现的历史性解释的可能性。见他在下一章以及 Retract. 1.9 或者 1.10 (CSEL 36.47-51 Knoll; ML 32.599-600) 中的评论。

心，但不愿意接受字面意义上的真实乐园，即，一个果树成荫、开阔无边、有丰富水源浇灌的极乐之地。[①] 他们看到它广袤的绿地，无须人手劳作，上帝隐秘的工使它欣欣向荣，所以他们拒绝相信这个故事的字面意义。但是我想知道，他们为何又相信人本身是以他们完全没有经验过的方式被造的。如果必须在比喻意义上理解被造的这个人，那是谁生育了该隐、亚伯和塞特？他们难道只是比喻意义上的存在，而不是由人所生的人吗？

因此，他们应当更加仔细地考察这个问题，看看他们的假设会把他们引向哪里，也请他们尝试与我们一起首先在真实意义上理解所记载的一切事件。这样，当他们后来明白这些事件还在比喻意义上预示属灵实在或者相对关系，甚至将来事件时，谁会不赞同他们呢？当然，对于《创世记》里那些在属体意义上命名的事物，如果在属体意义上理解它们会使得捍卫信仰的真理性变得完全不可能，那么除了在比喻意义上理解这些话，而不是对圣经犯不敬之罪，我们还能有什么其他的选择吗？但是如果在属体意义上接受这些话不仅不妨碍对受圣灵启示之话语的理解，而且实际上有助于对它们的理解，那么我想，不会有人冥顽不化，看不到字面意义与信仰法则相一致，而选择固守自己原来的立场，坚持认为它们只能在比喻意义上理解。[②]

[①] 奥古斯丁很可能想到了奥利金以及受他影响的作家。关于奥利金对乐园的寓意解释的某些细节的评论，见于埃庇法尼乌斯（Epiphanius）的一封书信，由杰罗姆所译，收在杰罗姆的作品集 *Epist.* 51.5（CSEL 54.403–405 Hilberg; ML 22.521–523）中。关于奥利金和圣经的象征解释，见 Jean Danielou, *Origen*, tr. W. Mitchell (New York 1955) 139–173.

[②] 在这里的上下文中，比喻意义似乎等同于寓意，而真实意义等同于字面意义。注意这一章奥古斯丁使用的对立词和术语：比喻（figurate）对字面（ad litteram），比喻对真实（proprie），寓意（secundum allegoricam locutionem）对本义（secundum propriam locutionem）。

第二章　我在论《创世记》反驳摩尼教徒的书里频繁按比喻意义解释经文。现在我相信我们必须寻求字面意义

为何奥古斯丁在反驳摩尼教徒时对《创世记》作寓意解释

5. 我皈依后不久，写过两本书反驳摩尼教徒，① 他们犯错并非因为他们错误地解释旧约，而是因为他们以不敬和嘲笑的态度完全拒斥它。当时我希望毫无耽搁地驳斥他们的错谬，或者引导他们在他们所憎恨的书卷里寻找基督和福音书所教导的信仰。当时我还不知道整部《创世记》如何能在其本身的意义上理解，事实上在我看来，要这样去理解它的全部记载是不可能的，至少可以说几乎不可能或者极为困难。

每当我无法找到一个经段的字面意义时，为了不让我的目标受阻，我就尽可能简洁而清楚地解释它的比喻意义，免得摩尼教徒因作品的冗长或者内容的晦涩读不下去，搁置一边，无意再读。然而，我非常关注自己设定又无法实现的目标，即要表明《创世记》里的一切都首先要在其自身的意义上而不是比喻的意义上理解。由于我并没有完全放弃对它的全部记载按这种意义理解的可能性，所以我在第二卷第一部分有如下叙述：

> 如果有人想要在字面意义上解释该卷书里记载的一切，也就是完全按照经文的字义理解，如果他在这样做时既没有亵渎神圣，所解释的一切也都与大公教信仰相符，那么他不仅不应受到嫉妒，还

---

① 见本书第41页注①。

应被视为杰出的阐释者得到大大嘉奖。但是如果遇到这样一段经文，我们若不认为它是按比喻或者谜语的方式阐述的，就不可能在与上帝相配的敬虔的意义上理解它，那么请记住我们有使徒的权威，他们解决了旧约书卷里那么多的谜语；我们也要在那吩咐我们祈求、寻找、叩门的主①帮助下，坚守已经接受的那种解释方法。因此我们的目标应当是，按照大公教信仰解释所有这些事物的寓意，不论它们是属于历史还是属于预言；同时对于我们或者其他人——主乐意启示的人——以后可能作出的更好更准确的解释不持任何偏见。②

这就是我当时所说的话。现在主希望我更加深入地考察并探讨同一个问题，我也相信依照他的旨意我可以合理地指望自己表明《创世记》是如何着眼于字面本义而非寓意写成的。让我们记住这一点，然后我们在解释前面的故事时得心应手的方式，在考察后面的乐园故事时也照样使用。

第三章　第三日上帝在因果种子里创造了乐园的菜蔬和树木

关于乐园里的树木

6. 因此，"上帝在东方的伊甸立了一个园子"，伊甸的意思就是令人愉快的地方，"把所造的人安置在那里"③。圣经之所以这样记载，是因为事情就是这样发生的。然后圣经概要重述，这是为了表明上帝如何

---

① 《马太福音》七章 7 节。
② De Gen. c. Man. 2.2.3 (ML 34.197).
③ 《创世记》二章 8 节。

成就已经非常简要提到的事,即上帝如何立起园子,如何将他所造的人安置在那里。因为圣经接着说:"上帝又使各样的树从地里长出来,可以悦人的眼目,其上的果子好作食物。"① 圣经没有说"上帝使另外的树从地里长出来",或者"其他树从地里长出来",而是说:"又使各样的树从地里长出来,可以悦人眼目,其上的果子好作食物。"地早在第三日就已经长出各样的树,悦人眼目,果子好作食物。因为在第六日上帝就说过:"看哪,我将遍地上一切结种子的菜蔬,和一切树上所结有核的果子,全赐给你们作食物。"② 那么有没有可能上帝开始赐给的是一类树,现在赐给的是另一类树呢?我不认为是这样。事实上,种在乐园里的树就是第三日地上长出来的那些树,所以地按自己的时间再次长出这些树。因为当圣经说第三日地长出树时,那些树是作为原因被造在地里面,也就是说,地当时在它的隐秘深处领受了产生树的能力,并因这种能力按树自己的时间长出可见的树,直到如今。

当上帝创造事物的原因理性时是怎么说的

7. 因而,上帝在第六日说的话"看哪,我将遍地上一切结种子的菜蔬,和一切树上所结有核的果子,全赐给你们作食物",并不是通过声音在时间中说出的,而是通过创造权能,即上帝的道说的。但是上帝不依赖于由时间衡量的声音所说的话,只能通过时间中发出的声音才能告诉人。因为人由地上的尘土所造,因上帝的生气成了有灵的活人,从他而来的整个人类注定要吃这些菜蔬和树上的果子,它们从地早就领受

---

① 《创世记》二章 9 节。这里的"又"是对拉丁文 adhuc 的翻译。在《创世记》一章 12 节中已经说过地上发出树木。根据奥古斯丁的解释,那个句子表明树木作为原因理性的原初创造;到了后来上帝才利用原因理性使树木从地上长出来。正是在这个意义上奥古斯丁解释"又"这个词。它们并非不同的树;它们乃是同样的树,如今完全长成了。
② 《创世记》一章 29 节。

的生产权能生发出来，遍满地上。因此上帝把将来要生长出来的菜蔬和树木的原因理性贮藏在造物里，就如同这些菜蔬和树木已经存在，他在那内在的、超验的真理里说话，这真理眼睛不曾看见，耳朵不曾听见，但圣灵肯定向作者显明出来了。

第四章　圣经经文的字面和比喻意义。创 2.9 的含义

关于生命树

8. 对于接下来的话我们必须认真思考："……园子当中又有生命树和分别善恶的树。"① 我们要当心，提防不由自主地转向寓意解释，最后认为这些树根本不是真实的树，而是用树的名义来表示其他事物，因为经上论到智慧就说："她与持守她的作生命树。"② 然而，尽管有天上永恒的耶路撒冷，建在地上的城同样存在，并且正是通过这地上的耶路撒冷来指示天上的耶路撒冷。此外，虽然撒拉和夏甲比喻两约，但她们首先是两位真实存在的妇女。③ 最后，虽然基督藉着十字架上的受难用灵水为我们洗礼，但他也是磐石，用木头敲击时有水流出来给人解渴，所以经上说："那磐石就是基督。"④

所有这些事都比喻它们本身之外的其他事，但它们本身仍然存在于现实的物质世界中。当圣历史学家记载它们时，不是用比喻的语言陈述，而是真实地记载这些预示将来要发生之事的事件。

因此生命树真实存在，就如那磐石（就是基督）真实存在一样。

---

① 《创世记》二章 9 节。
② 《箴言》三章 18 节。
③ 《加拉太书》四章 24—26 节。
④ 《哥林多前书》十章 4 节。参见《出埃及记》十七章 6 节，《民数记》二十章 11 节。

上帝不希望人生活在乐园里却没有以属体事物呈现出来的属灵事物的奥秘。于是，人有其他树上的果子作食物，但生命树上有圣礼。① 它所比喻的不就是智慧吗？也就是经上所说的"她与持守她的作生命树"，正如经上论到基督时说，他就是那流出水让渴求他的人解渴的磐石。

在基督降临之前，用比喻他的那个事物的名字称呼他是恰当的。他是逾越节祭献的羔羊；但祭献并不只是通过话语，而是通过一次真实的活动来完成。我们不能说羔羊不是羔羊；它是一头真实的羔羊，它被宰杀，然后被吃掉。② 虽然这是真实发生的事，但通过这事预示着另外的事。这个事件不同于宰杀肥牛犊庆祝小儿子回来的事件。③ 就后者来说，故事本身是比喻或预表，它不是关于真实发生之历史事件的比喻意义的问题。④ 讲述者不是福音书作者，而是主自己，尽管是福音书作者记载说，主讲了这个寓言。因此，福音书作者所记载的是真实发生的事，即主确实说了这些话。但我们主所讲的故事是个寓言，对于这样的故事，我们永远不会要求证明故事里所讲的内容是真实发生的事。

基督既是雅各浇油的那块石头，⑤ 也是"匠人所弃的石头，已成了房角的头块石头"⑥。但前者是指真实发生过的一个历史事件，而后者是以比喻的语言预告的一个事件。前者是历史学家记载的一个过去事件；后者是预言家所宣告的事件，预言家只预言将来要发生的事件。

---

① "圣礼"（sacramentum）这个词在奥古斯丁那里就如在其他拉丁教父那里一样，比后来中世纪的含义更为宽泛，中世纪这个词比较严格地专门用来指洗礼、坚振、忏悔（告解）、圣餐、圣秩、婚配以及终敷。见 J. Finkenzeller, LTK 9 (1964) s. v. 'Sakrament,' 222 - 224。而在奥古斯丁笔下，"圣礼"就是关于圣事的记号，见 *Epist.* 138. 1. 7 (CSEL 44. 131 Goldbacher; ML 33. 527) Sermo 272 (ML 38. 1247)。

② 参见《出埃及记》十二章3—11节。

③ 《路加福音》十五章23节。

④ "真实发生之事件的比喻意义"就是现代圣经批判学所说的预表意义（typical sense）。见 R. Rrown, JBC 2 (1968) "Hermeneutics", 618："预表意义就是圣经里的人物、地点和事件的更深层含义，因为根据圣作者的意图，它们预示未来之事。"

⑤ 《创世记》二十八章18节。

⑥ 《诗篇》一百一十七篇（参考和合本一百一十八篇）22节；参见《使徒行传》四章11节。

第五章　生命树有特定的滋养力，也有比喻含义

生命树既是真实的事物，也有比喻的意义

9. 因此，智慧即基督，就是属灵乐园里的生命树，他从十字架让那个小偷进这个乐园。① 但比喻智慧的生命树也被造在地上的乐园里。这就是圣经的意思，它在记载所发生的历史事件时已经说明人如何被造在身体里，他如何以身体里的生命形式被安置在地上的乐园里。

如果有人认为灵魂刚离开身体时被禁锢在可见的、属体的地方，尽管它们自身是非形体的，那他可以捍卫自己的观点。并非没有人支持这种观点，他们甚至还会说，干渴难忍的财主肯定在属体的地方；他们会毫不犹豫地声称，他的灵魂显然是属体的，因为他有干裂的舌头，渴求拉撒路手指上滴下的水。② 就我而言，我不想在一个如此复杂的问题上贸然与他们争辩；与其争论不确定的问题，还不如对神秘的事物持怀疑态度更好。

我并不怀疑这个财主可以理解为在炽热的火焰里受罚者，而穷人可理解为在心旷神怡的清凉里享受者。但我们该怎样解释地狱的火焰，亚伯拉罕的怀抱，③ 财主的舌头，穷人的手指，令人痛苦的干渴，解渴的水滴？对于这些问题，那些谦卑探求的人经过辛苦努力可能会找到答案，但那些陷于激烈争辩的人永远不可能找到。

所以我必须立即对我们所思考的问题提出我的回答，免得我被一个

---

① 《路加福音》二十三章 43 节。关于奥古斯丁后来对好小偷与乐园的思考，见后面 12.34.66。
② 《路加福音》十六章 24 节。德尔图良 De anima 7.1（CCL 2.790；ML 2.697）提到《路加福音》的这段话，指出：很显然，福音书作者主张灵魂具有物质性。
③ 奥古斯丁还在后面 12.33.63 中提到奥秘的亚伯拉罕的怀抱。亦见 Conf. 9.3.6。

深奥而需要长篇大论的问题给耽搁了。如果灵魂即使在离开身体之后仍被禁锢在属体的地方，那么十字架上的那个小偷应该被带到第一人活着时就已经被安置的那个乐园。说了这一点之后，我还可补充说，如果需要，借助圣经里一个更恰当的段落，我们可以指望确定我们在这个问题上应当寻求或者思考的观点。

生命之树既是树又比喻智慧

10. 但我不曾怀疑，我也不认为任何人会怀疑，智慧不是物体，因而不是一棵树。然而，有可能通过一棵树，即通过一个有形造物作为一个圣礼，将智慧预示在属地的乐园里。① 但是读者如果没有在圣经里看到许多灵性事物的物性圣礼，或者不认为第一人应该根据这样一个圣礼来支配自己的生活，那他是不会接受这种解释的。不过，当圣保罗说到我们相信是从男人肋骨造出女人时，他指的是这种解释，他说："为这个缘故，人要离开父母，与妻子连合，二人成为一体。这是极大的圣礼（奥秘），但我是指着基督和教会说的。"②

然而，看到人们总是想把"乐园"理解为比喻意义，而不愿意承认比喻意义背后的物质实体，真让人奇怪，甚至让人难以忍受。③ 如果对于那些故事，比如夏甲和撒拉的故事，以实马利与以撒的故事，他们承认既是历史事实，又有象征意义，④ 那么我不明白为何他们不承认生命树也同样既是一种真实的树，同时又比喻智慧？

---

① 关于奥古斯丁对"圣礼"这个词的使用，见第47页注①。
② 《创世记》二章24节；《加拉太书》五章31—32节。
③ 奥古斯丁很可能想到了奥利金。奥利金对创世和乐园的故事处处都寻求灵性或比喻的意义，而非字面意义，但在 In Gen. hom. 7.2（GCS 29.71–73 Baehrens；MG 12.198–200）中他认为夏甲和撒拉、以实马利和以撒的故事是历史，尽管他在这些人物和事件中也看到了某种象征意义。
④ 奥古斯丁《上帝之城》15.2中解释加4.21—31，指出撒拉及其儿子以撒预示天上之城，而使女夏甲及其儿子以实马利预示地上的耶路撒冷，而它是天上之城的一个符号。

生命树的果子拥有超越任何一种食物的力量

11. 此外，还应当注意，生命树的果子虽然是真实的食物，但它拥有卓越的力量，能使人的身体永久健康和精力充沛，这不是其他任何食物所具有的，唯有借助于一种神秘的生命联结才能拥有。拿另一个例子饼来说，虽然它是通常的饼，但包含了更多的东西；只要吃上一个，上帝就能使一个人四十天不饿。①

我们还会不愿相信，上帝藉着树的果子——在它更高的意义上——赐给人保护，使他的身体不再因疾病或年龄而败坏，并且避免死亡本身？我们还知道另一个例子，上帝赐予人的食物具有极其神奇的特性，罐里的面粉和瓶里的油使他元气恢复，它们自身却没有减少。② 这里我们的对手会跳出来说，上帝在我们的地上行这样的神迹是恰当的，但在乐园里是不恰当的。然而，他在乐园里行的神迹，即他从尘土造了男人，又从他的肋骨造出女人，这样的神迹岂不比他在我们的地上使死人复活的神迹更大吗？

第六章　分辨善恶的知识树（创 2.9）

分辨善恶的知识树是真实的树，也是无害的树

12. 现在我们必须思考分辨善恶的知识树。③ 可以肯定，这树就像其他树一样，是可见的，有形的。因此毫无疑问，它是一棵树；但我们必须探寻它之所以取这个名称的原因是什么。

就我来说，经过对这个问题的仔细研究，我坚决同意那些人说的观

---

① 《列王纪上》十九章 5—8 节。提到以利亚去何烈山路上所吃的食物。
② 《列王纪上》十七章 16 节。提到上帝为以利亚和撒勒法寡妇所行的神迹。
③ 奥古斯丁这里简洁地讨论这个问题，但在下面 13—16 章有更为详尽的讨论。

点，即这树并不生长有害的果子（因为创造的一切甚好的造主[1]在乐园里种的没有坏的东西），人的恶就是他对上帝命令的违背。[2] 人既处于依赖于主上帝的状态，给他设定某种禁令是恰当的，这样顺服就成为美德，使他为他的主所悦纳。我可以实实在在地说，任何一个服在上帝规则下生活的理性造物，唯一的美德就是顺服，而根本的、最大的恶就是自负和骄傲，想要依靠自己的力量摆脱灭亡的命运，这种恶的名称叫作悖逆。因此，若不是给人设定某种诫命，就不可能让人认识到并知道他隶属于主。

这样说来，这树并无恶，它之所以被称为分辨善恶的知识树，是基于这样的假设：人若是在设立禁令之后吃树上的果子，它里面就包含将来人对诫命的违背，由于这种违背，人要经受惩罚，并因这种经历而知道顺服的善与悖逆的恶之间的分别。因此，圣经并不是在比喻意义上谈论这棵树；我们必须明白它描述的是一棵真实的树。它不是称为苹果树，或者以树上生长的果子为名，而是根据人违背上帝诫命触摸它之后所发生的事来命名。[3]

第七章　乐园里的四条河。字面意义（创 2.10—14）

乐园里的河是真实的

13. "有河从伊甸流出来滋润那园子，从那里分为四道：第一道名

---

[1] 参《创世记》一章 31 节。
[2] Theophilus of Antioch, *Ad Autolycum* 2.25 (*Oxford Early Christian Texts*, pp. 66 – 69 Grant; MG 6.1092) 说，这树不包含死（死因悖逆而来）；果子里有的只是知识（只要使用正当，这知识是善的）；亚当必须成长并成熟之后才能预备吃这果子；因此上帝有这样的诫命。亦见 Aug. 8.13.28 – 30; 11.41.56.
[3] Theodoret of Cyrus, *Quaest. In Gen.* 2.26 (MG 80.124) 指出，这树被称为"分辨善恶的知识树"是依据希伯来的一种习俗，即根据所发生的惊人事件来命名地方和事物。

叫比逊，就是环绕哈腓拉全地的。在那里有金子，并且那地的金子是好的；在那里又有珍珠和红玛瑙。第二道河名叫基训，就是环绕古实全地的。第三道河名叫底格里斯，流在亚述的东边。第四道河就是幼发拉底河。"①

在讨论这些河流时，我何须作更多努力证明它们都是真实的河流，而不只是寓意表达，没有对应的字面意义上的实体，似乎这些名称表示其他东西，根本不是指河流，尽管事实上它们在所流经的地区众所周知，并且几乎全世界的人都会提到它们？② 事实上，很显然，这四条河就是被命名的那些河。其中两条在古代的名称与现在不同，就如台伯河一样，在古代被称为阿尔布拉（Albula）。③

基训河今天称为尼罗河，比逊河就是今天的恒河。④ 其他两条，底格里斯河和幼发拉底河的名称一直保留至今。这些事实使我们相信，对于这个故事的其他细节首先要在字面意义上理解，而不是设想整个故事都是寓意：一方面，所记载的事是真实存在的；另一方面，它们也包含某种比喻意义。⑤

这不是说比喻就不能使用现实中的具体细节，尽管比喻本身并非意在描述现实。我们的主讲到一个例子作比方，就是一个人打算从耶路撒冷下到耶利哥去，落入了强盗之手。⑥ 我们可以清楚地知道这是一个比

---

① 《创世记》二章 10—14 节。
② Philo, *Questions and Answers on Genesis* 1.12（LCL, p.8 Marcus）认为四条河流可以作某种寓意解释，也就是说它们可以代表四种主要美德。这种想法也出现在 Ambrose, *De paradise* 3.14（CSEL 32.273, 12–14 Schenkl; Ml 14.280C）以及 Aug., *De Gen. c. Man.* 2.10.13（ML 34.203）中。
③ 见 Virgil, *Aen.* 8.330–332; Ovid, *Fasti* 2.389–390。
④ Josephus, *Jewish Ant.* 1.38–39（LCL 4.18–21 Thackeray）证实比逊河就是恒河，基训河就是尼罗河。亦见 Ambrose, *De paradise* 3.14（CSEL 32.273.6–9 Schenkl; ML 14.280B）以及 Jerome, *Lib. Hebr. Quaest. In Gen.* 2.11（ML 23.941A）。
⑤ 奥古斯丁的观点是，这段记载的地理细节不是比喻，而是史实。因而创世的故事首先意指字面意义，但并不排除在所记载或所描述的事物里面寻找比喻意义的可能性。
⑥ 《路加福音》十章 30 节。

方，整个故事是个比喻。然而，比方里所讲到的两个城市今天仍然存在。我们也可以这样来理解四条河，即使我们必须对乐园故事的其他细节作比喻意义而不是字面意义的解释。但没有充分的理由阻止我们首先在字面意义上理解事物。因此在这些历史事实的叙述上，我们可以单纯地接受圣经权威，首先把它们作为真实的史实来理解，然后再去寻求它们可能包含的更多含义。

关于源头及其支流

14. 我们之所以不愿意欣然接受这一点，是否因为据说这些河的源头有些可知，有些却完全不可知，而《创世记》里却说四条河都源自乐园的同一条河，所以我们不能从字面意义上来理解这里的记载？但是由于我们对乐园的位置一无所知，所以我们更应当认为那条河分成了四道河，恰如圣经所说的，而那些河的源头据说流经地下的某处，然后流经很远的距离之后在其他地方涌现，这些地方就被称为它们的源头。因为众所周知，某些河流就是这样形成的，尽管只有当地下流经的路程足够短时才会被我们所知。

因而，一条河从伊甸流出，也就是从快乐之地流出，它滋润了乐园，也就是滋润了园里各种华美、结果子的树，这些树覆盖了那里的全地。

第八章　上帝为何希望人在乐园里耕作土地（创 2.15）

可以相信，被安置在乐园里的人最初从事耕作并无劳苦

15. "主（耶和华）上帝将他所造的人安置在伊甸园，使他修理看守。主（耶和华）上帝吩咐他说：'园中各样树上的果子，你可以随意吃，只是分别善恶树上的果子，你不可吃，因为你吃的日子必死。'"①

前面已经简洁叙述，上帝立了伊甸园，把他所造的人安置在那里，②圣作者这里又说到这一点，目的是说明伊甸园是如何确立的。因此，他在复述时也交代了上帝是如何将他所造的人安置在园里的。那就让我们看看"使他修理看守"这话是什么意思。

人要修理（operaretur）和看守（custodiret）的是什么呢？主（耶和华）是否希望第一人耕作土地？是否可以认为他在犯罪之前并没有被判要辛苦劳作？我们若没有看见过有些人对耕作土地感到如此喜乐，叫他们离开土地去做其他事倒是对他们的严厉惩罚，那我们应该可以这么认为。因此，在无论是土地还是天公都没有显示出任何妨碍的时候，耕作所给予的是何等深入心灵的喜乐。当上帝所造的自然界经过人的耕种长出可喜的丰硕果实时，没有任何令人痛苦的劳作，有的只是衷心的喜悦。因此要献给造主更大的赞美，他把人的灵魂安置在有生命的身体里，又赋予灵魂技艺和能力，使他能够按照他的自由意愿从事活动，而不是按照身体出于需要而违背他的意志强迫他工作。

从人耕作的土地长出的果实也是出于上帝的工，他统治着一切被造物

16. 还有比这样的画面更壮观，更宏伟吗？当人撒播种子、种植树木、移栽灌木、稼接锤条③时，岂不可以说人的理性在更好地对自然说话，寻问每个树根和种子它能做什么或者不能做什么，为何能做或不能

---

① 《创世记》二章15—17节。
② 见《创世记》二章8节。
③ 即锤子状的一条树枝或灌木枝，作种植用。见 TLL 8.191.37-38。Columella, *De re rustica* 3.6.3 有描述。

做，它里面那些数目①的内在、无形的力量有多大，人的努力对它内在因素起什么作用？当人在思考这些奇妙之事时，岂不更能理解"栽种的算不得什么，浇灌的算不得什么，只在那叫他生长的上帝"②这话吗？因为甚至生产过程中源于外部的那部分工作，也是源于上帝所创造并且以不可见的方式统治并管理的人。

第九章　人在乐园里为何甘心而喜乐地耕作土地

神意对造物的双重活动

17. 此时，心灵抬眼凝思整个世界，它就像造物界的一棵大树。于是心灵发现神意有双重活动，一重是自然的；一重是意愿的。神意的自然活动可见于上帝对世界的隐秘管理，借此他使树林和菜蔬生长；神意的意愿活动可见于天使和人类的行为。在神意的自然活动中，上面的天体和地上的物体遵循一种既定秩序：星辰和其他天体发光，日夜更替，大地坚固不动，诸水环绕、冲刷大地，气在地之上充盈，植物和动物孕育、出生、成长、变老、死去；自然界的一切事物莫不如此，这源于一种内在的、自然本性的运动。

关于神意的意愿活动，则有另外一些记号：生命物的受教和学习，田地的耕种，社群的管理，技艺的习练，还有其他活动，既在天上国度也在地上凡人的国度展开，好人甚至得到恶人的帮助，尽管一切都不是有意为之。在人自己身上，神意的这种双重力量也在起作用：首先身体

---

① 参见前面 5.5.14："因此上帝一声令下，地就孕育这些事物——尽管它们还未生发出来——领受它们的全部数目，在一代一代绵延中生发出来，各从其类。"新柏拉图主义者遵循新毕达哥拉斯主义传统，习惯于将形式等同于数目。见《〈创世记〉字疏》（上）第六卷第 225 页注①。
② 《哥林多前书》三章 7 节。

上有神意的自然作为，即，使身体形成、成长并衰老；其次有神意的意愿作为，即，为他供应食物、穿着以及健康幸福。同样，灵魂也如此：通过自然活动，使灵魂活着，有感觉；通过意愿活动，使它获得知识，和谐生活。

关于比喻意义上的耕作：树木与人类的类比

18. 就树木来说，农夫的技艺外在地帮助它内在的成长。同样，就人来说，就他的身体而言，医疗是对它内在自然力量的一种外在协助；就他的灵魂而言，外来的教导有助于它内在的本性幸福。在栽种树木上疏忽，就如同不关心对身体的医治，对灵魂学习知识漠然。对一棵树过分浇水，就如同身体吃进有害食物，灵魂引入恶。

因此上帝在一切之上，他确立万物，统治万物；他出于圣善创造了所有实体，又出于公义引导所有意愿。这样说来，如果我们认为人被安置在乐园的意思并不是要他弯腰屈背地耕种土地，而是充满与他的尊严相吻合的属灵喜乐地耕作，我们怎么会偏离真理呢？对那些闲暇的人来说，还有什么比这种工作更无害的呢？对那些有智慧的人来说，还有什么比深奥的思考更具有挑战性呢？

第十章　创 2.15 "修理"与"看守"的含义

"使他修理看守"是指什么

19. 人要看守它。那么看守什么呢？看守园子吗？提防谁呢？可以肯定，完全不必担心会有来自邻近的入侵者，或者有谁会攻击园子；不必担心有小偷或侵略者。那么，我们要怎样理解一个物质形态的园子能够由使用物质工具的人守护呢？其实圣经并没有说"修理看守园子"；

它只是说"修理看守"。① 如果我们留意希腊文的直译，就会看到经文是这样的："主（耶和华）上帝将他所造的人安置在园子里，修理并看守它（或他）。"②

上帝把人安置在那里是为了让他工作吗？作者似乎是这个意思，因为他只写了"修理"，而没有说明对象是什么。或者把他安置在园子里是为了让他修理园子？经文模棱两可。但这话的意思似乎不是要我们理解为"修理乐园"，而是"在乐园里修理"。

通过一种寓意解释可以得出的推论

20. 无论如何，我们应当认为，这里说的"修理（或耕作）园子"与前面说的"没有人耕地"③ 含义是不一样的［尽管得承认，"耕地"与"修理（或耕作）园子"的结构是完全一样的］。既然经文本身模棱两可，我们就要探讨两种可能的含义。如果"看守"并非必然就是"看守乐园"（paradisum custodire），如果我们也可以说"在乐园里看守"（in paradise custodire），那么在乐园里看守什么呢？至于"在乐园里修理（耕作）"，我们已经有过讨论。或许我们应该说，人通过农技在地上耕作的，他要通过训练看守或保存在自身之内。④ 我的意思是说，正如他所耕作的土地顺服于他，同样，他也会尽责地把顺服的果实而不是悖逆的荆棘献给那为他立下诫命的主。结果，由于他不愿意保持顺服，将他所耕作的乐园的样式看守在自身里面，就被定罪，得到如他自身一样悖逆的田地，因为上帝说："地必给你长出荆棘和蒺藜来。"⑤

---

① 奥古斯丁所使用的旧约经文：ut operaretur et custodiret，两个动词都没有宾格。
② 奥古斯丁注意到 LXX 有代词作宾格。但他认为这让经文含义模糊，因为这个代词可以指乐园，作两个动词的对象，也可以指人，作两个动词的主格。就后者来说，动词显然就要看为不及物的。
③ 《创世记》二章 5 节。
④ 也就是说，人通过自己的耕作自学，使他的体力劳动有灵性上的收获。Disciplina 表明一种学习过程。
⑤ 《创世记》三章 18 节。

通过另一种寓意解释得出的推论

21. 如果我们把这句话理解为"耕作乐园""看守乐园",那么人诚然能够通过农艺耕种乐园,如上面所解释的,但却不能说看守乐园,防止恶人或敌人侵入,因为当时那里没有人。或许是提防野兽?但他如何提防?为何要提防?可以肯定,在他犯罪之前野兽对人没有任何威胁。因为经上后来说,各样野兽被领到他面前,他就给它们一一命名。① 此外,第六日,因上帝之话所立的法则,他与所有野兽共同领受了食物。② 即使当时野兽身上已经有令人恐惧的东西,他一个人怎么可能保护这个乐园呢?因为由这样一条大河浇灌的地方绝不是一个弹丸之地。如果他能在它的四面建一堵密不透风的墙,使蛇不能潜入进来,那他可能就可以看守它。但是如果他能在四面筑墙巩固园子之前把所有蛇都挡在园外,那真是一件不可思议的功劳了。

近在眼前的解释

22. 那么我们为何忽视近在眼前的解释呢?人被安置在乐园里确实是让他运用耕作技艺修理它,如我上面所讨论的。这种技艺的实施不包含任何辛劳,而是充满愉悦,并使智慧者的心灵产生高贵而有益的思想。他被安置在那里是为他自己看守这个乐园,免得做出任何使他该被逐出乐园的事。最后,他还得到一条诫命,遵守诫命就可为他自己守住乐园,也就是说,如果他遵守诫命,就不会被赶出园子。因为一个人如果因其所作所为导致失去原本拥有的东西,就可以说他没有看好这拥有物,即使它们毫发未损地留给了另一个发现它们或者配得它们的人。

---

① 参见《创世记》二章 19 节。
② 参见《创世记》一章 29—30 节。

更好的理解是：人自身得到上帝的栽培和看守

23. 这话可能还有另一种意思，我想完全可以认为这是更好的意思，即上帝要修理（operaretur）人并看守他。① 正如人耕作土地不是使它成为土地，而是栽培它，使它结出果子；同样，上帝在更深的意义上栽培人，就是他所创造的人；上帝修理人，只要人不因骄傲离开他的造主，就能成为义的。因为离开造主就是背弃上帝，圣经里称为骄傲的开端："人骄傲的开端就是背弃上帝。"② 上帝是不变的善，而人无论在灵魂还是在身体上都是可变的存在。因此，人若不转向不变的善，也就是上帝，并在他里面立住脚跟，就不可能得以形成（formari），从而成为公义而幸福的。③

因此，这位创造人、形成人的上帝还修理人、栽培人、看守人，使他良善而幸福。所以，就如那话说人耕作土地（土地已经是土地），使土地增添生机，结出果子，同样，这里说上帝修理栽培人（他已经是人），使他成为敬虔有智慧的人；并且看守他，因为当人以自己拥有的能力为乐，而不是以高于他的上帝之权能为乐时，当他责备上帝的权威时，他不可能是安全的。

---

① 如摩尔版编辑指出的（vol. 3/1，cols. 233 - 34，note；ML 34. 381，note），这种解释与希伯来经文不一致，因为目的从句中两个动词的代词宾语是阴性的，因而必然指"乐园"。除了奥古斯丁不熟悉希伯来文之外，这种解释似乎只是他后来的一种补充，因为他在前一段落里给出的解释显然是他对这个话题的全部讨论的总结。然而，如奥古斯丁在讨论一个含糊圣经段落的两种可能解释时说过的［《〈创世记〉字疏》（上）1. 19. 36］，只要两者都与信仰和上下文一致，"如果两种解释都有明确的上下文支撑，那么认为作者希望传达两种解释，这没有任何问题"。见《〈创世记〉字疏》（上）第一卷 50 页注①。
② 《便西拉智训》十章 12 节。
③ 论到灵性造物，奥古斯丁在《〈创世记〉字疏》（上）1. 1. 2 说："正是由于这种转向造主使它领受了自己的形式和完全，如果它不这样转向，那就是无定形的。"

第十一章 《创世记》作者教导我们上帝是我们真正的主（创 2.15）

为何这里要加上"主（耶和华）"（Dominus）

24. 这里我们应当注意一点，我认为这一点绝非无足轻重，而是告诫我们注意某些特别重要的东西。从该卷圣书的开篇，第一句话"起初上帝创造天地"，一直叙述到这里，都从未用过"主（耶和华）上帝"这个术语，用的只是"上帝"。[①] 但这里，当上帝把人安置在乐园，以便通过他的引导培育（修理）他看守他时，圣经说："主（耶和华）上帝将他所造的人安置在乐园，修理看守他。"[②]

作者并不是要表明上帝不是上面提到的造物的主。只是这个记载是为人写的，不是为天使或其他造物写的，所以这是要提醒人知道，把上帝认作自己的主，即服在上帝的统治之下，而不是放任自己，滥用自由，这对他来说是何等重要。因此，作者不愿意过早地使用这个表述，而是把它留到叙述上帝要把他所造的人安置在乐园培育他看守他的时候。所以他不是像前面的叙述那样说"上帝将他所造的人安置"，而是说"主上帝将他所造的人安置在乐园，修理他"，使他成为义的；"看

[①] "主上帝"（Dominus Deus）的"主"（Dominus），译自希伯来文"耶和华"，在 Vulg 拉丁文本中这个表述始于第二章 4b 节，也出现在第 5、7、8、9 节（见 Quentin *Gen*. 146）。然而，奥古斯丁采用 OL 文本，而它在所有以上这几节中都省略了"主"这个词。LXX 大部分版本在 4b 和 8 节都有"主"，但 5、7、9 节没有。显然，奥古斯丁使用的 LXX 在 15 节之前的所有这些地方都省略了"主"。根据现代注释家的解释，《创世记》一章 1 节至二章 4a 的创世故事里一直使用单个词"上帝"（Elohim），这是源于祭司传统（P），而创 2.4b 至 3.24 添加了"主"（耶和华）这个词，源于耶和华传统（J）。见 Eugene H. Maly, JBC 1 (1968) 'Genesis', 9. 当然，奥古斯丁对希伯来文本并不了解。

[②] 这是奥古斯丁在前面 8.10.23 中提出的对《创世记》二章 15 节的一个解释。但这种解释与希伯来文本不一致。见本书第 59 页注①。

守他",使他获得安全。主上帝亲力亲为,来成就这样的事,不是因为这事对他自己有益,而是为了我们的益处。

因为上帝不需要我们服侍,而我们需要他的管理,他的栽培和看护。所以,唯有他是我们真正的主,因为我们服侍他不是为了他的利益和福祉,而是为了我们自己的。如果他需要我们,仅凭这一点他就不可能是我们真正的主,因为若是那样,他就有缺乏,我们的努力帮助他满足所需,他受制于那种需要,他自己就陷入被奴役状态。《诗篇》作者有充分的理由诵唱:"我曾对主(耶和华)说:'你是我的上帝,你不需要我的好处。'"① 我上面说我们事奉他是为了我们自己的利益和福祉,但不要误解我的意思,以为我们可以从他指望别的东西,而不是他本身;他就是我们至高的利益和福祉。因此我们对他的爱有大大的回报,就如《诗篇》作者所说:"但我亲近上帝是与我有益。"②

第十二章　上帝藉他的恩典在人里面作工

没有上帝,人不可能有任何善

25. 人的构造并非那么孔武有力,似乎一旦被造,即便他的造主抛弃他,他也能仅凭一己之力行各种善事。事实上,他的所有善行都在于他转向那创造他的造主,在于他依靠造主的大能成为公义的、忠诚的、明智的以及永远有福的。他并不是获得这些品性之后就可以扬长而去,就如同病人得到医生的治疗之后可以与医生各行其道。因为医生医治身体是一种协助本性的外在动因,本性在上帝之下内在地运作,上帝才是

---

① 《诗篇》十五篇 2 节。(参和合本经文:"我的心哪,你曾对耶和华说:'你是我的主,我的好处不在你以外。'"——中译者注)
② 《诗篇》七十二篇 28 节。

61

整个健康的原因,他通过双重神意运作,如我上面谈到的。①

所以,人转向上帝绝不是指他一旦因上帝而成为公义的就可以离开了,而是说可以永远从他的造主得享称义。如果人不离开上帝,仅凭这一点,上帝与他同在,他就被称义,得光照,获幸福;只要他顺服、听从上帝的命令,上帝就在栽培他,看护他。

上帝如何在人里面做工

26. 人在地上做工,地就得到耕耘,变得肥沃;他做完了自己的工,就离开,土地被他耕犁、播种、浇灌或者其他工作之后,即使做工的人离开了,他所做的工持续存在。但如我所说的,上帝栽培义人与此不同,我们不能认为上帝使人成为义人后,即使此人转头离开,上帝所做的工依然在他身上保留。

更好的例子是有光照射的空气,空气并没有被造成光体,它是得到光照才变得光亮;如果它自己原本就是光体,被造为有光,那么当光消失之后,它仍会保持光亮。同样,当上帝与人同在时,人就得光照,但是一旦上帝离开他,黑暗即刻就临到他;他与上帝的分离不是由于时空上的距离,而是由于他的意愿转离。

上帝是不变的善,人藉上帝成为善的

27. 上帝是不变的善,但愿他栽培善人并看守他。我们依附他,始终转向他,藉着他,我们必永远得成就,必永远得完全,因为经上有话说到他:"亲近上帝是与我有益"②,又有话对他说:"我要使我的力量

---

① 见前面 8.9.17—18,奥古斯丁区分了神意的自然工作和意愿工作。
② 《诗篇》七十二篇 28 节。

转向你。"①

我们之所以是他的工作②，不只是因为我们是人类，也因为我们是善的。当圣保罗对已经抛弃有罪的生命而皈依的信徒谈到我们藉之得救的恩典时，他说："你们得救是本乎恩，也因着信。这并不是出于自己，乃是上帝所赐的；也不是出于行为，免得有人自夸。我们原是他的工作，在基督耶稣里造成的，为要叫我们行善，就是上帝所预备叫我们行的。"另外的地方保罗还说："当恐惧战兢，做成你们得救的工夫。"但是为了避免他们认为这可以归功于自己，似乎他们可以使自己成为义的和善的，保罗随即又说："因为……都是上帝在你们心里运行。"③ 因为，"主（耶和华）上帝将他所造的人安置在乐园，修理他（即在他里面做工），看守他"④。

第十三章　为何禁止人吃分辨善恶的知识树上的果子（创 2.16—17）

人为何被禁止吃分别善恶的知识树上的果子

28. "主（耶和华）上帝吩咐亚当，说：'园中各样树上的果子，你可以随意吃，只是分别善恶树上的果子，你不可吃，因为你吃的日子必定死。'"⑤ 如果上帝禁止人吃其果子的这棵树是恶的事物，那似乎是

---

① 《诗篇》五十八篇 10 节 。(参和合本五十九篇 9 节："我的力量啊，我必仰望你。"——中译者注) 见奥古斯丁的评论，Enarr. in Ps. 58, Sermo 1, n. 18 (CCL 39.742 - 43; ML 36.704)："力量有起源和源头，智慧有根，如果需要，我们可以称之为不变的真理领域。离开它，灵魂就陷入黑暗；靠近它，灵魂就得光照。靠近它得光照吧，因为离开它你就陷入黑暗。所以'我要使我的力量转向你'，我不会离开你，我不会依靠我自己。"
② 《以弗所书》二章 8—10 节。
③ 《腓立比书》二章 13 节。
④ 《创世记》二章 15 节。
⑤ 《创世记》二章 16—17 节。见奥古斯丁前面 8.6.12 对该经文的解释。

说，他正是从这恶物的本性中接受了一种致命的毒。但是乐园里的所有树都是好的，因为都是上帝所造，他所造的一切都甚好，① 那里没有任何恶的实体，因为任何地方都没有恶的实体② （若是上帝允许，我将在涉及蛇的问题时详尽讨论这一点③）。因而，人被禁止碰触的那棵树不是恶，这样，谨守命令本身就是他的善，而违背命令本身就是一种恶。

顺服就是善，悖逆就是恶

29. 当人被发现行了不法之事，因为他触摸了禁止触摸的事物——尽管如果没有这样的禁令，他去触碰就不能算犯罪——此时，最恰当或者最切实的方式莫过于告诉他：悖逆本身就是大恶。

比如，有人说："不要碰这棵草。"如果它有剧毒，触碰它就会死，那么藐视这个命令的人，死必然会临到他。但是即使没有这样的禁令，他去触碰了，仍然会死。因为无论禁止不禁止，这草对他的健康和生命都是一个威胁。另外，如果有人禁止别人碰触某物，不是出于对触碰者利益的考虑，而是因为损害禁令者的利益——比如，某人把手伸向别人的钱财，这是钱主禁止的行为——这个禁做行为他做了就是罪，因为它损害了禁令者的利益。然而，当一个事物触碰它不会对触碰者产生任何伤害，对其他人也没有不利，不论他怎样触碰它，那么对这样的事物为何要发出禁令呢？不就是为了表明顺服本身之善，悖逆本身之恶吗？

把人的意愿置于上帝意愿之上就是罪

30. 最后，既然罪人所行的事仅仅因为是上帝禁止的才是有罪的，

---

① 参《创世记》一章12节以及一章31节。
② 奥古斯丁在反对摩尼教徒的作品里一直坚持认为，恶的实体不可能存在，恶只是善之缺乏而已。关于他的这个观点的概述，见 De natura boni 1–18（CSEL 25/2. 855–62 Zycha; Ml 42. 551–57）以及 Enchiridion 3. 10–12（CCL 46. 53–54；ML 40. 236–37）。
③ 见后面第十一卷，尤其是第12—13章。

他只要留意主的命令就可以避免犯罪,那么他通过犯罪所求的不是别的,就是想摆脱上帝的主权。既然只要留意上帝的禁令,岂不是说只要留意上帝的意愿吗?岂不是说只要爱上帝的意愿吗?岂不是说要把上帝的意愿置于人的意愿之上吗?至于主为何要立这样的命令,唯有主自己知道。作为主的仆人,他必须按主的命令行事,这样借着他顺服的功德或许他会看到上帝立下这个命令的原因。

但是我们不必冗长地探讨这个命令的原因。如果事奉上帝对人是大好,上帝通过他的命令使他想要命令的事都有益于人,那么我们不必担心他会命令对我们无益的事。

第十四章　人必须经历恶才能知道恶吗?

人因拒斥上帝的命令就经历了悖逆之恶

31. 如果人看高自己的意愿,甚至把它置于至高者的意愿之上,那么他的意愿不可能不轰然倒塌,支离破碎。这就是人在鄙弃上帝命令时所经历的,他从这样的经历得知善恶之间的分别,即顺服之善与悖逆之恶的分别。所谓悖逆之恶就是骄傲和顽梗,对上帝的恶意模仿(perversae imitationis Dei)① 以及有害的自由。这树为人的这种经历提供了机缘,它也因发生的事而得了自己的名字,如我上面所解释的。②我们若不经历恶就不能感知恶,因为若不是我们行了恶,就不会有任何恶。

---

① 奥古斯丁多次谈到骄傲(以及从它流出的所有恶)是对上帝的一种恶意模仿。见 *Conf.* 2.6.13; *De civ. Dei* 19.12.2; *De vera relig.* 45.84 (CCL 32.243, 21–23; ML 34.160)。
② 见前面 8.6.12。

恶不是一个实体（natura），所谓的恶，就是善之丧失。上帝是不变的善；人就其本性来说，是上帝所造，是一种善，但并非如同上帝那样是不变的至善。一种可变的善低于不变的善，当它依靠那不变的善，以理性和自由意志回应他，爱他，侍奉他，就成为一种较大的善。

因此具有这种天赋的事物其实是一个大善，因为它得赐能力可以依靠最高的善。但是如果人不愿意这样做，就使自己丧失善，而这种丧失对他来说就是恶，由此——同样出于上帝的公义——痛苦接踵而至。离弃至善的人若还有幸福可言，那岂不是与公义完全相背吗？这样的事不可能出现，只是当人拥有所爱的低级之善时，往往没有意识到因丧失更高的善而导致的恶。然而，神圣的公义法则是这样的，自愿失去本应挚爱之物的人，理当遭受失去他所爱之物的痛苦。因此万物之造主在一切事上都是可赞颂的。其实，一个人为所失去的善痛苦也是一种善；因为若不是还有某种善保留在他的本性中，他就不可能感受到他遭受了善的丧失这种惩罚。

通过善的知识（prudentiam boni）知道恶，通过恶的经历（experientiam mali）知道善

32. 一个热爱善的人没有任何恶的经历，即他在感受善的失去之前选择紧握善，免得失去它，这样的人是整个人类中最值得赞颂的。① 但是如果这不是一件功德卓著的事，就不会将它归于那个孩子——他出于以色列家，称名为以马内利（Emmanuel），即"上帝与我们同在"②，

---

① 这样的一个人不拥有经验上的恶的知识；但由于他必然作出选择避免失去他所拥有的善，所以他必然拥有某种恶的知识。就如奥古斯丁接着所说，他"通过善的知识"知道它。关于这个问题以及这一整章的透彻分析，见 Agaesse – Solignac 49. 507 – 510.
② 《以赛亚书》七章 14 节；《马太福音》一章 23 节。

使我们与上帝和好。他是人与上帝之间的中保，① 是与上帝同在的道，与我们同在的肉身，② 这道成了肉身，在上帝与我们之间。③ 关于他，先知说："在这孩子还不晓得善恶之先，他就拒斥恶，选择善。"④ 他如何能拒斥或选择他并不知道的事？唯有一种可能，即通过善的知识知道两者之一，通过恶的经历知道两者之二。一方面，通过善的知识知道恶，尽管没有感受到恶。所以他坚守善，避免因失去⑤善而经历恶。另一方面，通过经历恶就能知道善，因为当一个人感受到失去了善即是恶，他就知道自己失去了什么。

因此，当这孩子还没有通过经历知道他还不拥有的善，或者通过经历知道他在丧失善的过程中会感受到的恶，在这之前他就鄙弃恶，坚守善，即他不愿意失去他原来拥有的，免得他感受到他原本不应失去之物的丧失。他树立了独一无二的顺服典范，因为他来不是要按他自己的意思行，而是要按那差他来者的意思行。⑥ 在这一点上，他不同于那选择按自己的意愿行，不按造主的意愿行的人。因此经上说得一点也没错，"因一人的悖逆，众人成为罪人；照样，因一人的顺从，众人也成为义了"⑦。因为"在亚当里众人都死了；照样，在基督里众人也都要复活"⑧。

---

① 《提摩太前书》二章 5 节。
② 《约翰福音》一章 1 节以及 14 节。
③ 不清楚为何奥古斯丁要拿基督作例子说明一个没有选择恶的人。他肯定不是意指基督有可能选择恶（见 Agaesse – Solignac 49.509 提供的参考资料，表明奥古斯丁明确拒斥这种可能性）。
④ 《以赛亚书》七章 16 节（LXX）。译自希伯来文的正确译文是："因为在这孩子还不晓得弃恶择善之先，你所憎恶的那二王之地必要见弃。"（RSV）
⑤ 据 Bod，Pal 和 m，拉丁文是 amissione（因失去）。Zycha 里的 amissio 似乎是个打印错误。
⑥ 《约翰福音》六章 38 节。
⑦ 《罗马书》五章 19 节。
⑧ 《哥林多前书》十五章 22 节。

第十五章　分辨善恶的知识树如何得名

为何称之为分辨善恶的知识树

33. 有些作家[1]在探讨这样一个问题，为何在人还没有违背上帝的诫命触碰那棵树，并从经历中得知他所丧失的善与他所犯的恶之间的分别之前，就可以称树为分辨善恶的知识树，对此他们深感困惑，其实完全没有必要。之所以用这样一个名称来称呼这棵树，不过就是让我们的始祖遵守禁令，不去触碰它，小心避免因违背禁令触碰它而导致的后果。不是因为他们后来违背诫命，吃了果子，这树才成为分辨善恶的知识树；即使他们一直顺服，没有违背诫命，也仍然可以根据他们吃了果子之后所要发生的事来称呼它。一棵树可以称为"果腹之树"，因为人可以吃树上的果子满足食欲。即使没有人靠近这棵树，这名称难道会有什么不妥之处吗？因为只要有人靠近它，满足了食欲，就表明这树名副其实。

第十六章　人在经历恶之前如何能明白恶的含义

人在经历恶之前就能明白何谓恶

34. 他们问，当人对何谓恶一无所知时，对他谈论分别善恶的知识树，他如何能明白？

这样思考问题的人没有注意到，大多数未知事物都可以理解为已知

---

[1] 不清楚这些作家是谁。Agaesse – Solignac 49.509 认为可能是马西安（Marcion）的一个学生和波菲利（Porphyry）的一个学生。

68

事物的反面，甚至在谈话中可以使用某个名称表示不存在之物，听者也不会产生任何困惑。比如，完全不存在的东西我们称为"无"（nihil）；凡是懂（包括听和说）拉丁语的人都理解这两个音节（这个词）。这是为什么呢？就是因为当心灵知道所是的事物时，它就能通过这事物的缺乏知道所不是的事物。对于"空"这个词，我们也同样可以这样理解。凝视着充实的物质实体，通过它的缺乏我们就明白它的对立面"空"的意思了。就如通过听觉，我们不仅可以判断声音，也可以判断无声的寂静；同样，在感知自身里面的生命时，人会小心预防它的反面，即生命的缺乏，我们称为死亡，提防任何可能导致他失去所爱之物的东西，即可能导致他失去自己生命的他自己的行为。什么样的音节构成它的名称并不要紧，比如，我们可以用拉丁词 peccatum（罪），也可以用 malum（恶）表示，他心里都明白。

试想，我们从未经历过复活，那当我们谈论复活时，我们如何理解它的意思呢？岂不是因为我们知道活着是什么吗？所以就如我们把那种状态的缺乏称为死亡，同样，我们把恢复我们所知道的那种状态称为复活。不论在其他语言中用什么语词来称呼同一个事物，心灵在所说到的语词中感知到一种指示，只要听到这个词，即使没有指示，它也知道是什么。

神奇的是本性甚至在没有任何经验之前就能避免失去它所拥有的东西。谁教导田野里的兽类避开死亡？不就是出于它们对生命的一种感受吗？谁教导臂弯里的孩子受到大人威胁说把他扔到地上时要紧紧抓住大人？这种恐惧始于婴孩生命的某个时刻，但在他还没有经历过此类事件之前就有了。

难题：始祖如何能明白上帝说话

35. 因此，对人类的始祖来说，生命原本就是甜美的，所以毫无疑问他们会努力避免失去它。当上帝在这个问题上教导他们时，无论他使用什么声音或者其他方式，他们都能明白。所以，他们若不是首先相信行为的结果不会导致他们死亡，即他们不会失去原本所拥有并且在拥有中享受喜乐的东西，他们就不可能被说服去犯罪。我们将在适当的地方讨论这个话题。

如果有人不明白，当上帝告诉始祖他们不曾经历的事，或者说拿这样的事来警告他们，他们如何能理解，那么这些人应当特别留意一下，我们是如何毫不犹豫地认出我们经验之外的所有事物的名称，不仅从我们所知道之物的相反事物知道，如果它们是表示缺乏的名称；也可以从相似事物知道，如果它们是肯定性的名称。或许不会有人提出这样的问题：始祖既然不曾学过说话——既不是在说话者中间长大，也没有师从谁学习，那么他们怎么会说话，或者明白别人说话？似乎上帝教他们说话是件什么大不了的事；他造出的人当然可以从别人那里学会这种技艺，只要有人出现，他们就可以学会。

第十七章　不得吃分辨善恶的知识树上的果子这条禁令是既对男人又对女人立的吗？

探讨关于知识树的命令是否也给了夏娃

36. 我们有充分的理由提出这个问题：上帝的命令是否只给了男人，还是也给了女人？不过，作者还没有谈到女人如何被造。她是否有可能已经被造了？若是这样，那作者讲述她如何被造时其实是后来复述前面已经成就的事。①

圣经的话是这样的："主（耶和华）上帝吩咐亚当说。……"作者

---

① 在讨论亚当的被造时，奥古斯丁已经思考［《〈创世记〉字疏》（上）6.2.3］这样的假设，即创 2.7 是对创 1.27—29 的复述，但最后他又拒斥了这一观点。

没有说"他命令他们"。然后作者又说:"园中各样树上的果子,你可以随意吃"。他没有说"你们可以随意吃"①。然后上帝又说:"只是分别善恶树上的果子,你们不可吃。"这里的动词是复数形式,很可能是因为上帝对他们两人说这话;然后他仍然用复数形式来结束这个命令:"因为你们吃的日子必定死。"②

另一种可能的解释是,由于上帝知道他要为男人造女人,所以他完全按照适当的顺序发布命令,好让主的命令从男人传递给女人。这就是圣保罗在教会里坚守的法则:"她们若要学什么,可以在家里问自己的丈夫。"③

第十八章　上帝如何对亚当说

上帝如何对人说

37. 我们还可以问,上帝为何这样对他所造的人说话?可以肯定,这人从起初就被赋予感官和理智,所以能听懂上帝所说的话。因为人若不明白给他的命令是什么意思,他就不可能接受一个违背就是犯罪的命令。④ 那么上帝是如何对他说的呢?他是否藉着理智以内在的方式在人的灵魂里说话,让人通过智慧明白上帝的意愿和命令,而没有发出任何

---

① 《创世记》二章 16 节。这节经文的拉丁文是:Ab omni lingo quod est in paradiso esca edes. 奥古斯丁说:"Non dixit, edetis",他的观点是:由于动词是单数,所以上帝只是在对亚当说。

② 《创世记》二章 17 节。奥古斯丁使用的旧约是基于 LXX 的经文,其中的动词"吃"(ederitis)和"死"(moriemini)都是复数形式。而译自希伯来文的武加大拉丁文本(Vulg.)中,这些动词是单数。但 16 节经文的动词无论在 Vulg. 还是在 OL,在希伯来文本还是在 LXX,都是单数。

③ 《哥林多前书》十四章 35 节。

④ P 和 m 的拉丁文是 Quo transgresso reus esset,但我发现有证据表明 z 的拉丁文是 quo transgressor eius esset。

可听的声音或者借助类似的物质形式？

我认为上帝不是这样对第一人说话的。从圣经的叙述看，我们更应该这样设想：上帝在乐园里对人说话就如他后来对众族长，比如亚伯拉罕和摩西说话一样，即以某种可见形式对人说话。正因如此，当上帝傍晚在园中行走时，始祖就听到上帝的声音，于是两人就躲藏起来。①

第十九章　我们必须相信上帝是什么，才能明白他神意的作为

上帝在造物界的双重工作

38. 这里有一个好机会，我们不应忽视，要尽我们所能，根据上帝仁慈赐给我们的帮助和恩典把握它；我是说沉思神意的双重运作的机会，我在上面谈到耕作土地时曾不经意地提过。② 我希望读者的心灵能够逐渐习惯于沉思神意的这种工作，因为这对我们大有神益，使我们在思考上帝本性时避免想到与神性不配的事物。

我们说，至高无上的、真正的、同一且唯一的上帝，圣父、圣子和圣灵，即上帝和他的圣道及两位的圣灵，三位一体，既不相互混合，也不相互分离，上帝"是那独一不死的，住在人不能靠近的光里，是人未曾看见，也是不能看见的"③，不局限于任何有限或无限的空间，也不受制于任何有限或无限的时间中的变化。这个实体，也就是上帝，不同于空间中存在的实体，④ 在他，没有哪一部分少于整体；这个神圣实

---

① 《创世记》三章 8 节。见奥古斯丁在下面 8.27.50 中对这一点的重新讨论。
② 前面 8.9.17，奥古斯丁区分了神意的双重活动：自然活动和意愿活动。
③ 《提摩太前书》六章 16 节。
④ 按拉丁文直译的意思是：不同于存在于空间中由不动的轴带动的物体，比如，由关节带动的整个手掌。——中译者注

体也不同于在时间中可变的实体,在他,没有任何事物过去存在,现在不存在,也没有任何事物现在还不存在,将来才会存在。

第二十章　身体在时空中可变;灵魂只在时间中可变;上帝绝对不变

属体造物在时空中可变,属灵造物只在时间中可变,上帝绝对不变

39. 上帝住在不变的永恒之中,他同时创造万物,由此时间进程开始,空间被充满,年岁在时间和空间中由存在者的运动依次展开。他创造的存在者,有些是属灵的,有些是属体的;他创造质料,这质料不是他者创造的,也不是非造的,而是上帝创造的,也唯有上帝造它为未定形的,并且可以成为定形的,因而它在起源上而不是时间上先于它的形成(formationem)。① 他把属灵造物确立在属体造物之上,因为属灵造物只在时间中可变,而属体造物在时间和空间中都可变。② 比如,灵魂在时间中活动:原来遗忘的,现在记起来了;原来不知道的,现在学会了;原来不曾希望的,现在燃起了希望。但身体在空间中活动,从地到天,从天到地,或者从东到西,从西到东,或者某种类似的方式。

要知道,凡是在空间中变动的,必然同时在时间中变动。但并非所有在时间中变动的都必然在空间中变动。因此,只在时间中变动的实体比既在时间又在空间中变动的实体卓越,但低于在时间和空间中都不动

---

① 上帝同时创造万物的质料和形式,如《〈创世记〉字疏》(上)1.15.29 所解释的。见《〈创世记〉字疏》(上)第一卷第 23 页注①和第 42 页注①。
② 实在的三层次理论(上帝绝对不变,灵魂只在时间中可变、不在空间中可变,身体既在时间中又在空间中可变)是奥古斯丁时常提到的主题。比如 De vera relig. 10.18(CCL 32.199;ML 34.130);Epist. 18.2(CSEL 34/1.45 Goldbacher, ML 33.85)。这个理论在奥古斯丁的形而上学中是基础性的,见 Bourke 118-119 及 226-227。

的实体。由此可以推出，正如被造的灵推动身体在时间和空间中运动，虽然它自身只在时间中运动；同样，圣灵即造主推动被造的灵在时间中运动，虽然他自身在时间和空间中都不动。但另一方面，被造的灵推动自己在时间中运动，又推动身体在时间和空间中运动。而造主的灵在时间和空间之外自动，同时推动被造的灵只在时间运动，推动身体既在时间又在空间运动。

第二十一章　永恒而不变的上帝能够推动他的造物在时间和空间运动。灵魂在空间上不动，但仍能推动身体在空间运动

不变的上帝如何推动造物，以灵魂的例子说明

40. 人们或许试图想要弄明白，这位永恒的上帝，真正永恒、真正不朽而不变的上帝，不在时空中运动的上帝，如何通过时空推动他的造物。但在我看来，他们不可能理解这一点，除非他们首先理解，灵魂，即被造的灵，不通过空间运动，只通过时间运动的灵，如何通过时空推动身体。如果他们连在其自身中发生的事都还无法理解，如何去领会那在他之上的事物！

身体运动时，灵魂在空间上几乎是不动的

41. 灵魂因平常与身体感官接触的缘故，以为当它推动身体在空间运动时，它自身也与身体一同在空间运动。但是如果它能仔细识别那些关节——它们就如同身体各肢体的支点，明白它们如何分布于身体的各个部位，它就会看到这些部位的运动是如何开始的。它会发现，运动若不从身体的某一静止的部位发出，肢体就不会被推动在空间运动。比如，单独一根手指不能运动，除非整只手不动，然后这根手指从关节开

始活动,这个关节就如同不动的支点。① 当整只手从肘关节开始活动,肘部从肱关节、肱部从肩胛骨开始活动,而发出活动的支点保持不动,被推动的部位就在空间运动。因此脚的关节在踝部,脚活动时踝是不动的。同样,小腿的关节在膝部,整条腿的关节则在髋部。

要知道,若不是从某个关节的支点开始,意愿也不可能引起肢体(不论哪一个)的任何活动;意愿的命令首先引导活动,使开始活动的部位能够被那在空间上不动的部位驱动。最后,在行走中,一只脚坚定地站立,支撑整个身体的重量,另一只脚才可能抬起;而抬起的那只脚从它站立的地方走到它要去的地方这个活动依赖静止不动的关节,这关节就如同一个支点。

对同一个问题更好的解释

42. 这样说来,若不是从那保持不动的关节开始,意愿不可能推动身体的任何肢体在空间运动。再者,身体上那被推动的部位与那固定不动从而使另一部位能活动的部位各自都有自己的体量,因而占据一定空间。那么我们岂不是有更充分的理由说,发布运动命令的灵魂在空间上也保持不动。肢体服从于灵魂,所以要活动的肢体所依赖的关节根据灵魂的意愿保持牢牢不动。灵魂不是物质实体,不像水充满皮瓶②或者海绵那样在空间上充满身体,而是以某种神秘的方式通过它无形的命令(incorporea nutu)与身体结合,赋予它生气,因此灵魂藉某种影响力(intentio)③而不是物质重量(mole)管理身体。同样,既然发令的意

---

① Migne 版在这里少了一行。
② 皮瓶的拉丁文 utrem (uter),指用动物的皮缝制成的瓶子,古人通常用来运输酒和水。见 V. Chapot, Dar Sag 5 (1919) s. v. "Uter", 613–616。
③ Intentio. 在写给杰罗姆的一封信里,Epist. 166 (De orig. animae hominis) 2.4 (CSEL 44.551,7–9 Goldbacher; ML 33.722),奥古斯丁说:"它(灵魂)渗透它赋予生命的整个身体,不是通过空间意义上的对各部位的渗透,而是通过某种生命影响力(quadam vitali intentione)。"见本书第 24 页注①。

愿通过各部位推动整体运动，但不是推动任何部位在空间运动，而是通过那些它使之保持不动的部位推动它们，那么我们岂不是更有理由说，它并没有为了推动身体在空间运动而自身也在空间运动。

第二十二章　灵性造物不可能有空间运动；上帝不可能有空间和时间中的运动

上帝怎样推动造物运动，灵魂也怎样推动身体运动

43. 即使难以理解，我们仍然得承认，灵性造物自身没有位移，但推动身体在空间运动；上帝自身没有时间上的运动，但推动灵性造物在时间上运动。有人或许不愿意承认灵魂是这样的，但毫无疑问，他只要能够设想灵魂是无形的存在——事实上就是如此——就不仅会承认它，也会明白它。其实，岂不是可以轻易看到，一个空间上没有展延的事物①不可能有位置上的变动？凡是空间上有延展的，就是一个物体，因此只要承认灵魂不是物体，就不会认为它有空间上的运动。但是如果有人不愿意承认灵魂是这样的，我们也不必在这一点上固执己见。不过，人若不相信上帝的实体在时间和空间上都是不动的，他就不可能相信上帝是绝对不变的。

第二十三章　上帝永恒不变，推动造物在时间和空间上运动，使低级的顺服于高级的

上帝通过智慧管理灵魂

44. 三位一体的本性是绝对不变的，因而是完全永恒的，没有任何

---

① Quod，不是 quae。

事物可以与他同为永恒。他在时间和空间之外，与自身同在，在自身之中，然后推动依赖于他的造物在时间和空间上运动。① 它凭自己的圣善创造万物，藉自己的大能统治意愿，因而凡存在的，没有哪个不是出于他；就意愿来说，没有哪个善意他不给予协助，② 也没有哪个恶意他不能用于善的目的。但由于上帝并没有把自由意志赐给一切存在者，因而他赐予自由意志的存在者更加强大，更加优秀，那些不拥有自由意志的，必然顺服于拥有自由意志的。这一切都出于造主所确立的顺序，他对恶意的惩罚从未到破坏其本性之尊贵的程度。因为所有物体以及所有非理性灵魂都没有自由意志，所以它们顺服于那些拥有自由意志的存在者；但并非前者的全部一律顺服于后者的全部，乃是要依据造主的公义安排。

因而，上帝的神意统治并管理着整个造物界，包括本性和意愿。本性是为了赐予它们存在；意愿是为了让良善的不至于不得奖赏，邪恶的不至于不受惩罚。这位上帝藉神意首先使万物都顺服于他自己，然后使属体造物顺服于属灵造物，非理性的顺服于理性的，地上的顺服于天上的，女性顺服于男性，软弱的顺服于强壮的，贫穷的顺服于富裕的。③ 就意愿而言，上帝使那些良善的顺服于他自己，又使邪恶的顺服于那些

---

① 如 Agaesse – Solignac 49.511 所指出的，奥古斯丁在这个段落里关注这样一个哲学问题：造物的自由意志与统治世界的上帝神意之间的关系。他这里不关注在佩拉纠论战中占据他思想的神学问题：一个败坏的意志是否能够行善事，以及人的行为如何可能是善的、可嘉奖的。该书的第八卷完全有可能在他与佩拉纠主义者发生争论之前就已经完成。他于公元 401—415 年开始注释《创世记》，而反佩拉纠的论辩始于公元 412 年。
② Cui non prosit.
③ 指望公元五世纪的神学家关注二十世纪后期的神学家才可能关注的人类社会的不平等是不现实的。当然我们可以说，这些不公平不是由上帝的命令（iussu）产生的，而是应他允许（permissu）才有的。见前面 8.24.45。但是在注释加 3.28 "并不分犹太人、希腊人、自主的、为奴的，或男或女，因为你们在基督耶稣里，都成为一了"时，奥古斯丁 *Epist. ad Gal.* 28（ML 35.2125）说，当我们面对面看见上帝的时候，这个理想就会实现，这些差别因统一的信仰而消失（ab unitate fidei），但仍然保留在必死之人的生命里；他接着说，使徒们已经告诉我们，这些差别必须加以留意。在奥古斯丁看来，由于人的堕落，它们是人类处境的组成部分。

事奉他的，好叫恶意遭受善意因上帝的命令而遭受的，不论善意所遭受的是出于它自己，还是出于恶意，但只在那个领域，就是本性上甚至顺从于恶意的领域，即在属体领域。① 因为恶意在自身中有其内在惩罚，那就是它们自己的邪恶。②

第二十四章　天使在管理宇宙中的角色

哪些造物顺服于圣天使

45. 因此，每个属体本性，每个非理性生命，每个软弱或任性的意愿，都顺服于高位天使，他们享有上帝，顺服上帝，幸福地事奉上帝；天使的目标就是，遵照万物所顺服的造主的命令，在这些从属造物中或者与它们一起，成就自然秩序对它们的要求。天使看见上帝里面不变的真理，就依据这真理引导自己的意愿。因此，他们分有上帝那超越于时空的永恒、真理和意愿，永永远远。然而，他们由上帝的命令推动，在时间中运动，尽管上帝本身并不在时间中运动。他们沉思上帝，不离不弃，但他们一方面毫无时空限制地沉思他，同时又在他们的从属者中执行他的命令，既推动自己在时间中运动，又推动物体在时间和空间中运动，各从其类。因此，上帝正是藉着他神意的双重工作临在于（praeest）一切造物，即藉在本性中工作，使它们存在；藉在意愿中工

---

① 魔鬼可以攻击人的身体，但不能伤害他的灵魂。撒旦似乎暂时控制了约伯，但只要是上帝不许他做的，他就无能为力。见奥古斯丁 *Enarr. in Ps.* 26，*Enarr.* 2，n. 5（CCL 36. 126；ML 35. 201）。奥古斯丁也指出，魔鬼没有能力迫使我们的始祖犯罪，他只能使用巧妙的诱导技艺。见 *In Ioannem* 12. 10（CCL 36. 126；ML 35. 1489）。另一方面，如奥古斯丁在下面 8. 24. 45 中指出的，上帝让他的圣天使作为执行者实施他神意的计划，并且使整个属体本性，整个非理性生命，以及一切软弱可灭的意志都顺服于他们。

② 奥古斯丁在 *Enarr. in Ps.* 2. 10（CCL 38. 6；ML 36. 72）中注释《诗篇》2. 12 "当拥抱管教，恐怕主发怒，你们便从义道灭亡"时说："这是一种严厉的惩罚，那些已经尝过公义之甜美的人很惧怕，因为从义道灭亡的人将通过不义的方式极其可悲地飘荡不定。"

作，使它们所行的一切皆出于他的命令或者他的允许。①

第二十五章　造物如何接受内在或外在的以及有形或无形的帮助

上帝如何管理属体造物

46. 因此，整个属体造物界并不是从物质源头获得外在协助。② 因为在整个属体世界之外不存在任何物体；否则它就不可能是整体。它乃是靠某种无形的力量得到内在的帮助；正是上帝使它能够存在，"因为万有都是本于他，倚靠他，归于他"③。

这个整体的有些部分既能够得到无形力量的内在帮助，成为（或者应该说，被造为）独立存在者；同时在它们的发展过程中，又得到某些物质力量的外在帮助，比如得到食物，掌握农艺，得到医疗，得到各种装饰品，使它们不仅成为健康的、有生产能力的，还成为赏心悦目的。

上帝如何管理属灵造物

47. 而灵性造物，如果是完全而有福的，比如圣天使，就他们自己的福祉而言，只得到某种无形力量的内在帮助，他们就得以存在并拥有智慧。上帝以神秘而不可言传的方式内在地对他们说话，不是通过用物

---

① 见前面 8.9.17—18 奥古斯丁关于上帝神意的双重活动的论述。
② 为了准备讨论上帝以什么方式对亚当说话，奥古斯丁在这一章里区分了上帝神意下造物得到保存并眷顾的不同方式。它们"内在地"（intrinsecus）由上帝自身维持，上帝创造并照亮它们，"外在地"（extrinsecus）由造物依据上帝的意志和计划维持。当帮助直接源于上帝或者某个被造的灵，就可以说它由"无形的力量"（incorporaliter）维持；当帮助源于物质事物，可以说它们由"有形的力量"（corporaliter）维持。
③ 《罗马书》十一章 36 节。关于奥古斯丁对这节经文的解读，见《〈创世记〉字疏》（上）第四卷第 126 页注③。

79

质工具书写下来的文字，不是通过传递给耳朵的有声话语，也不是通过想象在灵里面产生的物体形像，① 就如在梦境里或者灵的狂喜状态——希腊词称之为 ecstasis（这个词我们在拉丁语中一直使用）——中产生的那样。没错，这种异像比灵魂使用身体感官作为传信者所感知到的更加内在，但是当它发生时，无论如何都无法与物理视觉相区分，极少时候经过极其艰难的辨别或能勉强区分；同时它又比当理性的理智灵魂看见对象——它在不变的真理里面看见，并根据它判断其他一切——时所产生的那种异象更加外在。出于这些原因，在我看来，狂喜状态的异象应该源于某种外在源头。②

因而，一个灵性的、理智的造物，如果是完全而有福的，就像天使那样，如我所说的，那么就它自己的存在、智慧和福祉来说，它完全以内在的方式得到它造主的永恒、真理和爱的帮助。③ 如果我们非要说天使得到什么外在帮助，或许只有一点我们可以说，即：他们彼此看见，他们为在上帝里联合为一而喜乐，他们在这些同伴中看见所有造物，④ 因而他们感谢造主，赞美造主。关于天使的活动——上帝的神意通过它们眷顾到整个世界中的各类不同造物，尤其是人类——它们不仅通过呈现与属体事物相似的异象，也通过顺服于天使权能的形体本身，提供外在帮助。⑤

---

① "灵"（spiritus）在这部《创世记》注释作品中有特别含义。奥古斯丁在下面 12.9.20 中把它界定为："灵魂的一种能力，低于心灵，那里产生物质客体的形象。"见本人的论文 "The Meaning of Spiritus in St. Augustine's *De Genesi*, XII", *Modern Schoolman* 26 (1949) 211–218。亦见本书第十二卷第 221 页注③。

② 在第十二卷，奥古斯丁解释了灵魂拥有的三种异象：（1）通过眼睛看到，（2）通过灵或想象看到，以及（3）通过心灵看到。见 12.5.16。

③ 见前面 8.24.45。

④ 天使在自己的同伴中看见所有造物，根据奥古斯丁，这是因为上帝首先在天使的心里形成他要创造的工，然后再按造物自己的存在顺序创造它们。见《〈创世记〉字疏》（上）2.8.16—17。

⑤ 见 12.36.69。

第二十六章 上帝自身完全不动，但推动他所造的万物

万物由不变的上帝管理

48. 因而，大能的上帝维持万物，他不变的永恒、真理和意愿始终如一，完全没有时空中的变动，却推动他的属灵造物在时间中运动，也推动他的属体造物在时间和空间中运动。所以，他通过这种运动内在地统治他所造的存在者，甚至也外在地管理它们，既通过意愿——这些意愿顺服于他，因他推动而在时间中运动；也通过物体——这些物体顺服于他且顺服于那些意愿，由他推动在时间和空间中运动。时空的理性原理（ratio）就是时空之外的上帝里面的生命。① 因此，当上帝这样做时，我们不能认为他的实体——就是上帝——可以在时空中变化或者通过时空运动，而要在上帝神意的工作中来认识这些活动。它们不是存在他创造万物的工作中，而是存在他外在地统治他内在创造之事物的工作中。他全然没有任何空间上的距离或大小，凭着他那不变而超然的大能，他对万物来说是内在的，因为万物都在他里面；同时他对万物来说又是外在的，因为他在一切之上。② 他全然没有时间上的长度或单位，凭着他不变的永恒，他比一切事物更早，因为他在一切之前；又比一切

---

① 理性原理即 ratio。一切被造物的永恒的理性原理或形式（rationes aeternae）都在上帝的道里面，在道里，它们与他及其生命等同。在这个意义上，造物的理性原理可以说就是上帝里面的生命。见本人的论文 " Augustine, *Conf.*, IX, 10, 24", *American Journal of Philology* 79（1958）66–70。
② 上帝的超越性与临在性这个奥秘是奥古斯丁 *Conf.* 1.2.2–1.44 的思考主题。面对这个奥秘，他更愿意说我们在上帝里面，而不是上帝在我们里面（*Conf.* 1.2.7）："因此，我的上帝啊，若不是你在我里面，我绝不可能存在；或者我岂不更应该说，若不是我在你里面，我不可能存在，'因为万有都是本于你，倚靠你，归于你'。"

事物更新，因为他也在一切之后。①

第二十七章　上帝如何对亚当说（创 2.16—17）

上帝如何说话

49. 圣经说："主（耶和华）上帝吩咐亚当说：'园中各样树上的果子，你可以随意吃，只是分别善恶树上的果子，你不可吃，因为你吃的日子必定死。'"② 当我们读到这里，如果有人问上帝是怎样说出这些话的，我们得说，我们无法完全知道他是怎样说出这些话的。但我们应当确定地认为，上帝说话，或者通过他自己的实体，或者通过某个顺服于他的造物。我们知道，只有两种情形上帝通过自己的实体说话，其一是在创造整个宇宙时，其二在不仅创造而且照亮灵性的理智造物时，因为他们能够领会他的话，就是在他道里说的，这道太初"与上帝同在，道就是上帝，万物是藉着他造的"③。而当上帝对那些不能明白他话的造物说话时，他只通过某个造物来说。他可能专门雇用一个灵性造物，在梦境或迷狂里，使用属体事物的形象说话；他也可能直接通过某个属体事物说话，比如让身体感官看见某种形状或者听到某种声音。

上帝如何对亚当说话

50. 因而，如果亚当处于这样一种状态，能够明白上帝说的话——上帝通过自己的实体将他的话呈现给天使的心灵——那么毫无疑问，上帝以神秘而无以言喻的方式推动亚当的心灵在时间中运动（但上帝本

---

① 参见 *Conf.* 10.27.38："我爱你已经太晚了，你是万古长新的美善，我爱你已经太晚了！"
② 《创世记》二章 16—17 节。
③ 参见《约翰福音》一章 1—3 节。

身完全不在时间中运动），在亚当的心上印刻一条有益、有用的真理格言，在同样的真理中以无以言喻的方式①显明等候违背者的惩罚是什么。② 因此，所有好的诫命都在不变的智慧里被听到或看到，它们不时进入圣洁的灵魂，尽管智慧本身并不在时间中运动。

如果亚当的义不足以使他直接明白上帝的话，他还需要另一位更圣洁更有智慧的造物为权威，通过这权威才能知道上帝的意愿和命令，就如我们需要先知，先知需要天使那样，那么我们为何怀疑上帝就是通过这样的造物以亚当能够听懂的语言对他说话呢？当圣经后来说，③ 我们的始祖犯了罪后，听到了主（耶和华）上帝在园子里行走的声音，凡是坚守大公教信仰的人都不会怀疑，这并不是通过上帝的实体本身做的，乃是通过顺服于他的造物做的。

我希望能更加详尽地讨论这一点，因为有些异端④认为神子的实体本身在穿戴身体之前是可见的，因而他们认为神子在从童女马利亚得身体之前就被族长们所见，所依据的理论是，经上所说"没有人见过或能见"⑤ 的只是上帝父。按他们的说法，圣子在穿戴上奴仆的样

---

① Ineffabiliter，不可言喻的方式。
② 奥古斯丁这里关于上帝以什么方式对亚当说话的思考与前面他在 8.18.37 中采纳的观点不一致，那里他说上帝必然通过某个造物说话。我们禁不住会问，奥古斯丁完成了第十二卷之后，有没有回到第八卷后面的部分并修正这个观点，或者详述这个观点。不过可以肯定，第八卷第二十五章的观念和措辞——为第二十七章作预备基础——显然与第十二卷关于异象、梦、迷狂和"灵"的讨论相似。见 Agaesse‑Solignac 49.514。
③ 《创世记》三章 8 节。
④ 奥古斯丁想到了阿里乌主义者（Arians）。他在 *Epist*. 148. 2. 10（CSEL 44. 340，8 – 16 Goldbacher；ML 33. 626）中说："亚里山大里亚主教有福的阿塔那修反驳阿里乌主义者，他们说，唯有上帝父是不可见的，而圣子和圣灵是可见的，阿塔那修引证圣经的典据，并通过他自己严谨的推论，指出三位一体是同等的不可见，又强有力地表明，上帝若不是取了造物的形象，是不可看见的；根据神性的本质，上帝，即圣父、圣子和圣灵，是完全不可见的，只能靠心和灵知道。"（tr. Sr. W. Parsons, FOC 20.231）见 Berthold Altaner, "Augustinus und Athanasius", *Kleine patristische Schriften*（TU 83，Berlin 1967）260 – 268.
⑤ 《提摩太前书》六章 16 节。

式之前其实体是可见的——这是不敬的观点,大公教信徒应当远而避之。

我将在另外的地方更加详尽地讨论这个问题,但愿上帝悦纳。就此完成本卷的讨论,下一卷我希望①讨论女人是如何从男人的肋骨造出来的。

---

① In consequenti sperandum est.

第九卷

女人的被造

第一章 创 2.19 的土是什么意思

本卷讨论的经文创 2.18—24

1. "主（耶和华）上帝说：'那人独居不好，我们要为他造一个配偶帮助他。'上帝又用土造出野地的各样走兽，和空中的各样飞鸟，都带到那人面前，看他叫什么。那人怎样叫各样的活物，那就是它的名字。那人便给一切牲畜和空中飞鸟、野地走兽都起了名。只是那人没有遇见配偶帮助他。上帝使他沉睡，他就睡了；于是取下他的一条肋骨，又把肉合起来。主（耶和华）上帝就用那人身上所取的肋骨建造成一个女人，领她到那人跟前。那人说：'这是我骨中的骨，肉中的肉，可以称她为女人，因为她是从男人身上取出来的。'因此，人要离开父母与妻子连合，二人成为一体。"①

如果我前几卷所作的思考对读者有所帮助，那么我就不必再花时间解释"上帝又用土造出野地的各样走兽，和空中的各样飞鸟"。我已经

---

① 《创世记》二章 18—24 节。

尽我所能在前面解释了为何要用"又"这个词，因为六日完成的最初创世，是一次性地将万物成全在各自的原因理性里，这就是它们的开端，这些原因要在随后的进程中成为各自的结果。① 如果有人认为应该提出不同的方案解决这个问题，我唯有一个要求，就是请他仔细留意我得出这个观点的整个思路；如果他仍然能够提出更加合理的解释，我不仅不会反对他，而且还要祝贺他。

为何经上说"上帝……造出"等等

2. 读者或许会困惑，因为圣作者并没有说"上帝又用土造出野地的各样走兽，用水造出空中的各样飞鸟"，而是说"上帝又用土造出野地的各样走兽，和空中的各样飞鸟"，似乎上帝用土造出了这两类活物。

这个句子可以有两种理解。第一，作者可能只是没有提到上帝造空中飞鸟的材料，因为不需要任何明确的说明，读者也会推测，上帝用土造出的不是两类活物，而只是野地的兽类，因而即使圣经没有说，我们也会明白上帝用什么材料造出空中的飞鸟，因为我们知道它们在最初作为原因理性被造时是从水里被造的。② 第二，经文是从最宽泛的意义上使用"地（土）"这个词，即包括水在内，就如《诗篇》里，作者先是劝告天上的存在者应当大声赞美，然后转向地说："所有在地上的，大鱼和一切深洋……都当赞美主耶和华！"③ 后面并没有说："所有在水里的，要赞美主耶和华。"虽然一切深洋属于水里的，④ 但它们从地上赞美主耶和华。同样，一切游鱼和飞鸟都属于水里的，但它们也从地上

---

① 在《〈创世记〉字疏》（上）6.5.7 中，奥古斯丁解释了上帝在六日创世中以潜在的方式创造了活物，把万物造在各自的原因里，现在则以另一种方式做工，即在时间进程中让这些存在者完全实现出来。
② 在第五日，见创 1.20—23。
③ 《诗篇》一百四十八篇 7 节。
④ 这里的拉丁文我采纳 ibi，包括下一句（P, S, Bod, Pal, m）。也有写作 ubi 的（E, Zycha），导致这两个句子有问题。

赞美主。基于"地"这个词的这种宽泛含义，经上说"上帝创造天地"指整个世界，不论干地上[①]的被造物，还是水里的被造物，都可以理解为地上的被造物。

第二章　当上帝说"那人独居不好，我要为他造一个配偶帮助他"时他是怎样说的

再次探讨上帝用何种方式说话，是否借用时间中的音节

3. 现在我们来看看，当上帝说"那人独居不好，我们要为他造一个配偶帮助他"[②] 时，我们要如何理解这话。上帝说这话是用时间中的语词和音节吗？或许作者是指原初存在于上帝之道中的理性原则，由它来决定女人的本性？圣经还在前面，在万物被造之初用"上帝说'要有'"这个或那个的话来指明理性原则。或者上帝是在人的心里说这话，就如他经常以内在的方式对自己的仆人说话。有如那个在《诗篇》里说"我要听主上帝在我里面要说的话"[③] 的，就是上帝的这样一位仆人。另外，也可能通过一位天使用类似人说话时的发音内在地向人显明这一点，尽管圣经并没有说这样的事是发生在睡梦中还是在迷狂中（因为通常这类启示都出现在这样的状态中）。或者是否可能以另外的方式，就像显明给先知的启示，某位先知就说过这样的事："在我里面与我说话的天使。"[④] 再者，也可能通过某种属体造物发出真实的声音，就如从云层中有声音说："这是我的爱子。"[⑤]

---

① Arida.
② 《创世记》二章 18 节。
③ 《诗篇》八十四篇 9 节（参和合本八十五篇 9 节）。
④ 《撒加利亚书》一章 9 节。
⑤ 《马太福音》三章 17 节。

我们无法确切知道这种种可能的解释中哪一种是真实的，但有两点我们确定无疑。一方面，上帝说了我们所讨论的这段话里说的话；另一方面，如果他使用某种在时间中传播的属体声音或者类似于此的声音，那么他不是借自己的实体，而是借某种顺服于他的权能的造物说的，如我在前一卷所解释的。①

上帝如何向人显现异象

4. 上帝在后来的日子也向圣人显现，有时候他的头如羊毛般雪白，有时候他的下半身像铜，② 不同的时候以不同的形象显现。但他向人显现的这些异象并非藉着他自己的实体，也就是他的所是，而是通过顺服他的造物；他通过属体事物的形象和声音，向人显现他想显现的，说出他想说的。对那些真诚地相信或者清楚地理解三位一体是不变而永恒——在时间和空间上不动，但推动造物在时空运动——的人来说，这一点是确定无疑的。因此我们现在的任务不是要探讨上帝是怎样说出这些话，而更应该是去领会他所说的是什么意思。事实上，永恒的真理本身——万物都是藉着它造的——向我们保证为男人造一个同类帮助他是必不可少的；而男人也在那永恒真理中听懂了这话，因为他能够在真理里面发现一个造物为何被造的原因。

第三章　女人作为帮手。上帝关于生育的计划

造出女人是作为生育的帮手

5. 如果有人问，为何必须为男人造出一个帮手，最可能的回答就

---

① 见上面 8.27.49—50。
② 《启示录》一章 14—15 节。

是，为了生育孩子，正如地是种子的帮手，两者的结合才能生产出植物。在最初创造世界时就宣告了这样的目的："上帝……就造男造女。上帝就赐福给他们，又对他们说：'要生养众多，遍满地面。'"① 创造和男女结合的这个原因（ratio）以及这样的祝福，在人犯罪并受到惩罚之后并没有被废除。正是由于这样的祝福，地上如今才遍满征服土地的人类。

如果始祖没有犯罪，乐园里会有怎样的婚姻

6. 虽然根据圣经记载，男人女人在被赶出了伊甸园之后才一起同房，生儿育女，但我认为，即使在乐园时也没有什么会禁止他们有可敬的婚姻和纯洁的婚床②。③ 如果他们过着信而义的生活，顺服于上帝，圣洁地事奉他，那他应该赐给他们这样的结合，使他们生儿育女，却没有任何激荡的情欲之火，④ 没有任何劳苦，也没有生育的疼痛。若是这样，婚姻的目的就不是传宗接代，因为父母都不会死，相反，那些生育

---

① 《创世记》一章 27—28 节。
② 《希伯来书》十三章 4 节。
③ 奥古斯丁时代之前，人们普遍认为如果人没有堕落，那么乐园里的生育不可能有任何性交。John Chrys., *Hom. In Gen.* 18.4（MG 53.153）中说，我们的始祖在乐园里效仿天使的生活，而正是由于他们的悖逆，上帝规定人类必须通过两性结合才能繁殖；同样，他在 *De virginitae* 14.5-6（SC 125.142 Musurillo-Grillet; MG 48.544）中说，婚姻是我们始祖堕落的结果。如果亚当当时没有犯罪，人类会如何繁殖呢？就像天使一样，通过上帝的创造活动，见同上。同样，Greg. Nyss., *De hominis opificio* 17（MC 44.188-89）主张，为生育的目的欲求结合是堕落的结果。如果人没有堕落，就不会有生育，人的生活就会像天使一样。奥古斯丁反对这种传言，他认为婚姻和两性关系不是堕落的结果。根据这种观点，如果人没有堕落，生育也会发生在乐园里，但生育不会有情欲（libido）。奥古斯丁把人的两性看作上帝创造的先于堕落并且独立于它的事物。摩尼教徒主张性欲和生育源于恶的原则，他在反驳他们的错误时，对两性采取了一种折中观点，这对那个时代的作家来说是引人注目的。
④ 在《〈创世记〉字疏》（上）3.21.33 中，奥古斯丁指出，在乐园里，发生性关系时"完全出于敬虔之爱的情感，丝毫没有与我们败坏肉体相关的情欲"（solo piae caritatis adfectu, nulla corruptionis concupiscentia）。

孩子的人将保留在生命的鼎盛时期,① 将吃种植在园子里的那棵生命树的果子维持强壮的体魄;那些被生育的人将成长到同样的状态。最后,当确定的数目满了,如果所有人都过公义而顺服的生活,就会有一次转变,不经历死亡,② 他们的血气身体就获得一种新的品质,③ 因为他们顺服于统治他们的那个灵的每一个命令;他们仅凭这个赋予他们生命的灵,不需要来自任何物质营养的辅助,就被称为属灵的身体。如果没有违背上帝的命令,导致相应的死之惩罚,他们原本应该是这样的情形。④

犯罪前的血气状态(status naturae)

7. 有些人认为这样的事不可能发生,但他们看到的只是人犯罪并受到惩罚之后本性的常规过程。这些人只接受习以为常的事物,我们不应像他们一样。既然人们相信,毫无疑问,经过四十年的漫长岁月,以色列人身上的衣服仍然保持原状,毫无破损,⑤ 那谁还有理由怀疑,我所描述的这样一种殊荣原本可以赐给过着顺服而圣洁生活的人呢?

---

① 在生命的鼎盛时期:in aliquot formae statu, 即不经历年老色衰以及最终的死亡。
② Sine ulla morte.
③ 圣保罗在《哥林多前书》十五章44节中对血气的身体(corpus animale)——就是我们现在拥有的——与属灵的身体(corpus spirituale)——即我们复活时将拥有的——作了区分。奥古斯丁在上面6.19.30中指出,亚当被赐予的是血气的身体。因而他认为,如果人不曾犯罪,他这个血气的身体"不经历死亡"就会转变为"另一种状态",即荣耀的状态。这种转变不是通过死亡,即灵魂离开身体发生的,而是通过一种有福的变化,从必死到不死,从血气状态到灵性状态的变化。见 De bono coniugali 2.2(CSEL 41. 190, 1–6 Zycha; ML 40. 375)。
④ 关于这里所表达的如果人不曾堕落乐园里生儿育女之问题的观点,《〈创世记〉字疏》(上)3.21.33 中已经提出。
⑤ 《申命记》二十九章5节:"我领你们在旷野四十年,你们身上的衣服并没有穿破,脚上的鞋也没有穿坏。"(RSV)

第四章　乐园里为何没有婚姻？

始祖为何没有在乐园里结合

8. 那么他们为何在离开乐园之后才结合呢？第一个可能的原因是，女人被造后不久，他们还没有发生关系之前，就犯了罪，因这罪他们注定要死，因这罪他们离开了自己的福地。事实上，圣经并没有明确指出他们被造与他们的儿子该隐出生之间有多长时间。

其次，我们也可以说，他们之所以没有结合，是因为上帝还没有命令他们结成婚姻。因为既然没有情欲的骚动出自叛逆的肉身，那他们为何不等候上帝恩准他们结合呢？上帝之所以没有命令他们结合，是因为他根据自己的预知为一切作好了预备，毫无疑问他预见到他们的堕落，所以人类必然要作为一个可朽的族类（mortale genus）繁衍生息。①

第五章　夏娃在什么意义上被造为亚当的帮手

创造女人的目的是什么

9. 如果女人被造不是为了帮助男人生育孩子，那她在什么事上能作男人的帮手？她不可能帮他耕种田地，因为当时还没有劳作的辛苦，不需要帮手。② 即使有这样的需要，那造出一个男人做帮手岂不更好？同样，如果亚当因孤单发愁，要有同伴慰藉，男伴也比女伴更好，两个

---
①　我认为这里的"必死"（mortale）修饰"人类"（genus humanum）。
②　奥古斯丁已经提出，人在乐园里带着喜悦和快乐耕地，没有丝毫疲乏和劳累。见上面 8.8.15。

男性朋友岂不比一男一女更好相处，更能享受友谊和谈话，共度一生?① 如果他们在共同生活中必须有主从之分，一个命令，一个服从，免得意愿相左破坏家庭和睦，那也可以有专门的等级来确保这一点，也就是一个先造，一个后造的前后次序；如果第二个是从第一个造的，就如女人是从男人造的，那这样的次序等级就进一步得到强化了。可以肯定，没有人会说，上帝从男人的肋骨只能造出一个女人，不能造出另一个男人，即使他想要这么做。所以，造出女人如果不是为了帮助男人生儿育女的话，那我不知道她还能在什么意义上作为帮手被造。

第六章　亚当和夏娃如果没有犯罪，当他们生育孩子后会怎样转向更好的生命

如果亚当没有犯罪，后代的传承会是怎样

10. 如果父母必须离开此世，孩子才能传宗接代，人类就这样通过一代代的繁衍生息最后到达一个既定的数目，那么当他们生育孩子，并以圣洁的方式完成人类的任务之后，应该有可能通过某种转变（commutationem）而不是死亡，走向更好的生命。这种转变可能就是终局（summam），他们接受自己的身体，变得像天使一样圣洁;② 或者如果这样的转变要到世代的末了一次性赐给所有人，那么他们的变化可能是低一级的，但无论如何，应该是一种向更好状态的变化，比我们这个身体所拥有的状态或者当上帝从尘土造出男人、又从男人的身体造出女

---

① 奥古斯丁对女人的态度并非完全不受他那个时代的社会习俗影响。然而我们得记住，他曾经深爱过一个为他生育儿子的女人（*Conf.* 6.15.25），他的母亲摩尼卡在卡西西亚库（Cassiciacum）的团契里备受尊敬，与奥古斯丁及其朋友们参与哲学讨论（比如在 *De beata vita*），他作为主教与妇女通信时对她们彬彬有礼，谦恭有加。
② 参见《马太福音》二十二章30节。

人时的原初身体所拥有的状态更好。①

始祖有可能像以利亚那样离开尘世

11. 我们必不会认为，以利亚现在的状态如同众圣徒将来的状态，当一日的工作完了，每个人都各得一钱银子；② 或者以为他的状态就像还没有离开此生的世人一样。事实上，以利亚离开尘世不是因为死，而是被接去了另外的地方。③ 这样说来，他如今拥有的，比在尘世可能拥有得更好，但他还没有获得末日要拥有的对他一生忠实事奉的赏赐。"因为他们为我们预备了更美的事，他们若不与我们同得，就不能完全。"④ 如果有人认为，以利亚若结了婚生了子（有人认为他无妻无子，因为圣经没有提到他有妻室，但也没提到他是独身），那就可能不配得到这样的恩福，那么我们的这位反对者会对以诺说什么呢？以诺生儿育女，但为上帝悦纳，没有死，而是被带走了。⑤

那么，如果亚当和夏娃过着圣洁的生活，在贞洁中生育儿女，他们为何不可能不是通过死亡而是通过被接去过另一种生命的方式让位于自己的后代？就以诺和以利亚来说，两人在亚当里都是死的，他们的肉身

---

① 在《〈创世记〉字疏》（上）第六卷 19—23 章中，奥古斯丁指出，亚当被造并被安置在乐园里的身体是血气的（即可朽的）身体。如果他没有犯罪，藉着上帝的特殊恩赐，他可能免于死，他的身体就会转变为一个属灵的、荣耀的身体。

② 参见《马太福音》二十章 10 节。

③ 《列王纪下》二章 11 节。

④ 《希伯来书》十一章 40 节（参和合本"因为上帝给我们预备了更美的事……"）。奥古斯丁所引用的这段经文的拉丁文是：Pro nobris enim meliora providerunt, ne sine nobis perfecti perficerentur. 他在 *De peccatorum meritis et remissione* 2.31.50（CSEL 60.121, 17-18 Urba-Zycha; ML 44.181）中引用的这段经文也是这样。但是该段经文的希腊文本却是："因为上帝给我们预备了更美的事，叫他们若不与我们同得，就不能完全。"若不是基督为我们作了赎罪祭，给旧约圣徒的应许就不可能应验，因而，他们要与我们一同分享救赎的果子（见 M. M. Bourke, JBC 2 [1968]"Epistle to Hebrews", 402）。D. DeBruyne, "Saint Augustin reviseur de la Bible", in *Misc. Ag.* 2.537 中认为奥古斯丁完全误解了经文。但是 Agaesse-Solignac 49.102-103 有充分的理由提出，奥古斯丁读到的希腊文本可能不是那个传统文本。

⑤ 参见《创世记》五章 24 节。

生育了有死的后代，将来要回到此生，如我们所相信的，还这份债，并且在这么漫长的延迟之后仍然要经历死亡。① 但如今他们在另一种生命中，在身体复活之前，在血气身体变为灵性身体之前，他们在那里不受疾病或年龄的败坏。

果真如此，那么人类的始祖若是过着圣洁的生活，既没有自己的罪，也没有父母的罪，他们被接去过更好的生活，给子孙留出位置，由此到了世界的终末，与所有从他们而出的圣徒一起转变为某种更加有福的样式，像天使一样，不是通过身体的死亡，而是通过上帝的大能，那岂非更加公正，更加合理得多吗？

第七章　婚姻的益处

贞洁和婚姻都是可赞美的；婚姻的三重益处

12. 因而，如果生育被废除，那我就不知道女人为何要被造出来做男人的帮手，我也不明白生育为何要废除。为何在上帝眼里，那信实而敬虔的贞洁具有伟大的功德、崇高的荣耀呢？不就是因为在这个"不怀抱的时代"②，从万国中出来一大批人，满了圣徒的数目，所以今天享受肉体粗鄙快乐的冲动并不是生育后代必不可少的条件？③ 最后，两

---

① 参见《玛拉基书》四章 5—6 节 Vulg. = 3.23 - 24 Hebr。奥古斯丁在 *Sermo* 299.11（ML 38.1376）中说，启 11.3—13 的两位见证人就是以诺和以利亚。
② 参见《传道书》三章 5 节："怀抱有时，不怀抱有时。"
③ 参见 *De bono coniugali* 9.9（CSEL 41.200, 24 - 201, 3 Zycha；ML 40.380）："在人类早期，尤其是为了繁衍上帝的子民——通过他们宣告并降生万邦之王和救主——圣徒有义务使用婚姻的好，这不是作为好本身去追求的好，而是为了实现另一种好所必不可少的好。"因此在奥古斯丁看来，在人类历史的早年，贞洁并不是首推的，因为上帝的意愿要求被拣选之民繁衍生息，满了神圣计划所预定的圣徒的数目。上帝对人类的普遍愿望仍然是希望他们生养众多，但是当这个神圣命令通过大量生养得到执行之后，贞洁——如果出于美好而圣洁的原因守贞洁——就会特别使上帝悦纳。因此对那些受召的人来说，旧约时期是"怀抱之时"，而新约时期就是他们的"不怀抱之时"。

性的软弱及其走向堕落和败坏的趋势，都因可敬的婚姻而被明智地拯救，所以婚姻对健康的人来说可能是尽职，对有病的人来说那就是药方。因为不能从纵欲是恶这一点推出婚姻不是善，即便通过婚姻结合的是两个纵欲者。事实上，不能因为纵欲的恶而指责婚姻的好，相反，正是因为婚姻的好，纵欲的恶才是可宽恕的（veniale）。[1] 因为婚姻中的好以及婚姻因之而好这一点永远不可能是一种罪。

这种善有三重：忠诚、子孙以及圣礼。[2] 忠诚是说不可与婚姻关系之外的任何人发生关系。子孙指在爱中生育孩子，细心照料他们成长，给他们宗教教育。圣礼是指婚姻关系是不可破裂的，如果婚姻中的一方被另一方抛弃，双方都不能再婚，即使为了生育孩子。所以这可以称为婚姻法则，它使顺性的生育受人尊敬，使混乱的情欲得到修正。

由于我最近出版的一本书《论婚姻的益处》已经详尽讨论了这个话题，[3] 区分了守寡的节制（continentiam vidualem）和贞洁的卓越

---

[1] 这个观念和措辞基于《哥林多前书》七章 6 节："我说这话，原是准你们的。"参 De civ. Dei 21.26: Hoc secundum veniam concedit Apostolus（使徒说这话原是准你们的）。因此，夫妻行为中得到满足的情欲是因原罪产生的，由这种结合出生的后代是"罪的肉身"（caro peccati）；但是以生育为目的的婚姻结合（coniugalis concubitus）却不是罪。见 Aug., De nuptiis et concupiscentia 1.12.13（CSEL 42.226, 1 – 12 Urba – Zycha; ML 44.421 –422），and Charles Boyer, S. J., Saint Augustin（Les moralists chretiens, Paris 1932）237 –238。因此，Aug., De bono coniugali 3.3（CSEL 41.191, 14 – 16; ML 40.375）中说："当丈夫妻子在婚姻关系中结合时把自己看作父亲和母亲，这种炽热的情感中就包含一定的高贵性。"而且生育并不是婚姻唯一的益处。Aug., De bono con. 3.3 生动地谈到老年夫妻通过双方同意不再同房，但在一种真正的友爱中联结在一起，这种关系基于深爱，超越炽热的性欲。

[2] 婚姻的三重益处：忠诚（fides）、子孙（proles）和圣礼（Sacramentum）在 De bono coniugali 24.32 以及 De nuptiis et concupiscentia 1.17.19 中也有讨论。在那些作品中，三者的顺序是子孙、忠诚和圣礼，但这里是忠诚、子孙和圣礼。忠诚是丈夫与妻子之间的完全忠诚，排除与其他任何人发生关系。子孙指在爱中孕育孩子，在关爱中培养他们成长，为他们提供宗教教育。圣礼（见弗 5.32）指"基督徒夫妻之间不可解除的契约关系，那是耶稣基督与他的教会关系的一个形象"（E. Portalie, DTC 1 [1909] s. v. "Augustin", 2431 [tr. Bastian 267]）。庇护十一世（Pius XI）在教皇通谕 Casti connubii（Acta apostolicae sedis 22 [1930] 543 –556）里对奥古斯丁谈论的这三重益处说得更加具体。

[3] De bono coniugali（公元 400—401 年）。见本书第 94 页注③中提到的 CSEL 和 ML 里的文本。

（excellentiam virginalem）两种不同的可敬状态，所以这里就不再赘述了。

第八章　在避免恶的努力中很难不陷入另一极端

由于错误的引导，人们很难在避免一种恶的过程中不陷入另一种恶

13. 现在我们要问，如果不允许男人与女人在乐园里为了生育后代而结合，那么造出女人能给予男人什么帮助。那些主张这种观点（即男人与女人在乐园里不应该结合）的人或许认为任何形式的两性结合都是有罪的。确实的，由于错误引导，人们在努力避免某些恶习的时候，很难不一头扎进那些恶习的另一极端。比如，一个人想要避开贪婪，却变得挥霍无度，因担心奢侈，就变得贪婪。如果你指责一个人懒惰，他就会变得草率；或者你指责他草率，他就会变得懒惰。一个人因胆大冒失受到责备，就会渐渐痛恨它，从而陷入胆怯以求安全；一个人努力变得不那么胆怯，就会摆脱自我克制，变得鲁莽。因为这些人指责恶行不是依据理性，而是凭着意见。同样，那些人正是因为不知道上帝之法所判定的通奸、淫乱究竟是什么，才会公开指责婚姻的结合，即使是为了生育的缘故。

第九章　即使他们没有因罪服于死，女人也是男人的生育帮手

先祖完全可能在犯罪之前生儿育女

14. 有一些人虽然没有误解婚姻的本性，但仍然认为繁殖的能力是

上帝赐给的，使可死的人能传宗接代。① 他们认为始祖原本不可能有肉体结合，只是因为他们犯了罪，被注定要死，才需要生育孩子取代他们的位置。但是这些人没有想到这样一点：如果那些注定要死的人可以找到后继者，那些注定要永活的人岂不更有理由找到同伴。如果地上确实满了人类，那么可以肯定，寻求后代只是为了接继那些要死的人。但是如果地上只有两个人，那么除了生育，他们还能用什么方式来履行这个社会义务呢？

谁会如此无知，以致看不到人类乃是大地上独具一格的装饰，即使只有少数人过着正直、可赞美的生活；看不到公共秩序举足轻重，它甚至使罪人也守在某种地上和平所设置的界限之内。尽管人类堕落了，但罪人仍然高于兽类和飞鸟。再者，谁不觉得沉思世界的这个低级部分是一种快乐呢？这个部分分布着各类造物，整体上各守其位。然而，谁会如此愚昧，以致认为如果世界上全是处于最初公义状态不会死的人类，就会变得过于单调，大为逊色？

女人被造是为了生养儿女，尽管人原本可以不死

15. 天上之城有众多天使，但这不能用来证明：男人女人如果不死，就不会结成婚姻。事实上，主已经预见复活后与天使联合的圣徒的这个完全数目，他说："当复活的时候，人也不娶，也不嫁。因为他们不会再作死的奴仆，而要与上帝的使者一样。"② 而如今地上确实已经满是人群，鉴于亲密的关系和统一的纽带是人们最为珍爱的，所以可以说地上的人必是从同一个共同的祖先繁衍而来的。这样说来，造出与男

---

① 见本书第89页注③。
② 《马太福音》二十二章30节。《马太福音》里没有后一句，奥古斯丁凭记忆引用圣经，显然把《马太福音》与《路加福音》混在了一起。《路加福音》二十章35—36节："惟有算为配得那世界，与从死里复活的人，也不娶也不嫁，因为他们不能再死，和天使一样。"

人同类的女人作帮手，若不是为了让女人协助繁衍人类，就如肥沃的土地在播种庄稼时所担当的角色，还能为了什么目的呢？

第十章　如果亚当没有犯罪，完全没有情欲的生育可能发生在乐园

情欲之疾（libidinis morbus）源于罪

16. 然而，我们或许可以作更好也更恰当的设想，即安置在乐园里的始祖的血气之身具有这样的本性，在他们未被定罪服在死之下时，并没有对肉体享乐的欲望，不像我们今天从可朽之树发出的身体那样。我们不能说，当亚当和夏娃吃了禁树上的果子之后什么事也没发生。因为上帝并不是对他们说："你们吃了，就得死"，而是说："你们吃的日子必定死。"① 所以，就在他们吃的那日，圣保罗所哀叹的事降临到他们身上，保罗说："按着我里面的意思，我是喜欢上帝的律，但我觉得肢体中另有个律和我心中的律交战，把我掳去，叫我附从那肢体中犯罪的罪。我真是苦啊！谁能救我脱离这取死的身体呢？感谢上帝，靠着我们的主耶稣基督就能脱离了。"② 如果他说"谁能救我脱离这可朽的身体"（de hoc mortali corpore），那似乎不够充分，所以他说"脱离这取死的身体"（de corpore moritis huius）。同样，他还在另外的地方说："身体就因罪而死（mortuum est propter peccatum）。"③ 他不是说"身体是可朽的（mortale）"，而是说"身体是死的（mortuum）"，尽管它肯定是可朽的，因为它将来是会死的（moriturum）。因此，虽然我们始祖的身体是

---

① 《创世记》二章 17 节。
② 《罗马书》七章 22—25 节。
③ 《罗马书》八章 10 节。

血气的身体，不是属灵的身体，① 但我们不能认为他们在犯罪之前就是"死的"——我是指必然要死（necesse esset ut morerentur）；只是到了他们违背禁令碰触那树的日子，② 他们的身体才成为死的。

始祖若不犯罪，其身体应该有天使的形式

17. 我们的身体有其自身正常的健康状态。如果这种状态被严重破坏，某种致命的疾病损坏内部器官，医生在检查了患者之后，宣告死亡即将来临，于是就可以说这身体是垂死的（mortale）。但这个意思不同于当它还处于健康状态时，我们所说的它总有一天是要死的（moriturum）。

因此，始祖确实拥有属血气的身体，但只是在他们犯罪之后，这身体才是必死的，否则它们应该会获得天使的形式和属天的性质。③ 当他们违背上帝的命令，他们的身体就可以说染上了致命的疾病即死亡，而这改变了它原有的禀赋，他们原本藉此可以完全支配身体，甚至不会像保罗那样哀叹"我觉得肢体中另有个律和我心中的律交战"。这身体在堕落之前虽然不是属灵的，而是属血气的，但它不是我们从中并与之一同出生的那个"必死的身体"。确实，从我们出生，甚至从我们被怀胎开始的这个生命是什么呢，不就是某种使我们必定要死的疾病的开始吗？死亡对一个患上水肿病、肺病④、象皮病的人与对一个刚刚出生的婴孩来说是一样不可避免的，所有在这个身体里的人本性上都是"可怒之子"⑤，这是因罪而来的一种惩罚状态。

---

① 奥古斯丁对属血气的身体与属灵的身体的区分基于《哥林多前书》十五章44节，见上面6.19.30。一个属血气的身体是可朽的；而一个属灵的身体是不朽的、荣耀的，我们在复活时将拥有的就是这样的身体。奥古斯丁认为，亚当拥有属血气的（即可朽的）身体，但是如果他没有犯罪，应当可以藉着上帝的特别恩赐免于死亡。他的身体最终将会转变为属灵的、荣耀的身体。见第六卷19—25章。

② Tetigerunt.

③ 见本书第90页注③。

④ Syntecticus.

⑤ 《以弗所书》二章3节。

犯罪之前，怀胎没有情欲，生育没有痛苦

18. 既然如此，我们为何不能认为，始祖在犯罪之前可以为了生育的目的而向他们的生殖器发出命令，就如他们对待其他肢体那样？灵魂推动这些肢体完成各种各样的任务，通常毫不费力，也完全不是为了享乐。因为全能的造主，无法用语言赞美的主，甚至在最卑微的工中也显出伟大，赐予蜜蜂生殖幼仔的能力，就如它们生产蜡和蜜一样。①

那么，我们若说他创造的初人的身体是这样的：如果他们不犯罪，没有因此染上带来死亡的疾病，那么他们就能够像命令脚走路一样命令生殖器官生育孩子，这样，怀胎就不会有任何情欲，生育就不会有任何痛苦——我们这样的说法为何会显得不可思议呢？只是因为事实上，他们违背了上帝的命令，于是死在他们的肢体上作了王，他们就该忍受肢体上的律与心灵中的律交战，② 只有靠婚姻来规范调整、靠禁欲来控制约束肢体上的这种活动，因此，哪里有因罪而来的惩罚（supplicium），哪里就有因惩罚而产生的功德（meritum）。

第十一章　女人被造是为了生育，生育可以发生在乐园里而没有任何不可控的欲望

关于女性，关于婚姻结合问题的总结

19. 所以，这个有着独特的性别表征和生理特点的女人，从男人所

---

① 见 Arist. *Hist. animalium* 5.21； Verg.， *Georg.* 4.197–202； Plin.， *Nat. bist.* 11.16.46。关于古代蜜蜂理论的概述，见 B. G. Whitfield， "Virgil and the Bees: A Study in Ancient Apicultural Lore"， *Greece & Rome*， N. S. 3 (1956) 99–117。亦见 Aug.， *De Trin.* 3.8.13 (CCL 50.140，52–54； ML 42.876)。

② 参见《罗马书》七章 23 节。

造，为男人而造。她生育了该隐和亚伯以及他们的所有兄弟，所有人都是从他们出生的；她还生育了塞特，从塞特繁衍至亚伯拉罕以及以色列人，这是众所周知的一个民族；而万国各族则从诺亚的子孙生育而来。

谁若是对这些史实提出质疑，那就是动摇我们所信的一切，他的观点应当坚决地从信徒的心里剔除出去。这样，当有人问创造女人意在给男人什么帮助时，我尽我所能对所有可能性认真思考之后，我认为它不可能有别的目的，就是为了生育孩子，以便让他们的子孙后代遍满大地。但始祖生育孩子原本并非必然如同今天的男女，今人的肢体上有罪的律"与心里的律交战"，① 尽管美德能够藉着上帝的恩典战胜它。因为我们必须相信，这种状况只存在于"这取死的身体"，② 不可能存在于别的身体，这身体因为罪而是死的。身体被造是为了事奉灵魂，但它不愿意服从灵魂的每个命令，就如灵魂自身拒不事奉她的主一样，这样的惩罚不就是身体最应得的吗？

或许上帝从父母既创造了身体，也创造了灵魂，从他们的身体创造身体，从他们的灵魂创造灵魂。或者上帝是否可能以其他方式创造灵魂？③ 无论怎样，他创造灵魂既不是为了某种不可能完成的任务，也不是为了任何微不足道的回报。当它以敬虔顺服于上帝，它就在上帝恩典的帮助下战胜这个取死身体里的罪之律，这肢体里的律是对始祖的一种惩罚；由此灵魂获得属天的报赏以及更大的荣光，表明顺服是何等可赞之物，它藉着美德就能够胜过另一人因悖逆而应受的惩罚。

---

① 《罗马书》七章23节。
② 《罗马书》七章24节。
③ 关于奥古斯丁对灵魂起源的思考，见第七卷。他思考了亚当灵魂的几种可能缘由之后，又提出一个可能性的观点，即亚当的灵魂是在第一日被造的，然后隐藏起来，直到上帝将它吹入他从地上尘土所造的身体里（7.24.35）。关于亚当后代的灵魂，鉴于原罪的遗传理论，问题更大。在第九卷的此处，以及7.23.34，他不那么肯定地提出，上帝可能从父母的灵魂造出灵魂。灵魂起源的难题终生都困扰着奥古斯丁。关于他的试探性回答以及不断提及的疑惑，见 Portalie, DTC 1 (1909) s. v. "Augustin (Sint)," 2359–2361 (tr. Bastian 148–151)。

第十二章　动物被领到亚当面前，他命名它们（创2.19—20）。这事件中必定有寓意

亚当为动物命名有何寓意

20. 关于上帝创造女人作为男人的帮手，我想我们已经作了充分的探讨。现在我们必须力图明白，为何田野的所有走兽和空中的所有飞鸟都被带到亚当面前，让他取名，以及此后因在动物中找不到一个与他同类的帮手，又必须从他的肋骨为他造出一个女人。[1]

在我看来，所发生的这件事包含某种预言意义，但首先它真实发生了，所以在确定它是真实发生的事件之后，我们可以寻求它的比喻含义。我们该如何解释亚当给飞鸟和地上的动物取名，却没有给鱼及其他水中的造物取名这一事实？如果我们考察一下人类的各种语言，我们发现这些生命物的名称都是人们用自己通常使用的语言取的。不仅水里的造物、地上的造物如此，而且地、水、天本身，还有天上显现的，以及没有显现但被相信在天上的，莫不如此。所以它们在各种不同的语言中有不同的称谓。当然我们知道，最初的时候只有一种语言，后来发了洪水，然后人傲慢地建造巴别塔，于是人类的语言被打乱，社会被分裂，在此之前地上只有一种语言。[2] 不论原初的语言是什么，想方设法找到它有什么意义呢？那肯定就是亚当所说的语言；在那种语言——如果它保留到我们时代——中存在那些当初人命名兽类和飞鸟时所说出的词汇。

若说在那种语言中鱼类的名字不是由人决定，而是由上帝决定，人

---

[1] 参见《创世记》二章19—20节。
[2] 参见《创世记》十一章1—9节。

后来从教导他的上帝得知这些名字，那是难以令人相信的。但即使真的如此，究其原因，也应该包含某种神秘含义。然而我们必须认为，给鱼类取名是渐次取的，不同的鱼取不同的名，使它们为人所知。但最初当牲畜、兽类、飞鸟被带到人面前，当它们全在他面前聚集之后，他要一一分别它们，各从其类，他就给它们取名，虽然他可能也是一个一个地取名，但要比给鱼类取名快得多（如果鱼类不是与这些活物一同取名）。那么如果没有一个包含寓意的计划，能够预示将来之事的计划，这一切又是为了什么呢？叙述的顺序非常有效地为这个目标作了预备。

为何给动物取名包含寓意

21. 上帝当然不会不知道他创造的动物中没有任何一个与人同类，能作他的帮手。人是否也应当认识到自己的需要，从而接受妻子作为宝贵的礼物，因为被造在天空之下、生活在他所在的这个空间中的一切肉身中，他找不到任何一个像她一样的？若说只有当所有动物都被带到他面前时，他才知道这一点，那就会很奇怪。因为如果他信上帝，上帝就应该告诉他，就如上帝给人立诫命，当人犯罪后质问他，并审判他那样。另外，如果他不信上帝，那他肯定不会知道上帝——因为他对上帝没有信心——是否把所有动物都带到他面前，让他一一看见，还是把其他与人相类的动物隐藏在世界某个遥远的角落，不让其显现。因此我确信这一切的发生是为了某种预言意义，但是毫无疑问这是真实发生的事。

对同一个问题的处理

22. 不过在本书中我并不想考察预言的奥秘，只是想把圣经记载的故事作为真实发生的事件解释它的历史意义。因此我会尽我所能，藉着上帝的恩助，通过论证表明，在肤浅的读者和非信徒看来不可能，或者与圣经本身不一致的事——因其宣称的事似乎成为相反的证据——既不是不可能的,也不是与圣经权威相矛盾的。关于在某些读者看来可以理解,没有任何明显矛盾,但仍然有点多余甚至可笑的事,我希望通过考察表明,这样的事并不是按照事物自然而常规的顺序发生的。我希望最后的结果是,我们的心灵完全信靠圣经的权威,然后作出这样的推测:既然它不可能是荒谬的,那必然包含某种神秘的含义。事实上,我已经在另外的地方思考并提出这样一种寓意解释,我们也可以换个时间再来探讨这种解释。①

第十三章　关于女人被造的记载包含某种预言意义

经上记载的创造女人的方式有何寓意

23. 经上说,女人是从男人的肋骨造的,这话是什么意思呢? 我们可以认为女人这样被造是为了强调男人与女人的合一性。那又为何必须在亚当入睡时这样做? 是否出于同样的理由? 是否必须取出一根肋骨,然后用肉把空隙填合? 既然女性是两性中较为软弱者,那么直接取肉造出女人的形象岂不是更加恰当吗? 既然上帝能够添加诸多其他部位,从而用肋骨建造(aedificare)出女人,那么我们不能说他在从尘土造出男人之后,却无法用肉建造出女人来。如果取一根肋骨是必须的,那为何不造出一根肋骨代替那根? 再者,为何经上不是像说到其他作品那样说"他就造出(finxit)"或"他就造了(fecit)",而是说"主(耶和华)上帝用……肋骨建造成",似乎那是一座房子,而不是

---

① 在 *De Gen. c. Man* 中奥古斯丁已经提出许多比喻含义,但对创 2.19—20 不曾作过这样的解释。

一个人体。①

既然这些事发生了，而它们不可能毫无意义地发生，那么毫无疑问它们的发生预示着某事，预知将来之事的上帝在人类刚开始之初就仁慈地在他的作品里预示了将来世代所结的果子；他希望记载下来的某些事在适当的时候可以通过人类代代延续的传统，或者通过他的圣灵，或者通过天使的职责向他的仆人显现，以便证实将来要成全的应许和预象，叫人认识那些已经发生的事。这样的事将在后面变得越来越清晰。

第十四章　上帝通过天使将动物带到亚当面前

动物是如何被带到亚当面前的

24. 在本书中我要努力找到的不是对将来事件的预示，而是真实发生的事件，在它们本来的意义上而不是在比喻意义上理解它们。② 记住这一点，然后我们来看看圣经的以下这句话可以怎样解释："上帝又用土造出野地的各样走兽和空中的各样飞鸟。"（对此我已经在我所理解的那种意义上作了充分解释，也在我认为必要的程度上作了充分讨论）"将它们都带到亚当面前，看他叫什么"。③

我们不能以为上帝以某种粗陋的物质方式把动物带到亚当面前。我

---

① 《创世记》二章 22 节 "主（耶和华）上帝就用那人身上所取的肋骨建造（aedificavit）成一个女人"。奥古斯丁知道 LXX 所使用的希腊动词 οικοδομεω 是个形象的比喻，但他认为这话必然包含某种寓意。后面 9.18.34 提出这种意义，指出从亚当的肋骨造出夏娃比喻教会出于十字架上基督被刺穿的肋骨。根据奥古斯丁，"建造"（aedificavit）这个动词完全适用于教会，所以它进一步证明了这种比喻意义。见本书 114 页注⑤。
② 关于奥古斯丁想要找出字面意义，而不是预言的比喻含义，见《〈创世记〉字疏》（上）1.17.33—34。
③ 《创世记》二章 19 节。

在前一卷里谈到的神意的双重工作在这里应该有所帮助。① 我们绝不可设想上帝把动物带到亚当面前就如同猎人或捕鸟人狩猎时那样将猎物找出来，赶入他们所设的罗网。当时也没有从云层中发出声音，发布命令——理性造物听了往往就能明白并服从，但兽类和飞鸟不曾拥有这样的能力，它们只是依据自己的本性服从上帝。所以这不是出于自由意志的理性选择，而是依据上帝藉之使所有造物在适当的时机活动的那个计划。虽然上帝本身并不在时间中运动，但协助他的天使从他的道明白什么事在指定的时间要成就。因此上帝虽然完全不在时间中运动，但天使在时间中运动，在顺服于他们的造物中完成上帝的命令（iussa）。②

视觉促使我们产生与兽类同样的欲求，但我们通过理性判断与它们相区别

25. 所有活的灵魂，不仅包括人里面的理性灵魂，还有兽类、飞鸟、鱼类的非理性灵魂，都因自己的所见而动。然而，理性灵魂依靠意志的自由选择，对于自己的所见或者认可，或者不认可。而非理性灵魂不能作出这样的选择，它们看见对象而动是出于自己的本能和特性。再者，没有灵魂能控制它所看见的对象，不论是眼睛看见的外在视觉对象，还是灵所想象的内在视觉对象，③ 但灵魂的视觉激发出对每个生命存在者的欲求。因此当这些视觉藉着顺服于上帝意志的执行天使出现时，上帝的圣命就向人发布，不仅向人，不仅向飞鸟、兽类，也向隐藏在水底下的造物，比如吞没约拿的大鱼④发布；不仅向这些大型造物发

---

① 见上面 8.9.17。奥古斯丁区分了上帝神意的自然工作和意愿工作。前者他指上帝的神意运作在自然法则中；后者指上帝的神意藉着天使和人的职责运作。亦参上面 8.24.45—8.26.48。
② 在前一卷 23—26 章，奥古斯丁解释了上帝如何利用天使的职责管理世界。
③ 奥古斯丁这里用的词是具有新柏拉图主义意味的 spiritus。见下面 12.9.20 以及本书第 80 页注①。
④ 《约拿书》二章 1 节。

布，甚至向虫类发布。因为经上写着，上帝命令一条虫子咬那棵先知在其树影底下休息的蓖麻的根。①

要知道，上帝创造人时赐给他一种胜过低级动物的能力，犯罪之后也不曾丧失的能力，从而他不仅能够抓捕并驯服牲畜和负重的兽类，使它们为自己所用，不仅他所驯服的那些飞鸟，而且那些野鸟以及各种野兽，都为他所用，因而他能神奇地支配这些造物，不是通过身体的力量，而是依靠理性的力量。人通过控制它们的食欲和痛感，一步步引诱它们，限制它们，又给它们一定自由，最后除去它们的野性，使它们养成基本上属人的习性，从而完全支配它们。人尚且如此，更何况天使呢，他们岂不是更容易做到这样的事吗？他们从未停止凝视上帝不变的真理，在那真理里面看见上帝的命令，因这命令而在时间中运动，并且轻而易举地使顺服于他们的物体在时间和空间中运动，② 然后在所有活的灵魂里产生使其活动的视觉，使它们对物质需要产生欲求，所以灵魂在不知不觉中被引向该去的地方。

第十五章　第一女人的被造。天使如何协助上帝创造，尽管他们不能创造

女人如何被造或被建造；天使在创造或改变事物中的作用

26. 现在我们来看看，女人是如何被造的，或者用圣经的神秘语言说，是如何被"建造"③的。女人的实体（natura）④不是由已经存在

---

① 《约拿书》四章6—7节。
② 见上面8.26.48。
③ 见上面论创2.22的注释，见本书第105页注①。
④ 在这一段落里，奥古斯丁使用"natura"一词，我译成"实体"（substance）。在英文里"实体"指偶性或特性所依附的基质，应该是合适的词。事实上，奥古斯丁把natura与substantia看作同义词。见比如 *De moribus eccl. Cath. Et de mor. Manich.* 2.2.3（ML 32.1346）。

107

的实体的任何活动创造的,尽管它是从男人的实体造的,而男人已经存在。天使不可能创造任何实体,不论是什么。① 一切实体,不论大小,唯一的创造主是上帝,即三位一体的上帝,圣父、圣子和圣灵。我们可以问亚当如何入睡,如何从他身上取出一根肋骨而不让他感到疼痛,我们可以回答说是天使成就了这事。但把肋骨变成或建造成一个女人,只有上帝才能成就,一切实体都依存于他。事实上,在我看来,即便用亚当身上的肉去填合肋骨的空隙这样的事,就如同从尘土创造人本身一样,都不可能是天使所为。我不是说天使在协助上帝创造上毫无所为,而是说他们不是任何事物的创造者,就如农夫不是庄稼和树木的创造者那样。因为"栽种的算不得什么,浇灌的也算不得什么;只在那叫他生长的上帝"②。这生长包括用肉填合人体中骨头被取走的那一部位。这样的事是上帝之工成就的,他通过这样的工使他所造的实体得以存在,而天使也属于这样的工,因为他们也是他所创造的。

哪个是首因,哪些是次因

27. 农夫浇灌时所做的就是开通水渠。但让水从斜坡流下来不是出于他的工,毋宁说是那"以尺度、数目和重量安排万物"③ 的上帝之工。同样,从树上取下树枝,把它种在地里,这是农夫的工,但是吸收水气,发出树芽,使小树的一部分深入到地下构建根系,引导另一部分向地面生长构建它的力量,发出它的枝条,却不是他的工,所有这些无不是那叫它生长的上帝成就的。医生给病体提供营养,给伤口提供药物,但这里要注意两点,第一,他并没有创造食物和药物,他只是找到

---

① 参见 Aug. De Trin. 3.8.13 (CCL 50.141, 59-68; ML 42.876),他在那里说,父母不是孩子的创造者,农夫不是庄稼的创造者,同样,天使(或善或恶)不是创造者,即使他们知道我们所看不见之事物的种子,并且能够(经上帝允许)散播它们以促进事物的发展。
② 《哥林多前书》三章 7 节。
③ 《所罗门智训》十一章 21 节。奥古斯丁对这节经文的哲学思考,见《〈创世记〉字疏》(上)第四卷 3—4 章。

这些由造主之工创造的事物；第二，他能够配备食物或药物，能够使用它，把它制成膏状，涂上膏油，然后放在适当的部位；但是他不能通过所使用的这些手段生产出或创造出能量或血肉。那是自然本性通过我们所不知道的一种内在力量成就的。但是如果上帝撤回他藉以创造这个自然并使它得以存在的内在活动，那它就会顷刻毁灭，归于虚无。

上帝通过双重工作，既以自然活动又以意愿活动管理造物

28. 所以上帝藉着他神意的双重工作管理他所造的一切——我在前一卷里已经谈过这个问题①——他通过自然的和意愿的力量统治一切造物。而天使不能创造实体，就像他们不能创造自己一样。然而天使的意愿可以顺服地事奉上帝，执行上帝的命令，所以能够藉着自然本性的力量作用于这些顺服于天使的事物，把它们作为一类质料使用，于是按照上帝之道里非造的形成性原则，或者依据作为原因造在最初六日之工中的理性原则，在时间里造出某物。② 天使在这里的作用就如同农夫和医生的作用。

那么谁敢论断天使在上帝创造第一女人的工作中行使了什么职责？而我会毫不犹豫地说，在肋骨的地方造出肌肉，造出女人的身体和灵魂，各肢体的形状，各个内脏器官，所有感官，以及她作为一个造物、一个人、一个女人所拥有的一切——所有这一切都是由上帝之工成就，上帝不是藉天使，而是靠自己完成；他不是造出作品，然后弃之而去，而是在不停地创造它；若不是他通过创造性的活动一直做工，不要说其他任何造物，就是天使也无法存续。

---

① 见本书第 106 页注①以及 8.9.17。
② 在第四卷 4、5 章以及 6 章各处，奥古斯丁解释了他关于上帝里面的永恒理性和造物界的理性原则的观点。关于永恒理性，尤其参见《〈创世记〉字疏》（上）4.24.41 及 5.12.28；关于自然中被造的理性原则，尤其可见于《〈创世记〉字疏》（上）4.33.51—52 及 5.23.45。

第十六章　理解生命被造的方式是个难题

人类的理智迟钝，不能领会上帝的工

29. 就我们的观察能力、我们人类的理解力对本性所能理解的程度来说，我们不知道一个有生命、能感知的肉身除了四种可能的来源外，还能从哪里来。① 它或者源于水和土，这是它的物质元素；或者源于树芽或果实；或者源于动物的血肉（就如数不胜数的昆虫和爬虫），或者源于父母的生殖。我们所知道的从某个生命物的肉身生出肉身，都是通过性交，没有哪个事物的产生与这里的产生方式相似，即从男人的肋骨造出一个女人。我们在造物界中寻找类似于这种创造的事例，但我们根本找不到。我们之所以如此无能为力，是因为我们虽然知道人们如何在田地干活，但我们不知道天使如何在这世界耕作，如果我可以使用这样的措辞的话。

如果说某种灌木不需要人的劳作，是自然过程（naturae cursus）生长出来的，那我们所知道的不过就是树木和菜蔬从地里长出，也从它们再次落到土里的种子长出。但我们原本对嫁接一无所知，通过嫁接，一棵树连同它的根可以结出两种果实，一种是它自己的本性特有的，另一种是被嫁接过来的枝条特有的，两者都从同一棵树的根部汲取营养。我们从农夫的工作中了解到这样的知识。当然，他们不是树的创造者，但他们向自然过程的创造主上帝提供协助和服务。若不是在上帝的创造之工中包含某种隐秘的原因理性，仅靠他们的劳作不可能长出任何东西。

所以，我们不知道某个人，一个从男人肋骨造出来的女人，有什么可奇怪的，因为我们不知道天使是如何协助造主上帝的。就如同我们若不知道农夫如何协助创造嫁接奇迹的上帝，我们同样无法知道一棵树的

---

① 关于古人对自然生育的观点，见 Arrrist., *Hist. animalium* 5.19。

枝条可以被嫁接到另一棵树上，从而成为它的一部分。

通过神迹创造的事物很难理解

30. 然而，我们毫不怀疑，唯有上帝是人和树木的造主，我们坚定地相信，女人是从男人造的，没有人类生殖的协助，尽管从男人身上取出肋骨可能是天使协助造主完成的。同样，我们坚定地相信，当亚伯拉罕的后代藉着天使被安置在中保之手时，一个男人从一个女人而生，但完全没有同房合欢。① 不信者认为这两件事都是不可思议的。但对于信徒来说，既然关于怀胎基督的故事可以按历史事实接受，那关于夏娃被造的故事为何只能在比喻意义上理解呢？我们难道要说，同样没有两性结合，男人可以从女人出生，女人却不能从男人产生？童贞女的肚腹有能力孕育一个男人，而男人的肋骨却没有能力产生女人？尽管在前者，主是从自己的使女出生，而在后者，使女是从一个仆人出生。

主应该能够从童贞女的一根肋骨或者她的任何肢体造出他的肉身，但他既能证明他以前成就过的事可以再次在自己身体上成就，就认为更有益的方式是表明他母亲的身体没有任何可羞之处，一切都是贞洁的。

第十七章　理性原则里确定的创造夏娃的方式是一种必然性还是可能性？

创造女人的原因理性（ratio causalis）

31. 有人或许会问，当上帝按自己的形象和样式创造第一人时，他是以什么方式在原因理性里创造女人的，因为圣经叙述到那个地方时说

---

① 参见《加拉太书》三章 19 节。关于奥古斯丁对这节经文的注释，见《〈创世记〉字疏》（上）第五卷第 196 页注①。

"照着他的形象造男造女"①。上帝创造的理性原则——与他在世界里所造的工一起创造,并使它与那些工结合——里是否有定意,让女人必须从男人的肋骨产生?或者它只是一种潜能,可以引出这种产生,而真实的定意应该隐藏在上帝的计划里,而不是必然由理性原则决定?②

如果真有人提出这样的问题,我会表达我的看法,但不会固执己见。等我提出看法之后,信仰坚定的信徒经过对我的观点的慎重考虑,或许会毫不犹豫地接受它们,尽管这是他们第一次思考这样的观点。

关于自然的固定力量和上帝的全能

32. 整个造物界中常规的自然过程存在某些自然法则,根据这些法则,生命之气(spiritus)③作为一个造物,有自己的欲求,这些欲求在某种意义上是被决定的,甚至恶的意志(mala voluntas)也无法摆脱这样的欲求。物理世界的元素也有固定的能力和性质,决定每个事物能做什么,不能做什么,能承受什么,不能承受什么。从这些元素形成的万事万物按各自的时序产生、发展、完成和灭亡,各从其类。因而,麦粒不会长出豆子,豆苗也不会结出麦子,人不会生出兽,兽也不会生出人。

然而,造主的权能在整个自然活动和自然过程之上,他能够对一切造物做种子理性不能做的事,但他所做的,并不超乎他自己最初确定他

---

① 《创世记》一章27节。奥古斯丁已经力图调和关于创造亚当的两个故事,他的观点是,亚当的灵魂在第一日的创造之中被造(7.24.35),他身体的理性原则于第六日被造,安置于本体中[《〈创世记〉字疏》(上)6.5.7—8,6.6.10,6.8.13]。因而,当上帝从地上尘土造出亚当时,他是根据他原先造好的不可见的理性原则造出可见的形体[《〈创世记〉字疏》(上)6.15.26],然后他把他在第一日所造的灵魂吹入亚当的身体。而这一章探讨夏娃的被造问题。如果我们认为她的灵魂已经在第一日造好,那她的身体是怎样在第六日造在理性原则里?夏娃从亚当的肋骨被造这种预备在人的理性原则里的创造方式,是一种必然性,还是可能性?这就是这一章提出的问题。
② 在《〈创世记〉字疏》(上)6.13.24—6.14.25中讨论神迹时,奥古斯丁已经指出,理性原则可以有不同的潜能,根据造主上帝的意愿以及唯有他知道的计划成为现实。
③ "生命之气"即灵魂。参见创2.7,见奥古斯丁上面7.1.1—7.2.3的论述;亦参创7.15,见Aug., *Quaest. in Hep.* 1.9 (CSEL 28.7, 17—22 Zycha; ML 34.550)。灵魂当然有某些欲求(比如渴望获得善的、真的或清晰的事物),那是自由意志不可能摆脱的。

能够在它们身上做的。因为他之所以全能不是基于专断的权能（potentia temeraria），而是基于智慧的能量（sapientiae virtute），所以他在时间进程中对每一个事物所做的，乃是他最初已经确定在它里面的可能性。所以，有一种存在模式（rerum modus）使这个植物以这种方式生长，那个以那种方式生长；使生命的一个阶段丰盛，另一个阶段衰老；使人能够说话，兽不能说话。这些以及类似模式的形成性原则①不仅存在于上帝里面，上帝也把它们置入造物里，使它们与造物结合。②但是，一棵树被砍下来，死了，被磨光，没有根，没有土和水，却突然开出花结出果③；一个女人，年轻时不育，到了老年却怀胎生子④；一头驴子开口说话⑤，以及诸如此类的事例——就这些事而言，上帝赐他所造的实体某种可能性，让这样的事能够发生（并不是说，他甚至可能让它们做他自己预定不可能在它们身上成就的事，因为他自己不可能比他自己更有能力）；然而，依据另一种存在模式，他对这些造物规定，这些事按照自然力量是不可能发生的，之所以发生乃是依据这样的事实：它们既是被造的，它们的本性就会受制于一种更强大的意志。

第十八章　创造夏娃的奥秘以及教会的起源。天使的职责

上帝在被造物的原因之上

33. 因而，上帝把某些事物的原因隐藏在自身中，没有放置在造物

---

① 这里奥古斯丁用的词是 rationes。在这个句子里，它既指上帝的永恒理性（rationes aeternae），也指被造世界的种子理性（quasi seminales rationes）。
② 置入与结合两个词的拉丁文是：inditae atque concretae。
③ 参见《民数记》十七章 8 节。
④ 参见《创世记》十八章 10—15 节；二十一章 1—2 节。
⑤ 参见《民数记》二十二章 28 节。

里；他不是让这些原因运行在神意的常规工作——使事物形成、产生的工作中，而是运行在他按自己的意愿管理那些他随己愿创造之事物的工作中。上帝在这个领域的活动就是使罪人得救的恩典。因为罪人的本性已被他自己的邪恶意志败坏，靠自己的努力不可能回转，但借着上帝的恩典能够回转，因为它从恩典得到帮助，更换一新。我们绝不能因为圣经说"凡到她〔外女〕那里去的，不得转回"①，就放弃盼望。因为这话是就人沉重的罪孽而言的，好叫那回转的人②不将自己的回转归功于自己，而归功于上帝的恩典，免得他自夸，因为那不是出于他自己的作为。③

女人被造的奥秘

34. 因此，圣保罗说，这恩典的奥秘不是隐藏在世界里——隐藏在这世界里的，是决定万事万物在自然过程中发生的原因理性（causales rationes），就如当亚伯拉罕纳十分之一的时候利未已经隐藏在亚伯拉罕的身中④——而是隐藏在创造万物的上帝里面。⑤ 因此，凡是通过某种

---

① 《箴言》二章 19 节。
② Revertetur（将来时态）或 revertitur（现在时态）。
③ 参见《以弗所书》二章 9 节。
④ 参见《希伯来书》七章 9—10 节："可说那受十分之一的利未，也是着亚伯拉罕纳了十分之一。因为麦基洗德迎接亚伯拉罕的时候，利未已经在他先祖的身中。"（RSV）见《〈创世记〉字疏》（上）6.8.13—6.9.14。
⑤ 那隐藏的恩典之奥秘（弗 3.8—11）就是教会，着它，基督那深不可测的财富将赋予人类。这个奥秘以及为它作预备的所有事件和预言，根据奥古斯丁，都不是隐藏在世界的种子理性中，而是隐藏在上帝的计划中，这计划为天使所知，通过他们的协助完成。第一也是最令人瞩目的关于教会的预示就是夏娃的被造。当亚当入神（或者入睡）时，他的肋骨被打开，取出一根肋骨造出一个女人，她要成为整个人类的母亲。同样，当基督死在十字架上，他的肋旁被刺穿，教会诞生，她是我们众人之母，将领着我们走向基督里的新生命。奥古斯丁这里高度概括性地描述了这一类比，但在 *Sermo.* 336.5.5（ML 38.1474－1475）和 *Tract. In Iohan.* 120.2（CCL 36.661；ML 35.1953）阐述得比较清晰。参见 John Chrys., Catecheses 3, Sermo ad neoph. 17（SC 50.176 Wenger）。不过，我们应当注意，奥古斯丁的《〈创世记〉字疏》一书写到这里，指出了夏娃的被造有两个有趣的特点预示着教会的产生：(1) 叙述中使用了动词 aedificavit（见本书第 105 页注①）；(2) 上帝使用了亚当的肋骨而不是他的肉，这一点的意义奥斯丁在 34 章有解释。

神秘的方式创造，以表示这种恩典，而不是按事物的自然过程创造的，其原因已经隐藏①在上帝里面。

这样的一个例子就是女人从男人肋骨被造——事实上是当他入睡时造的——她因他而成为强壮的，因他的骨而有力量，但他却因她而变得软弱，因为他失去肋骨的地方填合的是肉，而不是另一根肋骨。但是在最初的创造里，也就是经上所记载的第六日"他……造男造女"②的时候，并没有定意说，女人一定要以那样的方式被造。这种创造活动只确定可能性，即它可能这样成就，因此，上帝不会随变化不定的意志行事，③不会违背他的意志所创造的原因。至于事物为何以这样的方式成就，而不是以别的方式，原因隐藏在上帝、万物之造主里面。

天使协助基督的到来

35. 圣保罗说，之所以隐藏"为要藉着教会使天上执政的、掌权的，现在得知上帝百般的智慧"④。如今，蒙应许的子孙藉着天使被安置在一位中保的手里，⑤因此我们可以认为，凡是超越于常规的自然过程、以神秘的方式成就的事，都有可能预言或者宣告这样的子孙藉着天使的协助来到了世上；然而，创造万物或者使所有造物回转的，只有一位，就是上帝——不论谁栽种，也不论谁浇灌，唯有上帝叫他生长。⑥

---

① Fuerunt 或 fuerant。
② 《创世记》一章 27 节。
③ Faceret。
④ 《以弗所书》三章 10 节。关于奥古斯丁解读这节经文所提出的问题，见《〈创世记〉字疏》（上）5.19.38 及第 197 页注①。
⑤ 参见《加拉太书》三章 19 节。见本书第 111 页注①以及《〈创世记〉字疏》（上）第五卷第 196 页注①。
⑥ 参《哥林多前书》三章 7 节。

第十九章　亚当在出神状态所见的预言式异象

关于亚当的出神状态

36. 由此我们有理由总结说，当上帝引导亚当入睡，就让他进入出神状态（ecstasis），① 好叫他的心灵离开身体，加入天使之军，进入上帝的圣所，明白终局的事。② 当他醒来后，他就如同充满预言之灵的人，一看见妻子被领到自己面前，③ 就即刻开口宣告了大奥秘，也是圣保罗所教导的："这是我骨中的骨，肉中的肉，可以称她为女人，因为她是从男人身上取出来的。因此，人要离开父母与妻子连合，二人成为一体。"④

这就是圣经所记载的第一人说的话，但在福音书里我们的主宣称这是上帝说的话。因为他说："那起初造人的，是造男造女，并且说'因此，人要离开父母，与妻子连合，二人成为一体'。这经你们没有念过吗？"⑤ 由此我们可以明白，正因为⑥亚当刚刚经历了出神状态，他才能

---

① 注意很重要的一点，奥古斯丁这里认为创 2.21 中亚当的状态是出神状态，在本卷开头翻译 LXX 的那段经文里也用了"出神"这个词。之前，在 *De Gen. c. Man.* 2.1.1（ML 34.195）中他用了 sopor，在本书中还用过 mentis alienation［《〈创世记〉字疏》（上）6.5.7］。"出神"这个词适合于描述奥古斯丁所解释的亚当看见预言式异象所处的状态。
② 参见《诗篇》七十二篇 17 节。
③ Cum ad se adductam mulierem suam videret.
④ 《创世记》二章 23—24 节。奥古斯丁提到的圣保罗的话是《以弗所书》五章 31—32 节，保罗引用了创 2.24，然后说："这是极大的奥秘，但我是指着基督和教会说的。"基督就是新的亚当，教会就从十字架上的基督的肋骨旁出来。保罗所说的"极大的奥秘"乃是，男人与妻子结成的基督教婚姻象征着基督与教会之间的联合。奥古斯丁在解释亚当的出神上似乎受到德尔图良 *De anima* 11.4（p. 15, 16—22 Waszink; ML 2.665）的影响。
⑤ 《马太福音》十九章 4 节。
⑥ Propter.

够说出这样的话，就如同在上帝引导下说预言。

本卷就此告一段落，这样似乎比较明智，下一卷我们将以新的话题重新唤起读者的注意力。

第十卷

人的灵魂的起源

第一章 思考这样的观点：夏娃的灵魂是从亚当的灵魂造的

女人的灵魂是从男人的灵魂造的吗？

1. 按照本书的自然顺序，现在似乎要求我们讨论第一人的罪了。但是由于圣经记载了女人的身体如何被造，但没有提到她的灵魂，所以我希望仔细考察这个问题，对于那些认为灵魂源于人的灵魂，正如身体源于身体一样，两者的种子都从父母传给子女——对于这些人的观点，看看我们能怎样反驳，或者不能反驳。①

---

① 奥古斯丁反驳的理论叫灵魂遗传论（traducianism），这种理论基本的唯物主义形式可见于德尔图良。德尔图良认为灵魂是有形的，他在 De anima 19.6（p.27，28-31 Waszink；ML 2.681-682）中说，它是亚当灵魂的一个分支；在 op. cit. 27.5（p.38，36-39，2 Waszink；ML 2.695-696）中说，在性交中，着床的精子带着从身体来的水气和从灵魂来的热气，从而产生新生命。就夏娃而言，他说，op. cit. 36.4（p.52，30-34，2 Waszink；ML 2.713），上帝不必将灵魂吹入她的身体，因为在那根从亚当肋旁取出来的肋骨中既有他灵魂也有他身体的一个支流（tradux）。奥古斯丁毫不犹豫地反驳德尔图良的这种灵魂遗传论，见 Epist. 190.14（CSEL 57.148，5-149，2 Godlbacher；ML 33.861），但这里他思考灵魂遗传的可能性，即当父母的身体生育子女的身体时，他们的非物质性灵魂是否可能以某种方式生育孩子的灵魂。杰罗姆（Jerome）Epist. 126.1（CSEL 56.143，13-16 Hilberg；ML 22.1086）说，德尔图良和阿波利拿里斯（Apollinaris）以及大多数西方作家都是灵魂遗传论者（这显然有点夸张）。关于灵魂遗传论的概述，见 A. Michel, DTC 15（1946）s. v. "Traducianisme"，1350-1365。

他们的观点说，上帝只造了一个灵魂，他把它吹入他从尘土所造的人脸面，好叫其他人的灵魂都从它被造，正如其他人的身体都从第一人的身体被造一样。他们主张这种观点的根本理由是，亚当是先造的，然后夏娃被造。圣经告诉我们亚当的身体从哪里来，他的灵魂又从哪里来，即他的身体源于地上尘土，他的灵魂源于上帝的吹气。但当说到夏娃时，只说她是从亚当的肋骨造的，并没有说上帝也同样通过吹气给予她生命，所以可以得出这样的结论，她的灵魂和身体都源于那已经得赐生命的第一人。他们说，要么不提男人的灵魂从哪里来，这样，我们凭着自己的能力会明白，或者至少会相信，它是上帝赐予的；如果圣经担心我们有可能会以为人的灵魂与他的身体一样都从尘土所造，因而非要提及灵魂的来源，那么它不应对女人的灵魂不置一词，否则读者也可能会认为它是亚当灵魂的分支流传而来的——如果这种观点是错误的话。因此，他们说，圣经之所以不提上帝将生气吹在夏娃脸上，恰恰因为女人的灵魂就是源于男人。

对以上观点的反驳

2. 这种观点很容易反驳。如果他们基于圣经没有提到上帝将生气吹在女人脸上，因而就认为女人的灵魂是从男人的灵魂造的，那他们为何认为女人从男人得生命？因为圣经里也没有提到这一点呀。我们倒不如说，如果上帝创造人类所有灵魂的方式与他创造第一个灵魂的方式是一样的，那么圣经当然没有必要提到其他灵魂如何被造，因为可以合理地认为，关于第一个灵魂被造所说的话适用于所有其他灵魂。这样说来，如果圣经要在这一点上给予我们教导，那么倘若有什么事在男人身上没有发生，在女人身上却发生了，岂不更有理由教导我们？而如果她的灵魂源于他得赋生命的肉身，也就是说，她不像亚当那样，身体源于一个地方，灵魂源于另一个地方，那情形岂不就是这样（即在男人身上没有的事，在女人身上发生了）？

所以圣经应当告诉我们这种区别，免得我们认为夏娃的灵魂与亚当的灵魂是以同样的方式造的。这样说来，既然它没有说女人的灵魂是从男人的灵魂造的，我们可以合理地推测，作者这是想要告诫我们，不要以为女人的灵魂与我们所知道的男人的灵魂有什么不同，即女人获得灵魂的方式与男人是相同的。若非如此，就应该有某个明显的场合澄清这一点，如果不是在谈到夏娃被造时，至少在后面，当亚当说"这是我骨中骨，肉中肉"① 时应当有明确说明。事实上，如果他说的是"我灵魂中的灵魂"，岂不显得更加温柔，更加满含爱意吗？

然而，这些思考都没有解决这个复杂的大难题，我也无法主张哪一种观点是确实可信的。

第二章　概述前面对亚当灵魂起源的探讨

前面关于灵魂起源问题的讨论

3. 因此我们必须首先搞明白，我们从第一句经文开始逐字逐句解释的这卷圣经是否允许我们质疑这个问题。然后我们或许能够合理地探讨我们应当选择接受什么观点，或者在一个不确定的问题上我们应当遵守什么限制条件。

毫无疑问，第六日上帝"照着自己的形象造人"，圣经在同一处也说"乃是……造男造女"。② 在前面的讨论中，对于提到上帝形象的经文，我们把它理解为灵魂；对于提到性别差异的经文，我们认为它是指身体。③ 再者，我们上面考察并讨论了圣经经文里大量令人信服的证据，使我无法认为男人从地上的尘土被造，女人从男人的肋骨被造是发

---

① 《创世记》二章 23 节。
② 《创世记》一章 27 节。
③ 见《〈创世记〉字疏》（上）第六卷及本书七卷各处，尤其是 6.7.12；6.12.22；7.22.32。

生在创世第六日，相反，这显然是后来成就的事，是上帝原初之工即"他一次性创造万物"① 之后。

因而，我力图寻找关于第一人的灵魂我们可以相信的解释，我先考察了这个问题的各个方面，在我看来更为可信且合理的解释是，人的灵魂是在创世的最初之工中创造的，但他身体的种子理性安置在物质世界中。否则我们就必须接受以下这些与圣经证据不符的推论：第六日所有工都完成了，即人从地上尘土造了，女人从男人的肋骨造了；或者在六日创世之工中，人还没有被造；或者只有身体的原因理性造了，灵魂的原因理性却没有造，尽管正是就人的灵魂而言，他是上帝的形象；或者（这种观点虽然并不公然违背圣经的话，但听起来很怪异，也难以接受）人灵魂的理性原则被造在某个只为这个目的被造的灵性造物中，但创世之工中又没有提到这个被认为包含人灵魂的理性原则的造物；或者灵魂的理性原则造在某个创世之工中提到的造物中（就如已经存在的人里面隐藏着将要生育之孩子的理性原则）；这样，我们就得推测灵魂是天使的孩子或者（一种更加无法容忍的假设）是某种物质元素的产物。②

第三章 关于人的灵魂起源的三种假说

关于灵魂起源的三种观点

4. 然而，如果由此就提出这样的观点，即第一女人不是从男人得

---

① 《便西拉智训》十八章 1 节。关于奥古斯丁对这节经文的理解，见《〈创世记〉字疏》（上）第四卷第 165 页注①。关于奥古斯丁将创 1.27 与创 2.7 以及 2.21—22 统一起来解释亚当和夏娃的被造，见上面 7.28.40—43。
② 关于亚当灵魂的这些推测可见于第七卷各处，尤其是第 22—24 章。奥古斯丁在 7.24.35 提出对亚当灵魂问题的尝试性回答：第一日它在自己特有的存在意义上被造（不是在某个理性原则里被造），然后贮存起来，直到上帝将它吹入他从地上尘土造出的身体里。见本书第 32 页注①的论述。

灵魂，而是像男人一样从创造主上帝得灵魂，依据就是上帝为每一个个体的人创造个体灵魂——如果这样，那么女人的灵魂就不是造在最初的创世之工中。另外，如果所有灵魂有一个普遍的理性原则是已经被造的，就如同人类中有生育的理性原则（ratio gignendi），那么我们就不得不回到那个古怪而讨厌的观点，即人的灵魂是天使的孩子或者（更糟糕）是物质之天，甚至是某种更低元素的产物。

因此，就算我们无法知道真理，至少必须思考解决这个难题的最合理的假设是什么。关于灵魂起源这个问题，是否可以如我上面刚刚解释的那样理解呢？① 或者在最初的创造之工中唯有一个灵魂被造，那就是第一人的灵魂，而所有人的灵魂都从这一个灵魂繁衍而来？或者后来产生的新灵魂并没有一个先于它们的理性原则被造在上帝的六日创世之工中？就这三种假设来看，前两者与圣经关于最初的创世之工——上帝一次性（同时）创造万物——的话并不矛盾。在一种假设中（第二种），灵魂的理性原则被造在某个造物中，就如同造在一个母体中，所有灵魂都可以由它产生（ab illa generentur），当然它们都是上帝创造（a Deo creentur）出来给予每个人的，正如身体出于人的父母（却是上帝创造的）。在另一种假设中（第一种），不是灵魂的理性原则被造在某处，就像孩子的理性原则被造在父母里面，而是在日子被造时，灵魂本身被造，就如日子、天地以及光体一样。所以，这两种假说都与圣经所说的"上帝照着自己的形象造人"相一致。

---

① "如我上面刚刚解释的"（hoc quod modo dixi）：即假设所有人的灵魂（不只是亚当的灵魂）都是第一日造的。但就如 Agaesse - Solignac 49.154 - 155 n.8 所解释的，也如奥古斯丁后面的论证所表明的，他不是指第三章开头谈到的观点，而是指第二章提出的更可信、合理的那种观点，即灵魂是上帝在第一日创造的，这里的灵魂只是指亚当的灵魂。而在第三章，奥古斯丁提出这个假设作为三种解释所有人的灵魂如何起源问题的第一种可能解释。

第三种观点如何能与万物同时被造的创造之工相一致

5. 但是要搞清楚第三种假设与以下这种解释不矛盾，即认为人是在第六日照着上帝的形象造的（factus），第七日之后再造出具体的形状（visibiliter creatus），却不那么容易。难点在于，说新的灵魂被造，但无论是这些灵魂本身，还是它们的理性原则（就如父母里面孩子的理性原则）都不曾于第六日与那些既完成了又刚开始的工①——第七日上帝歇了所有这些工安息了——一同被造，这如何理解。如果我们主张这样一种观点，认为上帝准备造另外一些事物，而这些事物他原初既没有创造它们自己的实体，也没有作为原因创造它们的理性原则，那我们就得小心了，免得圣经的教训落空，因为圣经严肃地教导我们，上帝已经完成了他六日的创世之工，并且所造的工都甚好。

就此而言，我们应当这样理解，上帝在自身中拥有每一个将要被造、给予诞生之婴孩的个体灵魂的理性，而没有把它置于任何造物之中。但这些个体灵魂并不是另一类造物，并非不同于那个原初灵魂——就它而言，人是第六日照着上帝的形象被造的。所以不能说上帝现在又造了一个造物，是他当时没有造的。因为他当时所造的那个灵魂与现在造的所有灵魂属于同一个本性，因此可以说，他现在所造的并不是当初他所完成的创世之工中没有造的某种新的造物。上帝的这种活动与他最初在世界确立的将来事物的原因理性并不相左，实际上是完全一致的。因为人的身体之所以不断繁殖，源于最初那些创造之工，世代传递，所以可以恰当地说，人体中浇注的灵魂，就是上帝现在创造并浇注（inserit）的。

---

① "既完成了又刚开始"：consummates et inchoatis。这是回应创2.1"天地万物都造齐了"，以及创2.3"上帝歇了他一切创造的工，就安息了"。刚刚开始的工就是那些被造在理性原则里但还没有造出可见形体的事物。完成的工就是那些已经造出其实体的事物。

必须更加深入地探讨这个问题

6. 所以，不论我们把这三种解释①中的哪一种看作最合理，我们都不必担心我们所持的观点与《创世记》里关于创世六日的记载会有不一致之处。那就让我们在上帝的帮助下，更加深入地考察这个问题，我们要看看是否有可能找到一种答案——即使不是一种清澈透明毫无疑问的解释，至少是可以接受的观点，提出来不会显得荒谬，然后等候真理之光将我们带向更确定的答案。但是如果因为各种观点所持的证据不相上下，我们无法实现这样的目标，那至少我不会表现出对疑问退避三舍，而是不断探求；我们要避免的只是过分的自信和武断。所以，若有人有充分的理由确证自己的观点，请他不吝赐教。但是如果有人固执己见，不是因为圣言的权威或者自明理性的力量，而是因为他自己的骄慢，那我希望他不要拒绝与我一同探讨疑问。

第四章　关于灵魂我们已知的。在思考灵魂起源问题上必须遵从圣经的证据

7. 首先，我们要坚定地主张，灵魂的本性（naturam）不可能变成物质本性，因而灵魂不可能成为形体；灵魂的本性也不会变成非理性的灵魂，因而人的灵魂不可能成为兽的灵魂；它也不会变成上帝的本性，因而灵魂不可能等同于上帝。另外，我们也要坚持认为，无论是形体，

---

① 在这一章奥古斯丁思考了三种可能的观点：（1）所有人的灵魂都在最初的创世之工中被造，然后在历史进程的适当时机浇灌在他们的身体里（神创论 creationism）；（2）只有亚当的灵魂是最初创造的，所有其他人的灵魂则是从他的灵魂产生的（灵魂遗传论）；（3）只有亚当的灵魂是最初创造的，所有其他灵魂则是上帝在历史进程中直接一个个创造的（神创论）。

是非理性灵魂，还是上帝的实体，都不可能变成人的灵魂。同样确定无疑的是，灵魂是上帝的造物。因此，如果上帝不是从形体，不是从非理性灵魂，不是从他自身创造人的灵魂，那么上帝或者从虚无，或者从某种灵性的当然也是理性的造物造出人的灵魂。

但是既然上帝同时创造一切的工作已经完成，还想指望证明某物从虚无被造是完全不合理的。我不知道那种观点是否有可能从经文找到明确的证据来证明。① 再者，人不可能理解的问题，我们也不必解释；就算他能理解，我怀疑他是否能够说服其他人理解，除非是与他同类，不需要别人想方设法教导，自己就能理解这类事物的人。因此比较安全的做法，不是用人的推测去讨论这些难题，而是用心考察上帝的话。

第五章　灵魂不是从天使或者元素或者上帝的实体造的

反驳灵魂出于天使或元素或上帝实体的观点

8. 在我看来，圣经正典书卷里没有哪节经文会支持这样的理论，即上帝从天使就如同从父母创造灵魂，更不要说从物质世界的元素创造。然而，有人可能会引用先知以西结书里描述死人复活的段落提出疑问，因为经文中提到，当天上四方的风受到召唤，气息（spiritus）吹在死骨身上，他们就活了，并且站了起来。这段经文是这样的："主对我说：'人子啊，你要发预言，向风（气息）发预言说："主耶和华如此说，气息啊，要从四方而来，吹在这些被杀的人身上，使他们活了。"'于是我遵命说预言，气息就进入骸骨，骸骨便活了，并且站起

---

① 见 7.5.7 以及本书第 8 页注①。

来，成为极大的军队。"①

然而在我看来，这些话以预言的方式预告了人的复活，不仅包括所描述的这种活动发生之地的人，而且全地的人都要复活，我认为从世界四面吹来的风（气息）就比喻这一点。②因为从我们主的身体呼出的气息（flatus）不是圣灵的实体，不是"吹一口气，说'你们受圣灵'"③时的那个气息；这是一种比喻，意思是说，这口气从他身体吹出，就如同圣灵从他本体流出（procedere）一样。但是由于世界与上帝的联合不同于基督与道即上帝独生子的联合，不是在一个位格身上的联合，所以我们不能说，灵魂源于上帝的实体就如同气息由世界的四风产生一样。④事实上，我相信气息是一物，它指示的是另一物，就气息从我们主的身上吹出来这一例子来说，可以清楚地理解这一点。这种解释是正确的，即使先知以西结在所引用的经段里在异象启示中所预见的不是身体将来某一天要发生的复活，而是一个绝望之民藉着主那"充满全地"⑤的灵要得的意想不到的复兴（reparationem）。

第六章　根据圣经考察两种灵魂起源论

根据圣经证据赛 57.7 看第二种与第三种灵魂起源论

9. 我们来看看以下两种观点哪一种会得到圣经证据的支持。一种观点认为，上帝造了一个灵魂，将它给了第一人，后来就从这个灵魂造出其他灵魂，就如他从第一人的身体造出其他人的身体那样；另一种观

---

① 《以西结书》三十七章 9—10 节。
② 《以西结书》里的这些话预告"遭受流放之苦的以色列"。
③ 《约翰福音》二十章 22 节。
④ 参上面 7.3.4—7.4.6。
⑤ 《所罗门智训》一章 7 节。

点认为，上帝为每个人创造了每个灵魂，就如他为亚当创造灵魂那样，而不是从亚当的灵魂造出其他灵魂。①

事实上，上帝藉着以赛亚之口所说的话"我造了每一口气"②（从后面的话可以看出他是指着灵魂说的），可以理解为与以上两种观念都一致。因为不论上帝从第一人的那个灵魂造出所有灵魂，还是从某种我们不知道的源头造出所有灵魂，有一点是确定无疑的，即是他造了所有灵魂。

另一处经文：诗 32.15

10. 在《诗篇》里有话写道："他是那造成他们众人心的。"③ 如果我们把这里的"心"理解为"灵魂"，那么这节经文与我们感到费解的那两种观点都不矛盾。一方面，如果上帝从一个灵魂——他将它吹在第一人的脸上——造出所有灵魂，那他当然是亲自造了所有个体灵魂，正如他造身体那样；另一方面，如果他造出每个灵魂，然后将它们送入身体，或者他在那些身体里面造出灵魂，结论还是同一个，即是上帝造出每个灵魂。

然而，在我看来，从《诗篇》引用的那节经文，只能指这样一个事实，即我们的灵魂是藉着恩典按照上帝的形象塑造并更新的。因此圣保罗说："你们得救是本乎恩，也因着信。这并不是出于自己，乃是上帝所赐的；也不是出于行为，免得有人自夸。我们原是他的工作，在基督耶稣里造成的，为要叫我们行善。"④ 确实的，我们不能将这些话理

---

① 在上面第三章（见本书第 124 页注①）中，奥古斯丁解释了灵魂起源的三种可能理论。这里他只考虑第二种和第三种可能的解释（灵魂遗传论和创造论）。奥古斯丁没有解释他为何突然从三种假设转向两种假设。不过，第一种与第三种有共同性，即上帝直接从虚无创造出灵魂，而第二种认为上帝从亚当的灵魂中造出其他灵魂。关于这个问题的讨论，见 Agaesse – Solignac 49. 533 – 534。
② 《以赛亚书》五十七章 16 节："有灵从我出来，我造了每一口气。"（LXX）
③ 《诗篇》三十二篇 15 节。（参和合本三十三篇 15 节。）
④ 《以弗所书》二章 8—10 节。

解为我们的身体是藉着这种信心的恩典创造或形成的，而要理解为《诗篇》所说的："上帝啊，求你为我造清洁的心。"①

解释亚 12.1 的经文

11. 我想，我们也要在这样的意义上理解经文"造人里面之灵的耶和华"②，当然，将一个已经造好的灵魂送入身体是一回事，在人自身里面造出灵魂，即改造并更新它，是另一回事。但是即使我们认为它不是指恩典——我们在恩赐里得更新，而是指自然本性——我们在本性里出生，这节经文的意思也可以与两种观点相一致。因为一种观点解释说，上帝从第一人的灵魂——就如同从灵魂的种子——造出人里面的灵魂，赋予身体生命；另一种观点解释说，上帝造出生命之灵，但不是从亚当的灵魂通过繁殖的方式造出，而是从另外的地方注入身体，他还以同样的方式把生命之灵赋予肉身的感官，好叫人成为有灵的活人（animam vivam）。

第七章 哪种灵魂起源论得到智 8.19—20 的支持？

思考智 8.9—10 经文

12. 对于《所罗门智训》里的经文"我有幸得到了一个好灵魂；既然我比普通灵魂要好，我就进入了一个未受玷污的身体"③，必须作更

---

① 《诗篇》五十篇 12 节。（参和合本五十一篇 10 节。）
② 《撒迦利亚书》十二章 1 节。
③ 《所罗门智训》八章 19—20 节：sortitus sum animam bonam, et cum essem magis bonus, veni ad corpus incoinquinatum。这里的 bonus（好），在希腊文里也可以指"高贵"，在某些译本中就是这样译的。不管单独看，这段经文给人什么印象，从上下文看，希腊的"先在""功过"观念对作者来说是陌生的。见 A. G. Wright, JBC 1 (1968) Wisdom 8.17 - 21, p. 562. 关于这段经文的讨论，见下面 10.17.30—31。

128

深入的思考。这段话似乎支持那种认为灵魂不是从一个灵魂生殖产生，而是从上面进入身体的理论。

然而，"我有幸得到了一个好灵魂"这话是什么意思？我们是否可以设想在灵魂的源头——如果有这样的源头——有些灵魂是好的，有些是不好的；它们通过抽签决定哪个灵魂分派给哪个人？或者上帝是否在怀胎或出生的时刻造出一些好的灵魂和一些不好的灵魂，因而每个人有哪类灵魂取决于他的运气？如果这段经文仅仅支持一些人的观点，即认为上帝在另外的地方造出灵魂然后一个个派入每个人的身体，而不是在更大程度上支持另一些人的观点，即认为灵魂是按照它们在进入身体之前所行的功德被派入不同身体的，岂不是很奇怪吗？[①] 事实上，我们能够凭什么标准设想进入身体的灵魂有些是好的，有些是不好的呢？不就是凭它们的作为吗？我们不会凭它们的本性，因为在本性上它们都是上帝造的，上帝所造的一切本性都是好的。但是，我们这样说并没有与圣保罗的话相违背，他说那些还没有生下来的，善恶还没有作出来，[②] 从而确认这样一点，当论到还在利百加肚腹里的双子时，经上有话说："将来大的要服侍小的"，这不可能是因为他们的行为，只能是因为那呼召人的主。[③]

我们不妨暂时放下上面引用《所罗门智训》里的经文不谈。事实上，我们不应忽略，有些人——不论他们是对是错——认为那段话是专门、特别地谈论"上帝与人之间的中保，降世为人的基督耶稣"[④] 的灵魂。如果必要，我们会在后面思考经文的含义，如果它不适用于基督，

[①] 奥古斯丁很可能想到了奥利金。见 Origen, *De principiis* 1.8.1; 3.3.5 (GCS 5.96; 261-262 Koetschau)。奥古斯丁已经在《〈创世记〉字疏》（上）6.9.15 驳斥了这种观点。

[②] 《罗马书》九章 11 节。

[③] 《罗马书》九章 12 节。参见《创世记》二十五章 23 节。关于奥古斯丁对雅各被拣选的观点，见 *De div. quaest. Ad Simpl.* 1.2.1-12 (ML 40.111-118)。

[④] 《提摩太前书》二章 5 节："在上帝和人中间，只有一位中保，乃是降世为人的基督耶稣。"

那我们要看看该如何理解它，免得我们发现自己与圣保罗传承下来的信仰相背，以为灵魂在进入身体开始生命之前拥有自己行为的某些功德。

第八章　哪种灵魂起源论得到诗 103.29—30 的支持？

诗 103.29—30 是什么意思

13. 现在我们来看看，圣经在什么意义上说："你收回他们的气（spiritum），他们就死亡，归于尘土。你发出你的灵（spiritum），他们便受造，你使地面更换为新。"①

这段经文似乎支持那些认为灵魂如同身体一样从父母受造的人，因为在这些人看来，《诗篇》作者的话是在谈论"他们的气（灵）"，而这气（灵）是从人到人的；当人死了之后，他不可能再从人复得这气（灵），以便复活，因为他不可能再次像最初出生时那样从父母而得；这气只能由上帝贮存，唯有上帝使死者复活。② 因此，《诗篇》作者对同样的气（灵）有不同的称呼，当人死时，称之为"他们的气"，当他们复活时，称之为"上帝的灵"。

但是那些主张灵魂不是源于父母，而是出于上帝，上帝是分派灵魂的人，也能够将经文理解为与他们的观点一致，他们会这样理解：当人将死时，诗篇作者称之为"他们的气"，因为这气原本在他们里面，此时要从他们分离出来；当他们复活时就称之为"上帝的灵"，因为它是由上帝分派的，也是靠上帝复元的。这样看来，这段经文对以上两种观点都不反对。

---

① 《诗篇》一百零三篇 29—30 节（和合本一百零四篇 29—30 节）。29 节和 30 节都使用了拉丁词 spiritus，它可以指"灵"，也可以指"气"。
② 参见《马加比二书》七章 23 节。

诗 103.29—30 的寓意解释

14. 就我来说，我认为更好的理解是认为这段经文意指上帝的恩典，我们藉着这恩典得到内在的更新。因为就所有骄傲的人来说，他们按照属地之人的方式生活，因无知而妄断，这样的人，当他们脱下旧人之后，在某种意义上，他们是抛弃了自己原有的灵，变得软弱，从而把骄傲驱逐出去，这样才有可能成为完全的，然后谦卑地忏悔，向主说："思念我们不过是尘土。"① 其实，经上早有话对他们说："那原是尘土和灰烬的，如何能骄傲？"② 也就是说，他们通过信心之眼凝视上帝的公义，就不再想立自己的义，③ 而是厌恶自己，如约伯所说，视自己为尘土和炉灰，让自己消散。④ 这就是"归于尘土"的意思。但是当他们领受上帝的灵，他们就说："现在活着的不再是我，乃是基督在我里面活着。"⑤ 因此，广大圣徒藉着新约的恩典使地面更换为新。

第九章　哪种灵魂起源论得到《传道书》12.7 的支持？

讨论中引述《传道书》12.7 的证据

15. 《传道书》的经文"……尘土仍归于地，灵仍旧归于赐灵的上帝"⑥ 也并非支持一种观点，反对另一种，而是与两种观点都相容。一种观点的倡导者会说，这证明灵魂不是父母给的，而是上帝赐的，因为

---

① 参见《诗篇》一百零二篇（和合本一百零三篇）14 节。
② 《便西拉智训》十章 9 节。
③ 参见《罗马书》十章 3 节。
④ 《约伯记》四十二章 6 节。奥古斯丁这里使用的措辞是基于 LXX 的旧约圣经的话。
⑤ 《加拉太书》二章 20 节。
⑥ 《传道书》十二章 7 节。见奥古斯丁在 *Epist.* 143.8–9（CSEL 44.258, 10–260, 10 Goldbacher; ML 33.588–589）中对这节经文的讨论。

当尘土，即由尘土造出的肉身回归于地，灵就会回归赐灵的上帝。而主张另一种理论的人回答说："确实如此。灵回归上帝，是上帝将生气吹在第一人脸上，赐给他灵；而尘土，即人的身体，归于地，它最初就是从地造出的。"① 因为灵并非必定要回归父母，即使它可能是赐给第一人的那个灵造出来的，就如同身体死后也并非一定要回归父母，尽管很显然它是由父母生育的。

因此，正如身体不归于创造身体的人，而是归于形成初人身体的尘土；同样，灵不归于传递灵的父母，乃是归于赐灵给初人身体的上帝。

16. 所以上面引用的经文清楚地教导我们，上帝从虚无中创造出他赐给第一人的灵魂，而不是像身体从尘土造出那样，从某种已经造好的造物创造。因此，当灵魂回归时，它只能归于赐灵的创造主，而不是如身体归于尘土那样，归于从中造出的某种造物。因为没有任何造物是创造灵魂的质料，灵魂是从无造的，因此在回归时，它归于自己的造主，这位造主从无中造出灵魂。其实并非一切都回归，有些事物如经上所说，是"一阵去而不返的风"②。

第十章　要基于圣经确定灵魂的起源是很难的

灵魂起源的问题难以通过圣经解决

17. 要收集圣经里所有谈及这个问题的经文很难；即使能，考虑到不仅要引用经文，而且要一一讨论，那也得写一部长篇巨著才能完成。

---

① 参见《创世记》三章 19 节："你必汗流满面才得糊口，直到你归了土，因为你是从土而出的。你本是尘土，仍要归于尘土。"（RSV）
② 《诗篇》七十七篇（和合本七十八篇）39 节。见《〈创世记〉字疏》（上）1.4.9，奥古斯丁说，一个造物通过返回造主上帝而受造并得完全。这里他认为，诗 77.39 描述这种造物因缺乏归向造主的必然性，故是无定形的。

但是，除非这些经文能提供明确的证据，就如证明上帝创造了灵魂或者上帝把灵魂赐给第一人的证据那么清楚，否则我仍然不知道如何能通过圣经经文来解决这个问题。比如，如果圣经说过，上帝把气吹在他所造的女人脸上，正如他把气吹在男人脸上那样，女人就成了有灵的活人，那这段经文就提供了非常明显的线索，引导我们相信给予每个新造身体的灵魂不是出于父母。然而，我们仍然需要知道，生育孩子过程中究竟发生了什么，因为这是人类繁衍的常规方式。事实上，第一女人是以不同于亚当的方式被造的，因而我们仍然可以坚持认为，夏娃并不是从亚当获得灵魂，原因在于，她不是作为一个孩子从他出生。但是如果圣经有话说，他们生的第一个孩子不是从父母遗传而得灵魂，而是上帝赐给他的，那么我们就可以相信其他人也以同样的方式获得灵魂，尽管圣经并没有谈到这一点。

第十一章　圣保罗在罗 5.12，18—19 中的话是否与这两种灵魂起源论一致

或许《罗马书》5.12，18—19 的话与两种观点可以一致

18. 现在我们要思考另一段经文，看看它是否确证这两种观点，与两者相一致。圣保罗说："这就如罪是从一人入了世界，死又是从罪来的，于是死就临到众人，因为众人都犯了罪。"接着又说："因一次的过犯，众人都被定罪；照样，因一次的义行，众人也就被称义得生命了。因一人的悖逆，众人成为罪人；照样，因一人的顺从，众人也成为义了。"①

---

① 《罗马书》五章 12、18—19 节。见《〈创世记〉字疏》（上）第六卷第 216 页注⑥对奥古斯丁关于这段经文的理解有一个解释。

基于圣保罗的这些话，那些主张灵魂遗传的人力图用以下方式证明他们的观点:① 如果罪和罪人可以理解为只与身体相关——他们论证说——那么根据圣保罗的这些话，我们不必相信灵魂出自父母。但是如果犯罪的只是灵魂，尽管它受到身体的种种诱惑，那么灵魂若不是从亚当遗传而来，就如身体一样，我们又如何能理解在亚当里面"众人都犯了罪"？或者如果众人只是就身体而言在亚当里面，而不是就灵魂而言也在亚当里面，那他们怎么会因亚当的悖逆都成了罪人呢？

从婴儿受洗来论证

19. 确实的，如果主张灵魂不是从亚当的灵魂遗传而来，我们就必须警惕可能隐藏的一些错误。比如，如果主张上帝赐灵魂给身体，而在身体里它必然犯罪，那我们绝不能让人以为上帝是罪的始作者。再者，我们绝不能相信除了基督的灵魂之外，还有一个灵魂，基督的恩典对他从罪里释放不是必不可少的，因为它不是在亚当里面犯罪——如果经上所说的众人都犯了罪只是指身体，即从亚当而来的身体而言，而不是指灵魂而言的话。这种观点显然与教会的信仰背道而驰，因为父母甚至领着他们的幼孩和婴儿急冲冲地前去领受圣礼的恩典。如果他们身上解开的罪的捆绑只是肉身的捆绑，而非同时是灵魂的捆绑，那么我们可以恰当地说，即使他们未经洗礼就早年夭折，对他们能有什么不利之处呢？如果这种圣礼只关乎他们身体的益处，不关乎他们灵魂的益处，那他们甚至死了也应当受洗。但是既然普世教会坚守这样的习俗，抓紧时间为活着的婴孩施洗，为他们提供圣礼，唯恐他们死了，无能为力，那么唯有一种解释，即每个孩子都在亚当里，包括身体和灵魂，因而基督的恩典对他必不可少。就婴孩本人来说，这个年龄阶段善恶都未做出来，② 因

---

① 奥古斯丁可能想到德尔图良。见 Tert, *De anima* 40.1 (p.56, 15 – 17 Waszink; Ml 2.719)，亦见 Waszink 的注释，p.448 以及 Agaesse – Solignac 49.535ff 的评论。
② 参见《罗马书》九章 11 节。

而他的灵魂如果不是来自亚当，那就应该完全清白。所以，主张灵魂不是来自亚当灵魂的人若是能够表明，给一个未经洗礼就离开身体的婴孩灵魂定罪，怎么能说是公正的，那将是令人惊讶的。[1]

第十二章　属肉欲望的原因不仅在肉身里，也在灵魂里

情欲的原因既在身体也在灵魂

20. 圣经的证据无疑是确凿的，它说："情欲与圣灵相争，圣灵与情欲相争。"[2] 然而，我相信没有一个人，不论是满腹经纶的，还是一无所知的，会质疑这样的事实，即离开灵魂肉身不可能有任何欲求。所以，情欲的原因并非只在灵魂，更不要说只在肉身了。它出自两个源头，既源于灵魂，因为没有灵魂，就感受不到快乐；也源于肉身，因为没有肉身，也感受不到属肉的快乐。因此，当圣保罗说与圣灵相争的情欲时，他无疑是指属肉的快乐，灵从肉身并与肉身一同经验到这种快乐，与灵单独经验到的快乐是相反的。

如果我没有弄错，那么单独的灵，当它"羡慕渴想主耶和华的院宇"[3] 时，能拥有那种纯粹的快乐，不掺杂任何属肉快乐，没有对属肉事物的任何欲求；也唯有单独的灵能拥有经上所说的那种渴望："你渴

---

[1] 奥古斯丁这里汲取遗传论（灵魂遗传论）来解释原罪的传递。他认为若不基于遗传论假说，就无法解释婴儿洗礼问题。但是他也被创造论吸引，直到他生命结束时也没有解开这个难题。见 *Retract.* 1.1.8 或 1.1.3（CSEL 36.16.8–9 Knoll；ML 32.587），他在其中谈到他《驳学园派》（公元386年）中的一段话，说他在思考灵魂起源的问题："当时我不知道，现在我仍然不知道。"亦参见 *Retract.* 2.71.1 或 2.45（CSEL 36.184, 1–185, 6 Knoll. ML 32.649）以及 2.82.1 或 2.56（CSEL 36.196.6；ML 32.653）。

[2] 《加拉太书》五章17节。

[3] 《诗篇》八十三篇3节。（见和合本八十四篇2节。——中译者注）

望智慧；那你就谨守诫命，主必赐予你。"① 当灵命令身体各肢体事奉这个唯有灵受其激动的渴望时——比如，当人拿起书，或者当他写作、阅读、讨论、聆听，或者救济饥民，或者出于人的善心行其他善事时，身体就服从，这种渴望不会激发任何情欲。这些以及诸如此类的美好渴望，唯有灵魂欲求它们；然而，同样的灵魂，当它顺从肉身时，它就欲求属肉的快乐，当这种属肉快乐抵挡那些美好渴望时，经上就说"情欲（肉身的欲望）与圣灵相争，圣灵（圣灵的欲望）与情欲（肉身）相争。"

当罪还在必死的身体里，灵魂就有情欲（concupiscit）

21. 当有人说："肉身欲求"时，这里所说的肉身（caro），是指灵魂顺从肉身作出行为。同样，当我们说"耳朵听""眼睛看"时，每个人都知道，这其实是指灵魂通过耳朵听，灵魂通过眼睛看。② 当你帮助某人，伸出手把某物给予他，我们按照同样的用法会说，你的手帮助人。相信那肉眼不能见的事，这属于信心之眼，圣经说"凡有血气的（caro），都要见上帝的救恩"③ 指的正是这信心之眼。但是可以肯定，这话只是指灵魂说的，肉身因这灵魂而是活的；因为即使通过肉眼敬虔地凝视基督，即凝视他为我们的缘故而披戴的样式，也与情欲无关（我们要提防在这种意义上理解"凡有血气的，都要见上帝的救恩"），而属于肉身的职责。④

当灵魂不仅把有灵的生命赐给肉身，而且根据肉身欲求某物，此时

---

① 《便西拉智训》一章26（33）节（本节经文由中译者据英文和拉丁文直译——中译者注）。
② 见下面12.24.51，奥古斯丁说："不是身体在感知，而是通过身体感知；灵魂使用身体作信使，以便在自身之内构成从外部世界引起它注意的对象。"
③ 《路加福音》三章6节。
④ 在一种意义上，肉与灵相争，在另一种意义上，肉也服务于灵。想到这一点，奥古斯丁提到"肉身的职责"（ministerium carnis），回应 Tert., *De anima* 40.2（p. 56, 18 – 26 Waszink; ML 2.719）。

说肉身欲求（caro concupiscere）更加恰当。只要肢体里有罪存在——即在"这取死的身体"[1]里有情欲的强大诱惑，它源于对罪的惩罚，是我们生而有之的，因此未有恩典之前罪人都是"可怒之子"[2]——灵魂就没有能力消除这些欲求。

那些置于恩典之下的人与这罪展开争战，并不是指望罪不再存在于他们那还是可朽的身体里——可以恰当地称之为死的身体——而是盼望它不再作王。[3]当罪的欲望，也就是使它体贴肉身、反对圣灵、追逐诱惑的那些渴念，不再得到顺从，罪就不再作王。因此，圣保罗没有说"不要容罪在你们必死的身体里"（因为他知道，既然我们的本性因最初的悖逆而败坏了，罪的诱惑，他称之为罪，总是存在的）；而是说："不要容罪在你们必死的身上作王，使你们顺从身子的私欲。也不要将你们的肢体献给罪作不义的器具。"[4]

第十三章　反驳摩尼教的学说，人有两本性和两意愿，孩子的罪

阐释这种观点是为了避免两种错误

22. 在这样的解释中，我们避免了那种极其荒唐的观点，即认为没有灵魂的肉身也有欲望；我也不认同摩尼教徒的观点，他们认为既然肉身没有灵魂不可能有欲望，就可以推出它里面有另一个灵魂，源于与上

---

[1] 参见《罗马书》七章 24 节："我真是苦啊！谁能救我脱离这取死的身体呢？"
[2] 《以弗所书》二章 3 节。
[3] 参见《罗马书》五章 20—21 节："罪在哪里显多，恩典就更显多了。就如罪作王叫人死；照样，恩典也藉着义作王，叫人因我们的主耶稣基督得永生。"
[4] 《罗马书》六章 12—13 节。

帝相对的另一个本性，由此它才与圣灵相争。① 此外，我也没有推断说有某个灵魂不需要基督的恩典，尽管有人对我说："如果婴儿的灵魂既没有犯任何本罪，也没有从亚当里犯罪的第一灵魂遗传任何原罪，那么它何罪之有，非要说它若在未受圣洗礼之前就离开身体是非常危险的？"

进一步探讨婴儿洗礼问题

23. 我不是说要进入少年期的孩子。确实有些人不愿意把个人的罪归于不满十四岁还未进入青春期的孩子。如果除了那些与生殖器官有关的罪之外就没有任何其他罪了，那我可以找到充分的理由相信这一点。但是谁敢说偷盗、说谎、发假誓不是罪？除非是想做这些事而不受惩罚的人。而这些罪在儿童期普遍存在，尽管看起来孩子做这些事该受的惩罚似乎不应像成人那么重，因为人们希望随着年岁渐长，理性开始占据主导，这些孩子就能够更好地明白关于救恩的戒律，甘愿顺服它们。

不过我们现在谈论的不是这样的孩子——他们如果发现真理和公义反对其身体或灵魂中属肉的幼稚快乐（voluptatem, voluntatem）②，就尽其所能通过语言和行为攻击它们。这些孩子心中有什么呢，不就是假和罪的念头吗？似乎这些东西能帮助他们获得吸引他们的东西，或者帮助他们避开他们所厌恶的东西。我们说的是婴儿，但并非因为他们的父母往往是通奸者，③ 因为我们确实不能因父母的罪在孩子的天性中寻找罪咎，④ 就如同我们不能说麦子因为是经盗贼之手种下的，就不应成长成

---

① 见 Aug., *Conf.* 8.10.22 – 24，他在那里反驳了摩尼教徒关于人有两本性和两意愿，即一个善一个恶的理论。
② E2, P, R, S, Bod, Pal and m 译作 voluptatem（快乐），Zycha 采纳 E1 译作 voluntatem（欲望）。
③ Adulteris。
④ 奥古斯丁的要点是，婴儿没有从身生父母继承任何罪，只是从亚当继承了原罪。圣洁父母生的孩子与通奸父母生的孩子一样，都需要洗礼。

熟一样。就父母来说，我们不能说，即使他们转向上帝，修正道路，他们的罪也要折磨他们一生；更不能说父母的罪要折磨他们那些过着正直生活的孩子。

第十四章　根据原罪和婴儿洗礼的惯例思考灵魂遗传说

婴儿洗礼支持灵魂遗传说

但正是这婴儿时期产生了令人极为困惑的问题，因为此时的灵魂还没有犯任何出于其自由意志的罪。如果婴儿的灵魂不是因一人的悖逆而有罪责，那它怎么能藉另一人的顺服而称义呢？[1] 提出这种异议的人说，人的灵魂是其身生父母创造的，这不是说没有造主的作为，而是说灵魂的被造类似于身体的被造。[2] 因为创造身体的不是父母，而是说"我未造你在腹中，我已晓得你"[3] 的那一位。

那些认为灵魂是单个给予的人反驳这种观点

24. 另一些人反驳这一点说，上帝分别把灵魂赐给每个身体，这

---

① 参见《罗马书》五章 19 节。
② 这个问题是佩拉纠（Pelagius）的弟子 Celestius 提出来的，当公元 411 年皇帝使节 Marcellinus 主持召开大公教主教与多纳徒派（Donatist）主教会议时，他在非洲。Celestius 说，要从亚当继承罪，就必须承认灵魂像身体一样，是由父母的肉身结合生育的；但是大多数大公教徒——他说——拒斥这种解释（灵魂遗传说）。至于洗礼，他主张就"为赦免罪"来说，洗礼对婴儿毫无意义，因为它暗示罪责，而婴儿怎么可能对什么事有罪责呢？他承认婴儿需要洗礼，应当洗礼，但否认洗礼的目标是洁净原罪。公元 412 年的迦太基大公会议对他作出咒诅。由于奥古斯丁是在公元 401—415 年写作《创世记》注释，所以当他写到第十卷时完全有可能想到 Celestius。关于 Celestius，见 ODCC 258-259；Georges de Plinval, *Pelage, ses ecrits, sa vie, et sa reforme*（Lausanne 1943）254-260；Bonner 381。
③ 《耶利米书》一章 5 节。

样，尽管他们存在于因原罪而来的有罪肉体（in carne peccati）中，仍然可能在上帝恩典下过正直生活，控制属肉欲望，赢得功绩，从而到了复活的时候带着这些同样的身体转变为更好的状态，并且与天使一起永活在基督里面。

但是由于灵魂以神秘的方式与属地的、必朽的肢体相连，尤其是与由罪性肉身生育而来的肢体相关，所以他们说，为了能够首先给身体生命，然后当它成长之后控制它，这些灵魂必然受制于一种遗忘状态。[1] 如果这种状态不可逆转，那很可能会认为造主上帝是责任者。但是（根据这种理论），灵魂渐渐从这种遗忘的懈怠状态恢复过来，首先藉着皈依的敬虔之情，然后藉着坚持不懈地遵守命令，终能转向它的上帝，应得上帝的怜悯和真理。那么，暂时沉入某种睡眠，然后渐渐在理智之光中醒来——理性灵魂就是为这光造的——然后通过美好意愿选择美好生活，这对它有什么坏处吗？但若不藉着通过中保提供的上帝之恩典，它不可能做到这一点。如果人忽视这种恩助，他不仅从肉身说是亚当，而且从灵说也是亚当。如果他关切自己的状态，他只是在肉身上是亚当，在灵上过着圣洁的生活，即使他从亚当继承的肉身因罪受污，他仍将因那复活应许给圣徒的转变（commutatio），配得脱离罪之污垢的洁净。

---

[1] 这个灵魂起源论应当与奥古斯丁在一部早期作品《论自由意志》（公元388—395年）3.20.56 - 3.21.59（CCL 29.307 - 310；ML 32.1298 - 1300）中的论述比较。他在那里解释了四种不同的理论，但承认他无法确定哪一种是正确的。他在《论自由意志》里关于灵魂的论述有助于我们理解这里的段落，他说灵魂从某种先在状态进入身体："当这些灵魂进入此生，甘心穿戴必朽的肢体时，它们必然也经历对先前存在的遗忘，经历今世存在的劳苦，以及随后的无知和困苦，这是对始祖的一种惩罚，表明他的必朽性，成全灵魂的悲惨性。"（同上，3.20.57，tr. John H. S. Burleigh，*Augustine*：*Earlier Writings*，The Library of Christian Classics 6［London 1953］204 - 205）值得注意的是，奥古斯丁虽然承认灵魂先在的可能性（以及后来进入身体时的遗忘），但他断然拒斥奥利金和Priscillian学说，他们认为灵魂因先前的罪受到惩罚，被迫居住身体里。见 *Epist.* 164.7.20（CSEL 44.539，4 - 8 Goldbacher；ML 33.717）。另外，他在 *Epist.* 166.9.27 再三强调反对那种错误："我不相信，不满意，不同意。"奥利金的观点于六世纪被教皇 Vigilius 正式谴责，Priscillian 的观点也在六世纪第一次 Braga 大公会议上定为异端。见 H. Denzinger and A. Schonmetzer（eds.），*Enchiridion Symbolorum*（34th ed. Barcelona 1967）nos. 403 and 456。

洗礼对婴儿的功能是解除原罪的惩罚，控制情欲

25. 但在他还没有长大能够过灵性生活之前，他必须拥有中保的圣礼，这样，他还不能凭自己的信心做的事，可以凭着那些爱他之人的信心为他成就。① 确实的，藉着这圣礼，即便是婴儿，也洗去了原罪的惩罚，但人若没有得到这圣礼的帮助，即使是成人，也不可能控制情欲（属肉的欲望）。再者，当这种情欲被制服之后，他要获得永生命的奖赏，也只能依靠他所求的上帝的恩典。因此，即使是一个婴儿，只要他活着，就应受洗，免得与罪性肉身的结合伤害他的灵魂。由于这种结合，婴儿的灵魂按灵说不可能是明智的。② 事实上，这种关系始终压迫着灵魂，即使在它离开身体之后，唯有当它还在身体时，藉着那真祭司的唯一而独一的祭献得以洁净，才能解脱。③

第十五章 为何婴儿必须受洗？

更深入地思考同一个问题

26. 有人会说，如果父母或亲戚因为不信或疏忽没有让婴儿受洗，那会怎样呢？事实上同样的问题也可以问成人。因为成人也会突然死

---

① 在 *De baptism contra Donatistas* 4.25.32（CSEL 51.260 Petschenig；ML 43.176）中奥古斯丁解释说，救恩需要两个条件，洗礼的圣礼（sacramentum baptismi）和内心的皈依（conversio cordis）。但是在完全没有恶意的情形中，上帝会提供其中一个条件，比如，对十字架上的那个好小偷，他提供了圣礼，而对接受洗礼的婴儿，他无一例外提供内心的皈依。因而，奥古斯丁提醒我们，对于带着原罪的污点来到这个世界、婴儿时就过世没有任何个人罪责的孩子，上帝并不是毫无怜悯地定他们的罪。亦见 *Epist.* 98.1-3（CSEL 34.520-524 Goldbacher；ML 33.359-361）。但是很遗憾，他没有解释婴儿未经受洗就去世这个奥秘问题。

② 婴孩和儿童时期的无知是由于灵魂与堕落人性的肉身相结合，换言之，是由于原罪导致的。

③ Veri sacerdotis.

去，或者在一个地方病倒，没有人前来帮助他们，使他们受洗。但是他们说，成人还有自己的本罪需要赦免，如果他们未得宽恕，那谁也不能合理地说他们因在有生之年出于意愿所做的事而受到惩罚是不公正的。

但是一个婴儿的灵魂是另一个问题。它若不是从犯罪的始祖亚当的灵魂被造而来，那它因与有罪肉身接触而导致的污秽绝不能归咎于它。因为它之所以这样被造，不是由于任何罪，而是由于本性，并且将它给予身体是出于上帝的恩赐。那么，为何说如果没有人前来帮助婴儿受洗，他就会被排除在永生之外呢？我们是否能说婴儿不会因此受任何伤害？如果没有受洗的人不会受到任何伤害，那受洗对他有什么益处呢？

支持"创造论"的人如何回答

27. 那些力图主张新的灵魂不是从父母遗传给身体的人，我很想知道他们能为支持自己的观点说些什么——他们重视圣经，就请从圣经里找出证据证明他们的观点，或者表明他们的解释与圣经并不矛盾。但是我必须承认，我不曾听到或者读到他们对这个问题有过任何解释。

但是我们不应因此就放弃那些不在场者的主张，如果我能找到什么证据支持的话。因为他们也可以说，上帝预知每个灵魂——如果它能在身体里活得长一些——会如何生活，因而他为每个灵魂提供拯救之水的帮助；他知道他们若是活到一个可以认信的年龄，应该会过一种圣洁的生活，只是现在①出于某种隐秘的原因不得不夭折。

至于一个婴儿为何注定一出生就去世或者出生不久就夭折，这是凭人的能力不可能知道的奥秘，至少是我无法得知的。这件事实在太过奥秘，对我们所讨论的双方观点都没有帮助。我们拒斥了一种观点，即认为灵魂是根据其前世的功过被扔进身体的，这样，一个灵魂若没有犯过很多罪，显然就应该更快地得到解脱。我们之所以拒斥这种观点，是为

---

① Bod，Pal，z 以及他收集的所有手稿都解作 now（nunc），但 m 的译文是 not（non）。

了避免与圣保罗的观点冲突,他证实那些未出生的人未有善恶作出来。[1] 因此,不论是主张灵魂遗传的人,还是那些认为每个新灵魂都是个别给予身体的人,都不可能表明为何有些人死得早,有些人死得迟。原因是隐秘的,就我而言,我认为它既没有支持也没有驳斥双方的观点。

第十六章　进一步思考婴儿洗礼的必要性

关于洗礼和婴儿的夭折

28. 在谈到婴儿夭折这个话题时,有人提出责问:既然众人的灵魂并非源于那一人的灵魂——因他一人的悖逆,"众人成为罪人"[2]——那为何说洗礼这种圣礼对所有人都必不可少呢?对此,有些人这样回答:所有人按肉身说都是罪人,但按灵魂说,只有那些在原本可以过良善生活的时候过着邪恶生活的人,才是罪人。此外,他们还说,所有灵魂,包括婴儿的灵魂,必须接受洗礼这种圣礼(即使婴儿,未经洗礼就离开此生也是不利的),是因为罪的玷污——当灵魂进入身体时,它沾染了罪,这罪源于有罪肉身,使灵魂受污——将在死后毁灭灵魂,除非当它还在肉身时接受中保的洗礼得以洁净。因此他们说,这是上帝的神意为每个灵魂提供的药方,上帝预知如果这些灵魂在这个世界活到可以认信的年龄,他们会过一种圣洁的生活,但是出于唯有上帝知道的原因,他希望他们出生在身体里,然后又毫不迟延地把他们从身体带走。

如果这些人作出这样的回答,那我们能怎样反驳他们呢?我们只能说,如果每个人不仅按照他活过的生活被审判,而且按照假设他能活得

---

[1] 参见《罗马书》九章 11 节。
[2] 《罗马书》五章 19 节。

更长些，他会过怎样的生活来审判，那么我们对那些正直一生的人在教会里平安死去之后是否会得救都无法确定了。事实上，按照这种理论，灵魂在上帝面前不仅要为过去的罪作出说明，也要为将来的罪负责，即使死亡在他们犯罪之前就将其带走，也不能使他们免于罪责；那"被死神赶上，免得恶改变他的理解力"① 的人，也得不到任何保障。然而，如果上帝决定帮助一个行将死去的婴儿，通过洗礼给予他救恩，免得从有罪身体沾染的不洁伤害他，因为上帝预先知道这婴儿如果活着，会过一种正当而诚心的生活，那么试问，上帝既然知道人将来的邪恶，却为何不按照它来审判人？

所有人都犯有原罪

29. 对于这样的论证，不能因为是我的就拒斥它吧？或许那些明确主张这种观点的人会提出圣经的其他经文或者理性的证据剔除这种含糊性，或者至少表明他们的观点与圣保罗的陈述并不矛盾，保罗再三强调使我们得救的恩典，说："在亚当里众人都死了；照样，在基督里众人也都要复活"②；"因一人的悖逆，众人成为罪人；照样，因一人的顺从，众人也成为义了"③。圣保罗提到的"众（罪）人"，指所有人，没有例外，因此就在前面谈到亚当时，说：因他"众人都犯了罪"④。婴儿的灵魂不可能独立于这些人，因为圣保罗说"众人"（omnes），即所有人；也因为他们藉洗礼得救，所以那些认为众灵魂传自亚当灵魂的人主张这样的观点是可以理解的，除非有某种与圣经一致的理性论证或者圣经本身的明确证据驳倒他们。⑤

---

① 《所罗门智训》四章 11 节。
② 《哥林多前书》十五章 22 节。
③ 《罗马书》五章 19 节。
④ 《罗马书》五章 12 节。
⑤ 奥古斯丁似乎是说，灵魂遗传论比创造论更加明显地指出洗礼对婴儿是必须的。

第十七章　智 8.19—20 的含义

从一方观点讨论《所罗门智训》经文

30. 那就让我们在本书允许的范围内来考察我们稍前引用但没有展开分析的经文含义。①《所罗门智训》的作者写道："我从小天赋优异，我有幸得到了一个好灵魂；既然我比普通灵魂要好，我就进入了一个未受玷污的身体。"②

这节经文似乎支持那种主张灵魂不是由父母的灵魂创造，而是由上帝派遣进入或者降入身体的观点。但是就"我有幸得到了一个好灵魂"这一句来说，它似乎又反驳了这种观点，因为持此观点的人毫无疑问相信众灵魂——可以说——就像溪流从一个泉源流出，或者相信上帝派遣进入身体的灵魂本性上是平等的，不会出现有些好或较好，有些坏或较坏的情形。试想，灵魂若是有好坏，所能依据的是什么呢？只能是通过意志的自由选择或者身体的不同禀性——因为身体是败坏的，是灵魂的重负，有些灵魂被身体压迫得多些，有些灵魂被压迫得少些——所采纳的生活方式。③ 但是在灵魂进入身体之前，并没有任何个体灵魂的行为可以分辨他们的生活方式；作者既说"我有幸得到了一个好灵魂；既然我比普通灵魂要好，我就进入了一个未受玷污的身体"，也不可能因为身体对灵魂的负荷少些就宣称他的灵魂是好的。因为他说他靠近好，就成了好的，有幸获得了好的灵魂，从而也进入一个未玷污的身体。因

---

① 见上面 10.7.12。
② 《所罗门智训》八章 19—20 节。关于这节经文的含义，见本书第 128 页注③。
③ 《所罗门智训》九章 15 节："一个可朽的身体压迫着灵魂，这属地的居所装载思想的心灵。"

此，他在进入身体之前之所以是好，出于另外的源泉，但肯定不是因为他生活方式中的独特性，因为先前的生命中没有行为可称功的；也不是因为他身体上有什么独特之处，因为他进入身体之前就是好的。那么这好的源泉是什么呢？

继续讨论智 8.19—20

31. 这节经文，就它说"我进入了一个……身体"而言，似乎对那些主张灵魂传自最初犯罪的那个灵魂的人并不利，但其余的话符合他们的理论，因为作者说了"我从小天赋优异"之后，为了说明天赋优异的原因，紧接着就说"我有幸得到了一个好灵魂"，即传自他父亲的品性或者良好的身体素质。然后他说："既然我比普通灵魂要好，我就进入了一个未受玷污的身体。"如果把这话理解为他母亲的身体，也就是说，"我进入一个……身体"可以理解为他源于他父亲的灵魂和身体，进入他母亲未受玷污的身体，那就与那些人的观点不矛盾。这里所说的玷污可能源于经血，他们说它压抑婴儿的自然禀赋，或者源于某个通奸行为的污秽。因此，《所罗门智训》的这段话更有利于那些认为灵魂源于亚当灵魂的人；当然，另一方或许也可以把它解释为支持自己的观点，也就是说，对这节经文作何解并无定论。

第十八章 基督的灵魂。智 8.19—20 是否可能用于基督？

这段经文能否适用于基督？

32. 如果我们想把《所罗门智训》的这段话用于我们的主——按道所披戴的被造人性而言，上下文中有一些细节与他的完全性不相吻合。尤其是书中的说话者在说到我们所讨论的这段话之前，承认他"与血脉相连，由一个人而出"①。这种出生方式与从童贞女出生是完全不同的，童贞女不是从男人的精子怀基督的身体，这是每个基督徒都深信不疑的。

但《诗篇》里也有这样的话说："他们扎我的手、我的脚。我的骨头，他们都一一数过；他们瞪着眼看我。他们分我的外衣，为我里衣拈阄。"② 这些话专门且唯一地属于基督。不过，同一诗篇的稍前他说："我的上帝，我的上帝，请看顾我。你为什么要离弃我？我罪孽的言语使我远离救恩。"③ 这话并不专门属于基督，除非就他在自身中改变我们身体的粗卑状况而言，因为我们是他身体的肢体。

再者，在福音书里有话说："这孩子在年龄和智慧上增长。"④ 因此，即使我们在《所罗门智训》中读到的在我们所讨论的这节经文之前的那些话⑤可以应用于主本人——鉴于他作为上帝仆人的卑微形式，以及教会的身体与它自己的头的合一性——谁能比这孩子更有天赋？他十二岁的智慧就受到长老的仰慕；⑥ 谁能比基督的灵魂更加卓越？

但是即使倡导灵魂遗传论的人不是通过矫情的争论而是通过确凿的证据取胜，也不能由此推出，我们必须相信基督的灵魂也是通过生育从亚当的灵魂而来，因为我们不能认为，我们的主本人因第一人的悖逆生而成为罪人，否则怎么能说众人唯有藉基督的顺服才能脱离罪责，成为义的？童贞女的肉身虽然是沾染罪的生育而来，但她怀胎并非通过那个源头，因而还有什么比她的肚腹更纯洁的呢？所以，即使是根据必死身

---

① 《所罗门智训》七章 2 节。
② 《诗篇》二十一篇 17—19 节（参和合本二十二篇 16—18 节，略有出入）。
③ 《诗篇》二十一篇 2 节（与和合本有较大出入）。
④ 参见《路加福音》二章 40 节和 52 节。
⑤ 奥古斯丁指的是《所罗门智训》7.1—2："我像所有人一样也是必死的，是由土所造的第一我人的后裔；在母亲的肚腹里形成肉身，十月怀胎，与血气相连，出于男人的精子和婚姻的快乐。"他的要点在于，这些话不能适用于基督的位格；他说这些话只能表明他是为他取了其本性的人而说的。
⑥ 《路加福音》二章 42—48 节。

体里的那个律种在马利亚肚腹里的基督的身体，也不与心灵的律相争。① 圣先祖们用婚姻来遏制这罪之律，在允许同房之前不放松禁令；然而即使在允许的时候，他们仍然感受到这律的强力。

因此，基督的身体虽然是出于一个女人的肉身，这个女人又是从一个有罪族类的肉身怀胎生育而来，但是由于它在她肚腹里受孕与她母亲怀她的方式不同，所以它不是有罪的肉身，只是罪身的形状。② 因为他并没有因此而沾染带来死的那个罪责——通过肉身的非意愿活动显明出来，它必然被意愿所征服，与它争战乃是灵的愿望③——他得到的是一个免于罪之污染的身体，这个身体能够向死偿还并非他自己所欠的债务，又向人指示所应许的复活，一者消除我们的恐惧，一者赐给我们盼望。④

基督的灵魂从哪里来

33. 最后，如果有人问耶稣基督的灵魂从哪里来，我更愿意听取更优秀更博学之人的观点。但就我对这个问题的理解，我会回答说，它的源头就是亚当获得灵魂的源头，但不是从亚当自己的灵魂而来。试想，地上的尘土——人没有对它作工——尚且配藉着上帝的权能成为有生命的存在物，更何况那没有男人作工的从血肉之体而来的身体，岂不更配凭幸运得好灵魂。就前者而言，那必然要堕落的必将被举起；就后者而言，那将举起另一者的，必会降到地上。或许他说过"我有幸得到一个好灵魂"这样的话（如果这话应是指着我们的主说的），因为幸运所赐予的就是上帝赐予的；或许这话是按照我们的信仰说，免得有人认为基督的灵魂也是依据先前的作为上升到如此卓越的位置，即使他道成肉

---

① 《罗马书》七章 23 节。
② 参见《罗马书》八章 3 节："上帝就差遣自己的儿子成为罪身的形状。"
③ 参见《加拉太书》五章 17 节。
④ 传给亚当后裔的原罪可以描述为遗传的疾病（东方基督徒一般都这么描述）或者遗传的罪责（拉丁作家通常这么称呼）。两种观点也可以结合，奥古斯丁这里以及另外地方就是这样思考的。见 Bonner 371。

身之后也与它一起，住在我们中间，因而使用"幸运"这个词是为了消除人们关于前世功德的猜测。

第十九章　基督的灵魂不在亚伯拉罕的身中，因此它不是从亚当的灵魂遗传而来

基督的灵魂不在亚伯拉罕的身中，因而不是出于遗传

34. 在《希伯来书》里有一段经文值得我们充分注意。书信作者通过麦基洗德——他身上有未来之事的预像——将基督的祭司身份与利未相区分，他说："你们想一想，先祖亚伯拉罕将自己所掳来之物取十分之一给他，这人是何等尊贵呢！那得祭司职任的利未子孙，领命照例向百姓取十分之一，这百姓是自己的弟兄，虽是从亚伯拉罕身中生的，还是照例取十分之一。独有麦基洗德，不与他们同谱，倒收纳亚伯拉罕的十分之一，为那蒙应许的亚伯拉罕祝福。从来位分大的给位分小的祝福，这是驳不倒的理。在这里收十分之一的都是必死的人；但在那里收十分之一的，有为他作见证的说，他是活的。并且可说那受十分之一的利未，也是藉着亚伯拉罕纳了十分之一。因为麦基洗德迎接亚伯拉罕的时候，利未已经在他先祖的身中。"[①]

如果这种进贡经过这么长时间之后仍能表明基督的祭司职分远比利未的尊贵，因为麦基洗德是基督这位祭司的预像，前者向亚伯拉罕收纳十分之一，并且藉着亚伯拉罕也向利未收纳十分之一，那么他肯定没有向基督收取十分之一。但是如果利未也得缴纳十分之一，因为他已经在亚伯拉罕的身中，那基督不必缴纳十分之一，恰恰因为他不在亚伯拉罕的身中。然而，如果我们对利未在亚伯拉罕身中这话不是按灵魂理解，

---

① 《希伯来书》七章 4—10 节。

而只是按肉身理解，那么基督也在他身中，因为基督按肉身说也是出于亚伯拉罕的族类，那么也得向基督征收十分之一。

基于利未向麦基洗德缴纳十分之一这一点——因为他已经在亚伯拉罕身中——将基督的祭司职分与利未的明确区分，这究竟有什么意义呢？基督也在那里（亚伯拉罕身中），因此他们都纳了十分之一。但关键在于，我们必须明白，基督在某种意义上并不在那里（亚伯拉罕身中）。但谁会否认按肉身说他是在那里呢？因此说他不在那里正是按着灵魂说的。因此，基督的灵魂不是从犯了罪的亚当的灵魂遗传来的；否则，它也应该在那里。

第二十章　即使遗传论是对的，基督的灵魂也不是从亚当的灵魂遗传而来的

如何回应捍卫灵魂遗传说的人提出的论证？

35. 在这点上，捍卫灵魂遗传论的人会站出来说，如果即使按灵魂说利未也很显然在亚伯拉罕的身中——在他身中向麦基洗德纳了十分之一，因此在十分之一这个问题上可以将基督的情形与他相区分——那么他们的理论就得到确证。因为基督没有纳十分之一，而他按肉身说也在亚伯拉罕的身中，那么可以推出，他按灵魂说不在亚伯拉罕身中。因此结论就是，利未按灵魂说在亚伯拉罕身中。

这并没有让我烦恼，我更愿意继续倾听双方的论证，而不是急于确定谁是谁非。同时，我希望通过圣经的这个证据表明基督的灵魂不是产生于第一人的灵魂。其他人或许会从中发现关于其他人的灵魂如何产生的证据。他们可以说，虽然没有哪个人的灵魂存在于他父亲的身中，然而，利未因按肉身说已经在亚伯拉罕的身中，因而也纳了十分之一；而基督，按肉身说也在他身中，却没有纳十分之一。这种说法也不能让我

有丝毫困扰。

利未按理性种子说已经在那里，一旦父母同房，他就必定进入她母亲的肚腹；但基督的肉身在那里并不是出于这样一个理性，尽管马利亚的肉身也是因这样的理性而存在。因此，从灵魂说，不论是利未还是基督，都不在亚伯拉罕的身中。但从肉身说，利未和基督都在亚伯拉罕身中，只是利未是按情欲来的，基督则完全按他的肉身实体说的。因为在种子里既有可见的形体胚胎，也有不可见的形成原理，两者都源于亚伯拉罕，或者甚至源于亚当，进入马利亚的身体，她的身体就是以那样的方式受孕并出生的。而基督诚然从童贞女的肉身取了可见的肉身实体，但他得以孕育的形成原理不是源于某个男人的种子，而是以完全不同的方式源于至高者。所以，就他从母亲得到身体这一点而言，他也是在亚伯拉罕的身中。

第一种观点的论证

36. 利未藉亚伯拉罕纳了十分之一，因为他已经在亚伯拉罕的身中（尽管这只是按着肉身说的），正如亚伯拉罕自己在他父亲的身中。换言之，利未从他父亲亚伯拉罕出生，就如亚伯拉罕从自己的父亲出生，即通过肢体里"与心里的律相争"的那个律[1]，以及一种不可见的情欲出生，[2] 尽管贞洁而美好的婚姻权利不允许肢体的律猖獗，只允许婚姻双方通过它完成族类的延续。

但基督并没有藉亚伯拉罕纳十分之一，他的肉身从那个源头而来，

---

[1] 《罗马书》七章23节。
[2] "不可见的情欲"（invisibilem concupiscentiam），奥古斯丁用这个术语指出亚伯拉罕身中利未的种子理性（seminal reason）与基督的种子理性不同。由于利未和基督都是亚伯拉罕的子孙，可以说他们的身体都因相应的种子理性潜在地存在于他的身体中。但是决定利未在他母亲肚腹中受孕的种子理性要通过两性结合的行为——情欲在此行为中起一定作用（因而是种子理性中不可见的情欲）——才能导致那个新身体产生。而决定基督在他童贞女母亲肚腹中受孕的种子理性是通过圣灵的作为，没有任何男人的种子（精子）或情欲，从她肉身中创造出他的身体。

却不是溃烂的伤口,而是治疗的材料。因为这种十分之一预示了治疗,①在亚伯拉罕肉身里纳十分之一的是得医治的利未,而不是提供医治的基督。这肉身,不仅指亚伯拉罕的肉身,也包括属地的第一人的肉身,既有罪的伤口,也有治疗那伤口的疗方:罪的伤口在那个与心里的律争战的肢体之律中,它由某个种子理性(seminali ratione)遗传给所有后代;而医治伤口的疗方则在从童贞女所取的身体里,这身体只从童贞女取了形体的质料,没有情欲的作为,通过神圣的理性原则怀胎、形成,目的是分有人的必死性,但完全不沾染罪,给人复活的盼望,没有绝望的恐惧。

因此我认为,即使那些捍卫灵魂遗传论的人也承认,基督的灵魂不是从那犯了罪的初人的灵魂产生的。因为他们主张灵魂的种子在性交中通过父亲的精子传递,②但基督孕育的方式与此完全不同。他们还认为,如果按灵魂说基督也在亚伯拉罕身中,那他也应纳十分之一;但圣经证实他没有纳十分之一,正是基于这个理由,他的祭司职位不同于利未。

第二十一章　关于基督灵魂的起源问题,不论提出什么理论,对于他的灵魂没有原罪这一点不可能有疑义

奥古斯丁在两种观点之间摇摆不定

37. 有人或许会说:正如基督按肉身说可能已经在亚伯拉罕身中,

---

① 麦基洗德(向他纳十分之一)是基督的一个预像,基督通过受难和死带给人类医治罪之伤口的药方。
② 奥古斯丁在另外的地方拒斥唯物主义意义上的灵魂种子(semen animae)概念(唯物主义的遗传论);但他确实在思考以下这种观点的可能性,即灵魂可能在灵性意义上由灵魂产生(灵性遗传论)。见上面10.1.1及本书第118页注①。

但他没有纳十分之一，同样，为何不能说他按灵魂也在亚伯拉罕身中，但未纳十分之一？回答是：因为当身体长大时，灵魂的单纯实体并没有随之长大，甚至那些认为灵魂是一个物体（corpus）①（尤其是那些认为灵魂源于父母的人主张这种观点）的人也这么认为。因此，在身体种子里可能存在一种看不见的力，以非物质的方式管理一个存在者的发展。② 这种力量不是眼睛能见的，只有理智才能知道它不同于视觉和触觉所感知的质料。人体的身量与微小的种子相比，大得不可比拟，这非常清晰地表明，它可以吸收某种别样的质料，不包含种子的力量，只是单纯的身体实体。上帝正是藉着大能采纳了这种身体实体，形成基督的身体，而不借助于人类两性结合的生育方式。然而，谁敢说灵魂也拥有两者，既有可见的种子质料（materiam seminis），又有隐秘的种子理性或形成原则（rationem seminis）？③

不过，这种理论在我看来不可能三言两语让人信服，除非是心智特别敏锐的人，对于某种理论，只要听个开头，无须等到结尾，就能完全明白——对于这样一种理论，我又何必对它费尽心思呢？因此我将简洁地概括一下论证。如果基督的灵魂有可能源于另一个灵魂（当我们谈论肉身的生殖时，读者应该知道什么意思），那么基督的灵魂只可能源于最初的灵魂，并且没有沾染罪之痕迹；如果它不可能毫无罪责地源于原初灵魂，那么它就不是源于灵魂。

至于其他灵魂的起源，它们是出自父母，还是直接出于上帝，谁

---

① 这是德尔图良的观点。见下面10.26.44。
② 拉丁文 quae incorporaliter numerous agit。按照奥古斯丁的术语，一个存在者的"数目"就是规范其形成发展的法则。见《〈创世记〉字疏》（上）6.13.23以及该书第225页①。
③ 奥古斯丁这里似乎没有回答本段开头提出的那个问题（基督是否可能按灵魂说也在亚伯拉罕的身中，而没有纳十分之一？），而是提出了一种整体上反驳灵魂遗传说的论证，表明灵魂的种子理性——如果有这样的事物存在——不可能像身体里的种子理性那样作用。不过，他在下面又回到正题。

有能力证明就让谁得胜吧。我仍然不能确定，在两种理论之间摇摆，一会儿靠近这边，一会儿靠向那边。但有一点我不可能相信，那就是灵魂是某种形体，或者某种形体属性或排序（coaptationem）①（如果你想要使用这样的词来描述希腊人称为 αρμονια 的事物）；我相信在上帝帮助下，我的思考绝不会接受这样一种观点，不论谁唠叨这种无聊的话。

第二十二章 约 3.6 我们主的话不能解决关于灵魂起源的疑问

解释约 3.6 的证据

38. 还有一段重要经文，那些主张灵魂源于上面的人可以引来证明他们的观点，那就是我们主所说的"从肉身生的，就是肉身；从灵生的，就是灵"②。他们说，还有什么比这话更清楚地证明灵魂不可能生于肉身？因为灵魂不就是生命之灵吗？当然是被造的灵，而不是造主。

但是倡导另一种观点的人回答说：当我们说肉身生于肉身，灵魂生于灵魂时，我们还能指什么别的东西？因为人就是由两者构成的，我们认为两者都源于他：肉身出于行动的肉身，灵出于欲求的灵。此外应当注意，主不是在谈论肉身的生殖，而是谈论灵性的重生。

---

① 奥古斯丁使用的拉丁词是 coaptatio，对应希腊词 αρμονια（和谐）。Cic., *Tusc. Disp.* 1.10.19 告诉我们，音乐家和哲学家 Aristoxenus 认为灵魂是"血气身体的一种特定调音（intentio），类似于声乐和器乐里的谐音"（LCL, p. 24 King）。
② 《约翰福音》三章 6 节。

第二十三章　要确定正确的灵魂起源论很难，婴儿洗礼的习俗

结论：所提出的证据不支持任何一种观点

39. 经过这番尽可能详尽的考察，我得宣告说，理性和圣经经文对双方观点的支持几乎同等或者基本相等，除了一点，即婴儿洗礼的习俗，它更多地支持那些主张灵魂由父母生育而来之人的观点。该如何回应这些论证，我还不是很清楚。如果以后上帝赐我某种答案和机会，让我对那些有兴趣的人写点什么，我将毫不推辞。

不过这里我想预先说明，不应完全鄙弃婴孩洗礼的例证，不能因为它与真理相背就无视它，拒斥它。我们有两种选项。一方面，我们可以说完全没有必要对这个问题刨根问底，尽管我们可能不知道自己从哪里来，但只要依靠我们的信心知道，如果我们过着圣洁的生活就必定去向哪里，就心满意足了；另一方面，如果理性灵魂在探寻关于它自身的这种知识的过程中不骄慢，就让它放弃偏执的争论，投身于勤勉的祈求，谦卑的寻找，持之以恒的叩门。① 这样，如果上帝知道这有利于我们——他当然比我们自己更知道什么有利于我们——就恳请他也赐予这种知识，因为他把好东西赐给他的儿女。②

但我们的母亲即教会在婴儿洗礼这个问题上的习俗绝不应受到鄙视，也不能认为它完全是多余的，若不是因为它源于使徒传统，是不会

---

① 《马太福音》七章 7 节。
② 《马太福音》七章 7—11 节。

有人相信它的。① 其实，婴儿的年龄，尽管非常小，却是极有分量的见证，因为它是最初配为基督流血的。②

第二十四章　那些主张灵魂遗传论的人必须小心，不可把灵魂看作物体

那些主张灵魂遗传论的人应该注意什么

40. 我热切地恳请那些接受灵魂遗传论、认为灵魂由父母生育而来的人，尽可能好好想一想，要想清楚他们的灵魂不是物体（corpus）。如果我们认真思考灵魂，没有其他存在者能像灵魂那样大力帮助我们思考上帝，那在一切造物之上，始终不变的造主，认识到他是非物质的，这灵魂是按着他的形象造的。相反，一旦把灵魂想象为物体，就会把上帝也想象为物体，没有比这一点更可能，或者说更合乎逻辑的了。人们由于时刻浸淫在物质事物之中，过着依赖感官的生活，所以就不愿意把灵魂想象为物质之外的东西，他们担心，如果它不是物体，那就可能是虚无。结果，他们更担心如果不是把上帝看作某种物体，就可能会有人以为上帝是虚无。③

于是他们满脑子都是想象力④根据熟悉的物体构想出来的形象或者

---

① 奥古斯丁始终坚定地相信，婴儿洗礼的惯例是从使徒传下来的。见 *De baptism* 4.24.31（CSEL 51.259, 2–4 Petschenig; ML 43.174）："普世教会所坚守的——虽然还没有得到公会议确定，但一直在不折不扣地遵守——被正确地认为是从众使徒的权威传下来的。"还有 *Sermo* 176.2.2（ML 38.950）："教会一直有这个习俗，一直遵守它。教会从我们先祖的信仰中接受它，保卫它永不衰落。"
② 参见《马太福音》二章16节。
③ 奥古斯丁在《忏悔录》常常谈到这个严峻问题，他如何破除作为摩尼教徒时获得的思维习惯，从而把上帝思考为非物质的存在。见 *Conf.* 3.6.10, 4.7.12, 5.10.19, 7.1.1。
④ Cogitatio，指灵魂聚合并专注于贮存在记忆中的各类形象的活动。见 Bourke 214–217、243；参见 *Conf.* 10.11.18。

形象的幻影,① 结果,没有这些形象和幻影,他们就担心自己会在某种虚空中消失。所以,对于公义和智慧,他们得用形状和颜色在自己心里描绘——可以说——一幅图画,因为他们无法把它们思考为非物质的事物。但是,当他们为公义或智慧所动,赞美这些美德,或者依据它们行事时,他们不可能说看到了什么颜色,什么尺寸,什么特征,什么形状。

我在另外的地方已经详尽谈过这个问题。如果上帝愿意,我会在需要的时候再次谈论。② 但是如我上面所说的,对于灵魂由父母生育而来这一点,无论是确信不疑,还是迟疑不定,都请他们谨慎小心,不可盲信或妄称灵魂是物体。避免这一点很重要,如我所说,免得他们认为上帝本身不是别的,就是一个物体,尽管是一个极其完全的物体,拥有他自身独有的本性,超越所有其他物体——但仍然是一个物体。

第二十五章 德尔图良的灵魂观。呈现非物质实在的异象

德尔图良关于灵魂的错误观点

41. 德尔图良之所以认为灵魂是物体,只是因为他无法把它理解为非物质的事物,因此他担心,如果它不是某种物体,就可能是无。③ 他

---

① 形象或形象的幻影:phantasias vel phantasmata imaginum。在奥古斯丁的术语里,phantasia 是从关于曾经感知到的一个感觉对象的记忆中产生的一个形像;phantasma 是不曾感知到但灵魂在自身内虚构出来的感觉对象的一个图像。见 Conf. 3.6.10; De musica 6.11.32 (ML 32.1180)。

② 在 Conf. 7.1.1 中奥古斯丁谈到他年轻时想象眼睛不能见的实体时的困难,但在 Conf. 10.6.8 中他解释说,他现在知道他所爱的上帝在一切感觉所能感知到的事物之外。在 De libero arbitrio 2.3.8 – 2.6.14 (CSEL74.43, 11 – 52, 13 Green; ML 32.1244 – 49) 他解释感官——感知物质事物——与理性——理解永恒不变的事物——之间的区别。后来在本作品下面 12.24.50 他指出,理智知识的对象既超越物体又超越想象中物体的形象。

③ Tert., De anima 7.3 (CCL 2.790, 11 – 15; ML 2.698A) 提出离开身体进入阴司的灵魂不可能是无:"如果它不是体,就可能是无。"(Nihil enim si non corpus)

也没有能力用别的术语,只能用物质性术语思考上帝。① 但由于他很聪明,所以能不时地看见真理,并超越他通常的思考方式。他在自己的某篇作品中说:"每个属体事物都有承受的能力"②,还有比这话说得更正确的吗?于是,他不得不改变当他说上帝是物体时所采取的观点。事实上,我认为他不可能疯狂到相信上帝有承受的属性(naturam passibilem),不然,基督——他不只是在身体里,或者在身体和灵魂里,而且在道里,万物都是藉着他造的——就会被认为能承受,会变化。但愿这样的想法远离基督徒的心!

再者,当德尔图良赋予灵魂某种色彩,如气和光,③ 他就转向了感官,试图用各种感官来装饰灵魂,似乎它是一个身体。他说:"这[嵌进身体形状的灵魂]是内在的人;另一个是外在的人。它们是两者,但构成一个存在者。内在人也有自己的眼睛、耳朵,人们藉此必然能听到、看到上帝。它还有其他肢体,可用于念头和梦境。"④

德尔图良的灵魂观荒谬而自相矛盾

42. 我们要注意,灵魂用于梦境、人们用来听和看上帝的,是怎样的耳朵和眼睛。然而,如果有人在梦里看见了德尔图良,他绝不会由此说他见过德尔图良,他们还在一起交谈,因为他事实上从不曾见过德尔图良。最后,如果当身体躺在一个地方时,灵魂在梦里穿越它所看见的各种形象,然后看见自己,那么谁若曾在自己的梦里看见灵魂有如同气和光的色彩,唯有一种可能,即他看见灵魂时伴随着其他

---

① Tert., *Adversus Praxean* 7.8 (CCL 2.1166, 49; ML 2.186A):"尽管上帝是一个灵,但谁又能否认上帝是一个体呢?"(Quis enim negabit Deum corpus esse, etsi Deus spiritus est?)
② Tert., *De an.* 7.4 (CCL 2.790, 22–23; ML 2.698B).
③ *Op. cit.* 9.5 (CCL 2.793.43–44; ML 2.701B):"因此,除了气和光的色彩,你还能指望灵魂有什么其他色彩呢?"(Quem igitur alium animae aestimabis colorem quam aerium ac lucidum?)
④ *Op. cit.* 9.58 (CCL 2.793.65–794, 68; ML 2.702B).

同样虚幻呈现的事物。因为灵魂有可能看见这样虚幻的形象,但上帝不允许它在清醒时相信梦里梦外是同一回事。否则,当灵魂(在梦里)看见自己有另外的样子——这是经常发生的事——时,或者灵魂可能已经变化,或者梦里看见的不是灵魂的实体,而是灵魂的一个非物质形象,是以神秘方式形成的,比如它在想象中聚合各类形象就是如此。①

有哪个埃塞俄比亚人通常在梦里看到自己不是黑色的?如果他看见自己是另外的颜色,那他可能就要怀疑自己是否对梦境有准确的记忆了。但是我不知道,如果人们从未读过德尔图良的作品,或者听说过他的观点,是否有人见过自己的灵魂具有气和光的色彩。

上帝不同于他借以向自己的圣徒显现的形象

43. 有些人深受这些异象影响,想要引用圣经教导我们,他们说,圣经记载上帝本身——不是灵魂——以形的方式向圣徒的灵显现,还用比喻的语言描述他。对于这些人我们该说什么呢?那些比喻段落肯定准确地描述了这些异象。于是,这些解释者陷入了谬误,他们在自己心里把自己的念头作为虚枉的偶像,并不理解当圣徒读到或听到神圣启示通过比喻语言描述的这些事时,会怎样判断自己的异象。比如,七个穗子和七头奶牛都是指七年;② 由四条线拉着的大布,看上去像一个装满不同活物的碟子,就是包括各国的整个世界;③ 如此等等,尤其是那些不是通过物质事物而是通过它们的形象(imaginibus)预示的非物质事物(rebus incorporeis)。

---

① Sicut in cogitatione. 见本书第 157 页注①。
② 见《创世记》四十一章 26 节。
③ 见《使徒行传》十章 11 节。

第二十六章　德尔图良关于灵魂随着身体生长而生长的观点

德尔图良关于灵魂生长的观点

44. 德尔图良不愿意说灵魂的实体随着身体增长，他担心这样说"就相当于说它的实体也减少，从而认为它可毁灭"①。然而，他既然想象灵魂在空间上可以扩展到全身，就没有对它的增长设立界限，他还主张它从一颗小小的种子变为与身体同等大小。"灵魂的力量包含内在的天然禀赋，这力量随着身体而渐长，但灵魂的实体界限没有任何变化，就是它起初被吹入人里面时所接受的实体。"②

如果德尔图良没有通过比喻说明他的意思，我们很可能不明白他在说什么。③ 他是这样说的：

拿一个未经加工的金块或银块来说。此时它处于压缩状态，比将来要铸造的样子小，但就其本性来说，它不是别的，就是金子或银子。然后，把它锻造为薄薄的一片，这样，原来的块状变成了扁平的片状，它比原来显大了，但并没有添加什么（adiectionem），因为它只是伸展了，而不是增加（augetur）。不过，当它伸展之后，也有某种增加。因为它可能在尺寸上（habitu）增加了，但不是在实体上（statu）增加了。于是，这原本是块状的、虽然并非完全缺乏（non nullus），但比较暗淡无光的金子或银子，现在闪现出熠熠光泽。然后工匠根据金属的可塑性铸造它，赋予它不同的形状，并没有对这个块状物增加什么，只是给了它形式。同样，灵魂中的增加也可以想象为不是添加它的体积，而是引出

---

① Tert., *De an.* 37.5（CCL 2.840, 33–34; ML 2.759A）。
② 同上（CCL 2.840, 34–36; ML 2.759A）。
③ Z 的手稿里没有这句话，Bod 或者 Pal 也没有，所以几乎可以肯定这是对文本的一个注释。

它的潜能（provocativa）。①

德尔图良的灵魂论有很多荒谬之处

45. 谁会相信这位著作家在表述这样一种观点时竟会如此振振有词呢？但他的话与其说让我们发笑，不如说让我们震惊。事实上，如果他能想象有某个事物存在但不是形体，就不会被迫陷入这种境地。认为一个金属块受到锤打时可以在某个方向增加，却不在另一个方向减小，或者在长度和宽度上扩展，却没有在厚度上缩减，还有比这种观点更荒谬可笑的吗？或者谁会认为当一个物体的各个方面都增加之后，厚度没有减小，却仍然保持不变？这样说来，如果灵魂是一个形体，但它的实体不因质料的增加而增加，那它如何从一个微小的种子充满它所激活的巨大身体？它若不是根据身体的尺寸增加多少，它自己的厚度就减少多少，还能怎样充满它赋予生命的那个身体？显然，德尔图良担心，如果灵魂要增长，它也有可能因减少而毁灭，但他却不担心，当它在长度上增加时同样有可能因失去厚度而毁灭。

但我何必再在这个问题上耽搁呢？我的讨论快要超出我的结论所需要的证明范围了，我也已经表明我明确主张的观点是什么，我认为有疑惑的观点是什么，以及我之所以怀疑的理由是什么。就此结束本卷，转向下一卷的讨论。

---

① *De an.* 37.6–7（CCL 2.840, 36–49; ML 2.759A–B）. Waszink 432 对"因为它可能在尺寸上增加了"这句话解释如下："这个词……当然意在掩饰这个论点的软肋，但奥古斯丁已经表明德尔图良完全没有成功。"

第十一卷

亚当和夏娃的罪,他们被赶出乐园

第一章 创 2.25—3.24 的经文

创 2.25—3.24 人受试探并堕落

1. "那时亚当和妻子二人赤身露体,并不羞耻。主(耶和华)上帝所造的,惟有蛇比田野一切的活物更狡猾。蛇对女人说:'上帝为何说你们不可吃园中所有树上的果子呢?'女人对蛇说:'园中树上的果子,我们可以吃;惟有园当中那棵树上的果子,上帝曾说:你们不可吃,也不可摸,免得你们死。'"蛇对女人说:'你们不一定死,因为上帝知道,你们吃的日子眼睛就开(亮)了,你们便如上帝能知道善恶。'于是,女人见那棵树的果子好作食物,也悦人的眼目,且是可喜爱的,能使人有智慧,就摘下果子来吃了;又给她丈夫一些,他们都吃了。然后他们二人的眼睛就开(亮)了,才知道自己是赤身露体,便拿无花果树的叶子,为自己编做裙子。

"傍晚,主(耶和华)上帝在园中行走。亚当和他妻子听见上帝的声音,就藏在园里的树木中,躲避主(耶和华)上帝的面。主(耶和华)上帝呼唤亚当,对他说:'亚当,你在哪里?'他说:'你在园中行走时，我听见你的声音，我就害怕，因为我赤身露体，我便藏了。'主（耶和华）上帝说：'谁告诉你赤身露体呢？莫非你吃了我吩咐你不可吃的那树上的果子吗？'亚当说：'你所赐给我、与我同居的女人，她把那树上的果子给我，我就吃了。'主（耶和华）上帝对女人说：'你做的是什么事呢？'女人说：'那蛇引诱我，我就吃了。'主（耶和华）上帝对蛇说：'你既做了这事，就必受咒诅，比一切的牲畜野兽更甚！你必用肚子行走，终身吃土。我又要叫你和女人彼此为仇；你的后裔和女人的后裔也彼此为仇。她要窥伺（伤）你的头；你要窥伺（伤）她的脚跟。'又对女人说：'我必多多加增你怀胎的苦楚，你生产儿女必多受苦楚。你必恋慕你丈夫，你丈夫必管辖你。'又对亚当说：'你既听从妻子的话，吃了我所吩咐你不可吃的那树上的果子，地必为你的缘故受咒诅。你必终身劳苦，才能从地里得吃的。地必给你长出荆棘和蒺藜来，你也要吃田间的菜蔬。你必汗流满面才得糊口，直到你归了土，因为你是从土里出的。你本是尘土，仍要归于尘土。'

"亚当给他妻子起名叫'生命'（夏娃），因为她是众生之母。主（耶和华）上帝为亚当和他妻子用皮子做衣服给他们穿。主（耶和华）上帝说：'看哪，亚当已经与我们中的一位相似，能知道善恶。现在恐怕他伸手又摘生命树的果子吃，就永远活着。'主（耶和华）上帝便打发他出乐园去，耕种他所自出之土。于是把他赶了出去，安置在乐园的对面，又安设基路伯和四面转动发火焰的剑，要把守生命树的道路。"①

---

① 《创世记》二章25节至三章24节。奥古斯丁引用的是OL，其大部分内容基于LXX。但是与LXX不同，奥古斯丁的OL在创3.15中用了阴性代名词ipsa（指女人，即第二夏娃童贞女马利亚）：ipsa tibi servabit caput, et tu servabis eius calcaneum［她要窥伺（伤）你的头；你要窥伺（伤）她的脚跟］。LXX忠实于希伯来文本，用了阳性的代名词，指后裔，即基督。OL写作ipsa使经文不一致，因此Cyprian, *Testim.* 2.9（CSEL 3.74, 13－14 Hartel；ML 4.733A）引用这段经文如下：ipse tuum calcabit［al. observabit］caput et tu observabis calcaneum eius. 见 M. A. Fahey, S. J., *Cyprian and the Bible：A Study in Third-Centry Exegesis*（Beitrage zur Geschichte der biblischen Hermeneutik 9, Tubingen 1971）59。

必须捍卫圣经记载之事的字面意义

2. 在对这部分经文逐字逐句解释之前，我想应该在这里作个说明，我记得在本书前面已经说过。① 我们应当捍卫圣经故事的字面意思，就是作者本人表达的意思。但是如果在上帝的话里，或者在某个受召担当先知之人的话里，有某些东西按照字面意思理解起来会显得很荒谬，那么毫无疑问，它必须按照比喻意义理解，目的是指向另外的意思。② 但是绝不能对记载的话本身有所怀疑，这既是对作者的信任，也是对注释者的期望。

他们为何对自己的赤身露体并不羞耻

3. "那时……二人赤身露体。"没错，生活在伊甸园里的两人身体完全赤裸，但他们"并不羞耻"。既然他们没有感受到"他们肢体中另有个律与他们心中的律交战"③，那怎么会感到羞耻呢？那个律其实是对罪的惩罚，是在他们犯罪之后加给他们的；既然他们悖逆违命，行不可行之事，就要交给公义，接受惩罚。但是这事发生之前，他们都赤身露体，如经上所说，他们并不感到尴尬，因为他们没有经历让他们感到羞耻的肉身活动。他们不曾想过有什么需要遮盖的，因为他们从未觉得有什么需要限制的。至于他们会怎样生育儿女，前面已有讨论。④ 无论如何，我们绝不能认为那时的生育方式会与因犯罪而受惩罚之后的方式一样。因为在他们会死之前，死先潜入不顺服之人的身体，然后出于最公正的惩罚，这死导致他们不顺服的肢体骚动不安。⑤ 然而当亚当和夏

---

① 见上面 8.1.1—4。
② 这种注释风格的一个例子见《〈创世记〉字疏》（上）5.19.39。
③ 《罗马书》七章 23 节。
④ 见上面 9.3.5—9.11.19，尤其是 9.3.6 和 9.10.18。
⑤ 正如亚当的意愿是顺服上帝，同样，亚当的肢体不愿顺服他的意愿。这就是 iustissimo reciprocate（出于最公正的惩罚）的意思。这个观念也可见于 De civ. Dei. 13.13。

娃赤身露体并不羞耻的时候，却不是这种状态。

第二章　蛇为何是最狡猾的动物？

蛇的"聪明"是什么，从何而来

4. "耶和华上帝所造的，惟有蛇比田野一切的活物更狡猾。"① 说蛇"最狡猾"（prudentissimus）或者根据许多拉丁文本"最聪明"（sapientissimus）②，正是在转义而不是本义上说的。"聪明、智慧"这个词通常在褒义上用于上帝或天使或理性灵魂，但我们也说聪明的蜜蜂或蚂蚁，因为它们的活动显然是对智慧的模仿。

然而，这蛇之所以可以被称为一切活物中最聪明的，不是因为它的非理性灵魂，而是因为另一个灵，即魔鬼的灵，住在它里面。罪恶天使因背叛和骄傲被驱逐，从天上的高位堕落，但不论他们堕落得多深，他们在本性上仍然高于所有动物，因为他们拥有卓越的理性。因此，如果魔鬼进入蛇的体内并缠住它，将自己的灵显给它，就如巫师通常被鬼魔附体那样，那么他使它比其他所有动物更聪明，就不足为奇了，因为其他动物的灵魂虽有生气却是非理性的。

不过，把聪明、智慧（sapientia）用在邪恶造物身上，把狡猾（astutia）用在善良造物身上，那确实是对词语的误用。从词的本义和通常用法来说，至少在拉丁语里，说人聪明（sapientes）是褒义，说人狡猾（astuti）是贬义，意指他们心里有恶。因此有些译者，如我们在很多版本中看到的，不是把词而是把意思译成拉丁语，因而更

---

① 《创世记》三章 1 节。
② OL 里的译法有：sapientior, prudentior, astutior, sapientissimus, prudentissimus。见 Fischer VI 56。Vulg 译作 callidior。

愿意译成：这蛇比一切活物更狡猾（astutiorem），而不是更聪明（sapientiorem）。希望精通希伯来文的专家来澄清这个词在那种语言里是什么意思，当说某个人聪明时，是否可以理解为贬义的，这样的理解是否并非对词的误用，而是它的本义。① 我们可以清楚地看到圣经另一处谈到聪明的人是指贬义，而不是褒义。② 我们的主说，在预备自己的未来上，"今世之子……较比光明之子更加聪明"③，但他们不是通过正当手段，而是通过欺诈手段。

第三章　出于某种我们不知道的原因，上帝允许魔鬼利用蛇

允许魔鬼通过蛇试探

5. 我们当然不能设想，魔鬼独立地选择了蛇，用它来试探我们的先祖，引诱他们犯罪。没错，魔鬼里面有一种欺骗的欲望，那根植于他邪恶而善妒的意愿，但若不是利用某个允许他控制的动物，他的目的不可能得逞。作恶的意愿有可能出自任何一个悖逆的灵魂，但做成的能力只可能出自上帝，这必然是因为某个隐秘而至高的公义原则，因为在上帝，没有任何偏邪（iniquitas）。

---

① 用来描述蛇的这个希伯来词（'arum）意思是"灵巧的""精明的""明智的"。修饰人时既可是褒义也可以是贬义。见 William Gesenius, *Hebrew and English Lexicon of the Old Testament*, ed. Francis Brown et al. （Oxford 1907）791 以及 J. Skinner, *Genesis* （ICC, New York 1910）71。
② 《耶利米书》四章 22 节。
③ 《路加福音》十六章 8 节。

第四章　上帝既然预知结果，为何还让亚当受试探？

为何允许人受试探

6. 因此，如果有人问，既然上帝预先知道这人会服从试探者，那他为何还允许人去受试探，我得说我无法探知上帝智慧的深邃，我承认这个问题远远超出我的能力范围。或许有一个隐秘的原因，只让那些比我卓越也比我圣洁的人知道，不是因为他们的功德，全在于上帝的恩典。但就上帝赐我的理解能力或允许我谈论而言，我认为一个人如果只是因为没有人诱惑他去过恶的生活，所以一直过着好的生活，那他并不值得大大赞美。因为在本性上，他有能力立志不服从试探者，当然这也是在上帝的帮助下，因为上帝"阻挡骄傲的人，赐恩给谦卑的人"①。所以，为何上帝不能让一个人受试探呢？尽管他预先知道他会受诱惑。因为这人将按自己的自由意志作出行为，从而召致罪责，然后他得按照上帝的公义原则经历惩罚，回归正道。所以上帝会让一个骄傲的灵魂知道，以教导将来世代的圣徒：他如何正当地利用灵魂的恶意，尽管它们反常地使用自己美好的本性。

第五章　人因骄傲而堕落

人在受试探中堕落是因为骄傲

7. 我们绝不能认为试探者会导致人堕落，除非人的灵魂里早就产生一个需要遏制的骄傲之灵，他才会堕落，从而通过罪的羞耻让他明白，他自以为是是多么错误。经上说得对："心在败坏之前骄傲，在荣

---

① 《雅各书》四章 6 节（参见《箴言》三章 34 节）。

耀之前谦卑。"① 或许这就是《诗篇》里说话之人的声音："我凡事平顺，便说：'我永不动摇。'"② 然后，当他从经验得知，恶就是骄傲地依靠人自己的力量，善就是依靠上帝恩典的帮助，他就说："耶和华啊，你曾施恩，叫我的美稳固；你掩了面，我就惊惶。"③ 不论这话是指先祖说的，还是指另外的人说的，灵魂若自夸、过于信靠自己的力量，就必然受到教训，甚至经历惩罚；因为它必须明白，一个造物若是离开它的造主，会陷入多么不幸的境地。

这里还特别叫人注意上帝是怎样的一种美善，因为凡是离开他的，没有一个能兴盛。一方面，那些沉迷于享乐、走向死亡的人不可能摆脱对受苦的恐惧；另一方面，那些因过分骄傲而变得迟钝，完全没有认识到他们抛弃上帝后的灾祸的人，在那些已经能够认识到这种灾祸的人看来更为不幸。所以，如果这些人拒绝接受能够帮助他们避免这些灾祸的治疗，他们的例子就成为儆诫，将帮助其他人避免不幸。正如使徒雅各所说："各人被试探，乃是被自己的私欲牵引、诱惑的。私欲既怀了胎，就生出罪来；罪既长成，就生出死来。"④

因此，当膨胀的骄傲得到治疗之后，人就复兴；即使他在受试炼之前不愿意与上帝同在，至少在试炼之后愿意回到上帝身边。

第六章　上帝为何不断地让人受试探？

试探有什么益处

8. 有些人对先祖受这样的试探感到困惑，不明白上帝为何让这样

---

① 《箴言》十六章 18 节（参考和合本经文："骄傲在败坏以先，谦卑在荣耀之前"）。奥古斯丁采纳的是 OL 经文：Ante ruinam exaltatur cor, et ante gloriam humiliatur.
② 《诗篇》二十九篇 7 节（参考和合本三十篇 6 节）。
③ 同上，8 节（参考和合本 7 节，"美"为"江山"）。
④ 《雅各书》一章 14—15 节。

的事发生，似乎他们没有看到在我们的时代整个人类都在不断地受到魔鬼罗网的试探。上帝为何允许这样的事发生？或许我们可以说，通过这些试探，德性得到彰显和操练，与从未受过试探相比，在试探下不屈服是一种更加荣耀的胜利。甚至那些抛弃造主跟随试探者的人也在不断地试探那些始终忠于上帝之道的人，后者则为试探他们的人提供如何避免屈服的典范，作为医治过度欲望的良方，使他们产生一种敬畏，剔除内心的骄傲。因此圣保罗说："当自己小心，恐怕也被引诱。"① 引人注目的是，圣经时时处处都在有意地赞美谦卑——这谦卑使我们顺服我们的造主，免得我们依重自己的力量，似乎我们不需要他的帮助。

因此，义人藉着罪人取得进步，敬虔者从不敬者获得益处。有人说上帝不该造出那些他预知要成为恶人的人，这是毫无意义的话。他为何不能造出那些他预知要成为好人之帮手的人呢？让他们生来就以有利的方式操练并教导拥有良善意愿的人，而他们自己将因自己的邪恶意愿受到公正的惩罚。

第七章　一个能够不犯罪的造物就是好的

为何不把人造成不会犯罪的人

9. 他们说，上帝应当把人造成这样的本性：他完全没有犯罪的意愿。我承认完全没有犯罪欲望的人确实是更好的事物。但是也请他们承认，一方面，一个事物如果本性是这样：只要它不愿意，它就不能犯罪，那这个事物就不是恶的；另一方面，既然它犯罪是出于自己的意愿，而不是出于必然，那么规定它受惩罚就是公正的。因此，就如正当

---

① 《加拉太书》六章1节。

理性（ratio vera）告诉我们那个造物①若认为所禁止之事没有任何快乐可言，那它是更好的；同样，正当理性也告诉我们，那个造物若在自己的能力范围内控制可能产生的被禁之乐，那它也是好的。这样，它不仅因许可的、正当的行为喜乐，而且因控制逆性的享乐而喜乐。既然后者是好的，前者是更好的，上帝为何只应造出前者，而不是造出两者呢？因此，那些只愿意赞美上帝造出第一类造物的人，更应该赞美上帝造出了两类造物。前者可见于圣洁天使中；后者可见于圣洁的人中。②

但那些选择了恶的人是有意败坏一种该赞美的本性，应受指责。然而，上帝预先就知道这一点，并不是他们不该被造出来的理由。因为他们在造物界也有一个位置，为叫圣徒得益。其实，上帝并不需要任何好人的义，更何况罪人的恶，他岂会需要！

第八章　上帝为何创造那些他预知要变恶的人

为何要创造那些预知要成为恶人的人

10. 经过认真思考，谁还会说："上帝若是不造出他预知能因另一人的恶得纠正的人，好过造出他预知必然因自己的恶遭惩罚的人？"否则，就等同于说，不让一个人因明智地使用另一人的恶而从怜恤人的上帝得荣耀之冠冕的人存在，好过让一个按其功过得公正惩罚的恶人存

---

① Creaturam 或 naturam。
② Aug., *Contra adversarium legis et prophetarum* 1.14.20（ML 42.614）："如果他们认为人应该以这样的方式被造，即他不愿意犯罪，那么他若这样的方式被造，即只要他不愿意，他就不可能犯罪，他们应该不会不喜欢。如果一个不可能犯罪的人是更好的，那么一个能够不犯罪的人也是好的。"因此更好的本性是天使和天上的圣徒，他们"不能够犯罪"（non posse peccare），而在此世的人的本性，"能够不犯罪"（posse non peccare），也是好的。按照奥古斯丁的术语，唯有天上的天使和圣徒才拥有真正的"自由"（libertas）；我们在此世拥有"意志的自由"（liberum arbitrium），这意味着有可能选择恶。见 *De correptione et gratia* 12.33（ML 44.936）以及 Gilson 323-324。

在。理性明确地表明，这里有两种好，并不是同等的好，一个比另一个大，头脑简单的人却不明白，就说："两者应该同等"，这就相当于说"只有大的好应该存在"。因而，他们想要在不同类的好之间确立同等性，就减少数目，却在不知不觉中扩张了其中一类，同时毁灭了另一类。

如果这些人说"既然视觉比听觉优秀，就应该有四只眼睛，而没有耳朵"，谁会听他们呢？同样，如果那个理性造物事奉上帝，没有对惩罚的恐惧，也没有丝毫骄傲，那他是更优秀的；如果人中间还造出这样一个人，他不能在自己身上认出上帝的恩赐，只能在看见别人受惩罚时才有认识，从而他没有骄傲自高，而是畏惧害怕，[①] 也就是说，他不是仰仗自己，而是依赖上帝——正常的人谁会说"此人应与那造物一样"？提出这种异议的人应该知道，他其实无异于说："此人不应存在，惟那类造物存在。"这种观点暴露了简单而无知的头脑。上帝为何不能造出那些他预知要成为恶人的人？为"要显明他的忿怒，彰显他的权能，就多多忍耐宽容那可怒、预备遭毁灭的器皿，又要将他丰盛的荣耀彰显在那蒙怜恤、早预备得荣耀的器皿上"[②]。"但夸口的，当指着主夸口。"[③] 因为他看到不仅他的存在依赖于上帝，不关乎他自己，而且他的幸福也只在乎上帝，上帝是他的存在之源。

关于同一个问题

11. 所以，以下这种说法是不恰当的："这些蒙上帝怜恤得恩赐的人，如果这恩赐只能借助于那些上帝彰显其公义惩罚的人实现，那这些人就不应该存在。"

[①] 参见《罗马书》十一章 20 节。
[②]《罗马书》九章 22—23 节。
[③]《哥林多后书》十章 17 节。

第九章　上帝希望人成为他们自己愿意成为的人

既然上帝的美善和公义都充分显明在两类人身上，那为何不能两类人都存在呢？

上帝的预知和人的自由

12. 但是反对者会说："如果上帝早有意愿，即使是恶人也应该已经成为好人。"上帝的意愿可要比之好得多，即人应当成为他愿意成为的人，但好人不应当不得奖赏，恶人不应当不受惩罚，因此恶人的存在有益于他人！"但上帝预知他们的意愿会成为恶。"他确实预知到这一点，而且因为他的预知不可能会错，所以这恶的意愿只能是他们的，不是他的。"那么他为何造出他预知会偏离这道路的人呢？"因为他不仅预见他们要做的恶事，而且预见他将从他们的恶行中引出怎样的好。因为他创造他们是让他们按自己的能力行某些事，即使他们有可能选择恶，并且让他们发现他为他们所做的是值得赞美的。他们的恶意出于自己；他们的善良本性以及对他们的公正惩罚则出于上帝；他分派他们应得的位置，而其他人，他提供试炼叫他们受益，提供警诫让他们畏惧。

第十章　上帝为何不把恶人的意愿变为好的

上帝能将恶的意愿转变为善

13. 但有人会说，既然上帝是全能的，他应该能够将恶人的意愿转变为好的意愿。他当然能够。那他为何没有这样做呢？因为他不愿意。

他为何不愿意呢？那只有他自己知道。我们要有自知之明，不可自以为是。① 不过，我想我已经在上面充分表明，② 一个理性造物绝不只是小善，即使是通过参照恶人而避免恶的造物，也是善的。而如果上帝③将所有恶的意愿都转变为好的，如果他没有对任何恶行给予公正的惩罚，那这一类好人就必然无法存在。那就只剩下一类人，即一心事奉上帝，任何罪或罪的惩罚都与其无关的人。其结果就是，完人的数目增加了，好人的数目则减少了。④

第十一章　上帝任凭恶人犯罪并受惩罚以教训义人

上帝惩罚恶人有益于善人得救

14. 于是他们又问，在上帝的工中是否存在某个造物需要另一个造物的恶，藉此才能走向善？

那么我要问，是否有人因爱好争论而变得耳聋目瞎，甚至没有听说或看见一些人受罚，众多人归正？难道异教徒、犹太人、异端分子没有通过他们在家乡的日常生活来显明这一点？但是当掀起真理的讨论或探求时，这些人却不愿意竖起耳朵：从神意的工中出现某种不幸，是为了迫使他们思考，这样，即使那些受到惩罚的人不思改过，至少其他人会以他们为前车之鉴，⑤ 由此可见，恶人的毁灭必有助于好人的得救。

那么，是上帝制造了这些恶人的祸心或恶意吗？断然不是，他乃是

---

① 参见《罗马书》十二章 3 节："不要看自己过于所当看的。"
② 见上面第八章。
③ Zycha 的文本译为 "全能的上帝（Omnipotens Deus）"。
④ 参见 Voltaire: "Le mieux est l'ennemi du bien."
⑤ Exemplum（宾格）或者 exemplo（夺格）。

藉着对他们的公正惩罚为另一些人提供儆诫，就是那些按他的吩咐应当给予儆诫的人。尽管他预知他们必定按自己的悖逆意志成为恶人，却并没有决定不造他们，就是考虑到他们对另一些人的益处，那些人若不以恶人的下场为借鉴，就可能无法走向善。确实，如果恶人不存在，他们自然就不可能有任何有益目的。所以，仅就他们存在这一点来说，不就是一种不小的善吗？因为他们肯定有益于那些良善之人。如果有人希望这类人不存在，他其实只是希望自己不属于他们之列而已。

上帝的预知和预见

15. "耶和华的作为何其大，凡他所意愿的何其好！"① 他预见到善人，他创造他们；他预见到恶人，他创造他们。他把自己给予善人，叫他们在他里面享有喜乐；他也慷慨地将他的诸多恩赐给予恶人，仁慈地宽恕他们，公正地惩罚他们，同时他又仁慈地惩罚他们，公正地宽恕他们，不担心出于任何人的恶事，也不需要出于任何人的义事，不指望从善人的工中得自己的益处，只关注善人得益，甚至在惩罚恶人中叫善人受益。那么他为何不能让一个人受试探，让人在试探中显露出来②？既然他因骄傲想自己成为主人——这种骄傲的欲望又生出它所怀的罪，它所生出的罪又使它受挫③——那他就理应被定罪，受惩罚；而他所受的公正惩罚能阻挡骄傲的罪，防止后世之人的悖逆，这样的事记载下来、传扬出去，不就是为了他们的缘故吗？

---

① 《诗篇》一百一十篇 2 节（参考和合本一百一十一篇 2 节："耶和华的作为本为大，凡喜爱的都必考察"，后半句与奥古斯丁的版本出入较大，中文按英文和拉丁文直译——中译者注）。奥古斯丁对这节经文的理解可参照他的 *Enarr. in Ps.* 110. 2 (CCL 4O. 1622, 28 - 30；ML 37. 1464)："因此，不论你选择什么，全能的上帝不会对在你身上成全他的意愿感到丝毫困惑。"

② Prodendum.

③ 参见《雅各书》一章 15 节："私欲既怀了胎，就生出罪来；罪既长成，就生出死来。"

第十二章　魔鬼若没有上帝的允许不可能利用蛇

为何允许通过蛇来试探

16. 如果有人问，为何允许魔鬼专门通过一条蛇来试探人，那么圣经岂没有足够的权威让我们相信，这是包含某种意味的？毕竟，圣经用圣言讨论上帝所显明的整个宇宙，在某种意义上对应于我们这个充满神创作品的自然世界。并不是魔鬼想要通过什么指教我们，而是由于他没有上帝的允许不可能靠近人试探，所以在这件事上，除了允许他利用的，他不可能利用别的任何造物。

所以，不论蛇有什么意义，都得归功于神意的安排，按这个安排，魔鬼诚然有伤害的意愿，但只能按照上帝允许他的那样去做，不论是推翻、毁灭那可怒的器皿，还是降卑、显明那蒙怜悯的器皿。① 我们知道蛇的起源：上帝一发话，地就滋生出一切牲畜、兽类和蛇类。这个拥有非理性生命的造物界，按照上帝所确立的秩序之法，服从于理性造物——包含善良意志和邪恶意志的造物——的世界。所以，允许魔鬼藉着蛇去行动并没有什么可奇怪的，基督还允许鬼进入猪里面呢。②

第十三章　摩尼教徒拒不承认魔鬼是上帝的造物

魔鬼的本性是好的，是上帝所造

17. 注释者往往非常认真地思考魔鬼的本性，因为某些异端震惊于

---

① 参见《罗马书》九章 22—23 节。
② 《马太福音》八章 31—32 节。这一章开头，奥古斯丁问为何选择蛇而不是其他动物，但他并没有回答自己的问题。不过，他在 De civ. Dei 14.11 中指出，魔鬼挑选了与他的目的相适合的动物，因为蛇"滑溜，能扭动着蜿蜒前行"。

他的邪恶意志，希望把他完全从真正的至高上帝所造的造物中排除出去，将他归于另一个按他们的解释与上帝相对的原则。① 他们无法理解，一切存在的事物，就它是一个实体而言，是善的，它若不依赖于真上帝，即一切善之根源，② 就不可能存在。他们也没有看到，一个邪恶意志其实是一种颠倒秩序的活动，即选择低级的善，舍弃高级的善，其结果就是，如果一个理性造物的灵以自己的能力和优点为喜乐，它就会骄傲自大，由此就会从灵性乐园的福祉中跌落，随着嫉恨渐渐消亡。但是就这样一个灵来说，它活着，赋予身体生命，是一种善，不论身体是由气构成，比如魔鬼和鬼魔的身体，③ 还是属土的身体，比如人的身体，即使是一个邪恶而堕落的人。所以，他们拒绝承认上帝所造的任何事物会出于自己的自由意志犯罪，他们说，是上帝本身的实体被败坏了，被腐蚀了，先是被必然性，然后被自由意志无可挽回地败坏了！关于这种荒谬的错误，我已经有作品详尽讨论。④

---

① "某些异端"，这里指摩尼教徒。关于摩尼否认魔鬼是上帝创造，见 Hegemonius, *Acta Archelai* 5（GCS 16.7, 5 Beeson；MG 1436A）。

② Aug., *De natura boni* 1-4（CSEL 25. 855-857 Zycha；ML 42. 551-553）。

③ 奥古斯丁依据他那个时代的信念，认为鬼魔拥有由气构成的身体（corpora aeria）。见 *De divination daemonum* 3.7（CSEL 41.603, 15-19 Zycha；ML 40.584）。关于他的鬼魔论的更多详情，见 *De civ. Dei* 第九卷和第十卷各处，以及 F. van der Meer, *Augustine the Bishop*（London 1961）67-75。

④ 奥古斯丁反驳摩尼教徒的作品都完成于本作品之前：*De moribus ecclesiae catholicae et de moribus Manichaeorum*（388-389），*De Genesi contra Manichaeos*（388-390），*De duabus animabus contra Manichaeos*（391-392），*Disputatio contra Fortunatum Manichaeum*（392），*Contra Adimantum Manichaeum*（394），*Contra epistulam Manichaei*（397），*Contra Faustum Manichaeum*（400），*De actis cum Felice Manichaeo*（404），*De natura bone*（405），*Contra Secundinum Manichaeum*（405-406）。关于奥古斯丁与摩尼教徒争论的研究，见 Gerald Bonner, *St. Augustine of Hippo: Life and Controversies*（London 1963）193-236。

第十四章　由骄傲引起的嫉妒导致魔鬼堕落

骄傲是天使堕落的原因

18. 在本书中我们必须根据圣经探讨应该怎样认识魔鬼。他是否从世界的起初就喜爱自己的能力,脱离那个使众天使享有上帝、充满恩福的圣爱团契?或者他也曾经属于圣天使之族,也曾与圣天使一样的公义而有福?有些人说他之所以从天上居所跌落,是因为他嫉妒人是按上帝的形象造的。① 其实嫉妒不是在骄傲之前,而是在它之后,嫉妒不是骄傲的原因,骄傲才是嫉妒的原因。因为骄傲是爱自己的优点,嫉妒是恨别人的快乐,所以很容易看出两种恶中是哪个生哪个。一个人若爱他自己的优点,就会嫉妒与他同样好的,因为他们与他相等;嫉妒不如他的,因为他担心他们会变成与他同等的;嫉妒比他更高的,因为他不能与他们同等。因此,正是因为骄傲,才会变得嫉妒,而不是因为嫉妒才变得骄傲。

---

① 德尔图良的观点认为,上帝赐给人的尊荣激起魔鬼的焦虑,导致嫉妒;见 Tert., *De patientia* 5.5 – 6(CCL 1.303;ML 1.1256B):"甚至当耶和华上帝将他所造的工都交给他自己的形象,即人时,魔鬼对此感到焦虑,无法忍受。他若忍受这一点,就不会忧伤;若不忧伤,就不会嫉妒人……"(tr. E. J. Daly, FOC 40.200)。根据 Cyprian 的解释,显然是嫉妒导致魔鬼堕落:Cypr., *De zelo et livore* 4(CSEL 3.421, 8 – 11 Hartel;ML 4.665C):"就在世界之初,魔鬼因嫉妒首先败坏并灭亡。他曾长期贵为天使之首,为上帝所悦纳和喜爱,但当他看到人被按照上帝的形象造出,就恨极,爆发出满腔嫉妒……"(tr. C. Thornton, Library of Fathers 3 [Oxford 1840] 268)。见 E. Mangenot, DTC 4(1911)"Demon d'apres les Peres," 347 – 349。奥古斯丁接下来提出嫉妒的定义,Cum igitur…… invidentia……sit odium felicitates alienae(因此,嫉妒……是恨别人的快乐),这类似于 Cic., *Tusc. Disp.* 3.10.21: Invidentia aegritudo est ex alterius rebus secundis(嫉妒就是对别人的好事感到伤心)。西塞罗创造的 invidentia 这个词,奥古斯丁用得很少,却是他最喜爱的一个词,见 H. Hagendahl, *Augustine and the Latin Classics*(Studia graeca et latina Gothoburgensia 20, Goteborg 1967)148。

第十五章　骄傲是众罪之端。两个城里的两种爱

骄傲和不当的自爱是众恶之源

19. 圣经说："骄傲是众罪之端。"① 这是很有道理的。圣保罗也有话为之佐证："贪婪是万恶之根。"② 如果我们在一般意义上理解"贪婪"（avaritia）这个词，那就是一个人为了自己的好，所欲求的过于他所需要的，这是一种对自己的利益即私利的爱，拉丁语英明地用 privatus 这个词来表述，这个词明显地表达了这是失去而不是获得。③ 每一个 privatio（匮乏）都是减少。哪里有骄傲寻求过分，哪里就陷入缺少和贫乏，这是出于一种毁灭性的自爱，从追求普遍的好转向个人自己的好。

在狭义上，贪婪这个词通常指爱财。但圣保罗在使用这个词时，即当他说"贪婪是万恶之根"时，有意从特定含义转向一般含义，希望在宽泛意义上理解贪婪这个词。因为正是由于这种恶习，魔鬼堕落了，然而他肯定不是爱财，而是爱他自己的能力。因此，正是不当的自爱使这个骄傲自大的灵失去（privat）圣天使团中的位置，而他的这种不幸状态压迫着他，又使他嗜恶如命。当保罗在另一处说到"那时人要专顾自己"时，紧接着又说"贪爱钱财"④，这时又从贪婪这个概念的一般意义——在这个意义上骄傲是它的源头——转到这种特定含义，这个

---

① 《便西拉智训》十章 13 节。见 William M. Green, *Initium omnis peccati superbia*：*Augustine on Pride as the First Sin*（Univ. of Cal. Pub. In Class. Philology 13. 13，Berkeley 1949）407 – 431。
② 《提摩太前书》六章 10 节。
③ 奥古斯丁认为，在拉丁语里，privatus（私人的）与 proprius（个人的，自己的）用作同义词，意指一颗充满贪念因而充满骄傲的心过分依附的东西。毫不节制地爱自己私有的（private）好，不可避免地导致在真正的好上匮乏（privation），这条原则不仅适用于背叛天使的堕落问题，对贪婪的人的堕落也适用。
④ 《提摩太后书》三章 2 节。

含义专门指人而言。人若不是认为他们的优越性依赖于自己的财富,财富越多,优越性越大,就不会贪爱钱财。与这种恶习相对的是仁爱(caritas),她"不求自己的益处"①,即不以自己的(privata)优点为喜乐;因此完全可以说,她"不自夸,不张狂"②。

两种爱,两个城

20. 所以有两种爱,③ 一种是圣洁的,另一种是不洁的;一种转向邻人(socialis),另一种专注于自己(privatus);一种寻求公共利益,记念天上圣徒的社团,另一种将公共事务置于自己的权力之下,傲慢地向往统治;一种顺服于上帝,另一种与上帝竞争;一种平静,另一种狂暴;一种和平,另一种骚动;一种喜爱真理,鄙弃谄媚,另一种渴望任何一种赞美;一种友善,另一种嫉妒;一种是己所欲施与人,另一种是力图让人服于自己;一种管理邻人是求邻人的益,另一种是求自己的益。这两种爱都始于天使,一种爱在善天使中,另一种在恶天使中;他们区分了人间建立的两个城,一个是义人之城,另一个是恶人之城,这一切都在至高上帝神奇的安排之下,他管理并规定着他所创造的一切。

这两个城在时间中有一定程度的混合,世界(saeculum)④ 就在这种混合中行进,直到最后的末日审判时,两者才分离。一个将与圣天使及其王联合,从而获得永生;另一个与恶天使及其王联合,被投入到永火中。关于这两个城我会另写一本书详尽讨论,如果主许可的话。⑤

---

① 《哥林多前书》十三章5节。
② 《哥林多前书》十三章4节。
③ 参见 De civ. Dei 14.28:"两种爱建了两个城:爱自己轻视上帝的,造了地上之城;爱上帝轻视自己的,造了天上之城。"
④ Saeculum:由人和时间组成的世界。见 R. A. Markus, Saeculum: History and Society in the Theology of St. Augustine (Cambridge 1970) viii。
⑤ 奥古斯丁这里表明他写作《上帝之城》的意图。用 E. Gilson 的话来说,在当时那部著作"还是一个计划",见 Gilson's foreword to The City of God in FOC 6.1 viii。而 De Gen. ad litt. 开始于401年,完成于415年。De civ. Dei 始于413年,终于426年。

第十六章　撒旦在创世之初就堕落了

魔鬼何时堕落

21. 圣经没有记载骄傲何时使魔鬼堕落，以致他以邪恶意愿滥用他的善良本性。但是理性清楚地告诉我们这是先发生的事，正是因为他的骄傲，他才嫉妒人。确实，凡是思考这个问题的人都可以明显看到，不是骄傲源于嫉妒，而是嫉妒源于骄傲。我们可以合理地认为，魔鬼在时间之初就因骄傲而堕落，也就是说，他从不曾与圣天使一起生活在和平与幸福之中，而是在创造之初就背弃了自己的造主。因此，我们主的话"他从起初是杀人的，不守真理"①，应该理解为两件事都是从起初发生的，即不仅他起初就是杀人的，而且他起初就不守真理。

他确实起初就是杀人的，因为在那时就有人可以被杀；如果还不存在一个可以被杀的人，魔鬼当然不可能杀人！所以，说魔鬼起初就是杀人的，乃因为他杀了第一人，在此人之前没有别的人。魔鬼不守真理，这也是从起初当他被造时就发生的，但是如果他想要守真理，他原本是可以一直守在真道上的。

第十七章　魔鬼是否从起初就知道他要犯罪并被定罪？

探讨魔鬼堕落之前是否幸福

22. 说真的，如果魔鬼没有预知到他要犯的罪及其惩罚，即他将抛

---

① 《约翰福音》八章 44 节。

弃上帝以及后来的永火，那我们怎么能认为他曾经与圣天使一起过着幸福生活呢？我们可以合理地问，他为何没有这样的知识。[1] 圣天使肯定确信他们的永生和福祉。不然，他们若不确定，怎么可能是有福的呢？我们是否能说，当魔鬼还是个善良天使时，上帝就不愿意向他显明何事可为，何事不可为，而同时却向其他天使显明这一点，叫他们能够永远守在他的真道上呢？果真如此，魔鬼在堕落之前就不是同等地有福，事实上不是完全有福，因为那些完全有福的天使确信自己的福祉，所以完全没有恐惧困扰他们。但是他有什么过失使他如此区别于其他天使，使上帝不向他显明将来的事，甚至不显明与他相关的事？毫无疑问，上帝不会在他犯罪之前惩罚他，因为上帝不定清白之人的罪。

或许他属于另一类天使，上帝没有给予他们预知，甚至不给予与其相关之事的预知？那些对自己的幸福都无法确定的造物，我不知道怎么可能是有福的。所以有人认为，魔鬼不属于那些拥有高贵本性、位于天外的天使之列，而是属于那些低一等的、分派了不同职位的地上天使之列。[2] 这些天使或许可以在被禁止的事上找到快乐，但是如果他们不想犯罪，是能够按自己的自由意志拒绝那种快乐的。他们的状态类似于人，尤其是第一人，他的肢体里还没有罪之惩罚；即使后来的那些顺服于上帝的圣人，也能够藉着上帝的恩典，保守他们的敬虔，战胜这样的诱惑。

---

[1] 此注释主要是对这两个句子在不同的拉丁文本中之差异的比较说明，以及英译者对句式的略微调整，鉴于内容比较烦琐，且与中译本无甚关系，故省略。——中译者注

[2] Marius Victorinus, *In epist. Ad Eph.* 1.21 (Teubner ed. 145, 20 Locher; ML 8.1251B) 谈到两类天使：地上的天使和天上的天使。亦见 Victorinus, *Adv. Arium* 4.5.7-8 (SC 68.512 Henry-Hadot; ML 8.1116A). 在《〈创世记〉字疏》（上）3.10.14 中奥古斯丁指出，有些基督徒作家认为，魔鬼及其跟随者不属于"天上的"（caelestes）或"天外的"（supercaelestes），但他并不赞成这种观点。见《〈创世记〉字疏》（上）第三卷第 98 页注③。

第十八章　人堕落之前的福祉

亚当在伊甸园里是真正幸福的吗？

23. 如果一个人不确定自己的幸福状态是否一直保持，或者最终要被不幸状态取代，那能说他拥有幸福生活吗？关于第一人，我们的始祖，我们也可以提出这个问题。如果他预先知道自己将来的罪和上帝给予的惩罚，他怎么可能是幸福的？因此，他在乐园里是不幸福的。但事实不可能是这样，因为他并不知道自己会犯罪。如果他确实不知道，那么以下两者必居其一：其一，他对自己的福祉无法确定（这样，他怎么会真正幸福？）；其二，他的确定基于虚假的盼望，不是基于知识（这样，他岂不是一个傻子？）。

人在伊甸园里为何是幸福的

24. 然而，当始祖仍然在一个属血气的身体里①，如果为了奖赏他顺服的一生，让他与天使为伍，并使他的身体从血气转变为灵性，那么我们可以认为，即使他没有对自己将来之罪的预知，他仍然拥有一定程度的幸福。圣保罗曾对一些人说："你们属灵的人，就当用温柔的心把他［陷入罪里的人］挽回过来；又当自己小心，恐怕也被引诱"②，这些人同样对将来并无预知，但是我们若说，这些属灵的人仅仅因为他们是属灵的——不是指他们的身体，而是指他们公义的信心——在盼望中

---

① 当身体还活在此生时，叫作"属血气的身体"（corpus animale）；复活之后，它就成为一个"属灵的身体"（corpus spiritale）。见 1 Cor. 15.44.《〈创世记〉字疏》（上）6.19.30 中奥古斯丁指出，亚当的身体即使在伊甸园里也是属血气的身体。
② 《加拉太书》六章 1 节。

喜乐，在患难中忍耐，① 就已经是幸福的，这样说并不荒谬，也没有错。

这样说来，人还未犯罪，在伊甸园的时候，虽然并不确定知道自己将来会堕落，但他有身体要转变的应许，有使他喜乐的盼望——盼望没有那需要长期忍耐去征战的患难，那他岂非更有理由并在更充分的意义上可以说是幸福的吗？而且他也并非满腹虚枉的假想，就像一个傻子对不确定的事确定无疑，而是对盼望充满信心。在拥有那种生命——到那时，他毫无疑问确知自己的永生——之前，如圣经所说，他可以"存战兢而快乐"②，而拥有这种快乐，他在伊甸园就可以比地上的圣徒拥有更丰沛的幸福，尽管没有天外（supercoelestium）永生中的圣徒和天使那样享有完全的幸福，但仍然享有一种真实的幸福。

第十九章　天使的被造

天使犯罪前的状态

25. 有人可能会提出这样的观点，有些天使虽然不确定自己将来的罪和定罪，或者至少不知道自己是否永恒得救，完全不存这样的盼望：总有一天通过某种更好的转变得以确知自己将来的命运，但他们仍然可以按自己的方式享有某种幸福。这种观点没有依据，让人难以接受。

当然我们可以说，这些天使被造是为完成世上的任务，受派服从其他更高贵更有福的天使，③ 好叫他们因忠诚地履行自己的职责而获得有福、高尚的生命，在这样的盼望中，他们可以说是喜乐的，甚至可以称

---

① 参见《罗马书》十二章 12 节。
② 《诗篇》二篇 11 节。
③ 这基于两类天使观：属世的天使和天上（或天外）的天使。见本书第 182 页注①。

为有福的。如果魔鬼及其同伙正是从这类天使坠入罪中的,那么他们的命运就像从信心之义①中堕落的人,犯罪同样是因为骄傲,或者自欺,或者认同诱惑者。

可以认为魔鬼从创造之初就堕落了

26. 关于两类善良天使的观点,即认为一类是高天上的天使,那位堕落然后变成魔鬼的天使从来不曾属于他们之列;另一类是属世天使,堕落天使属于此列,让那些有能力的人主张这种观点吧。就我而言,我得说目前我在圣经里找不到依据支持这种观点。但我觉得有必要追问魔鬼是否事先对自己的堕落有预知,免得有人以为我说天使对自己的福祉不确定,或者曾有一段时间不确定。因此我阐述这样的观点并非没有道理,即从创世之初,也就是从时间之初或者魔鬼本身被造之初,他就堕落,从未守过真理。

第二十章　一些人的观点:上帝把魔鬼造为邪恶的

魔鬼是否被造为邪恶?

27. 因此有些著作家②主张,魔鬼并不是按他自己的自由意志转向恶,而是被造在恶里,尽管他是主上帝、万有之至高而真正的造主创造的。为支持这种观点,他们引用了《约伯记》里提到魔鬼的一段经文:

---

① "信心的义",见《罗马书》三章21—26节。
② 这些著作家把魔鬼的被造归于上帝,所以他们不是摩尼教徒。他们的身份不清楚。Agaesse - Solignac 49. 550认为其中之一可能是拉克唐修(Lactantius),但文本并不确定。不论他们是谁,他们的观点与奥古斯丁不一致,因为他们认为上帝创造魔鬼让他处于一种恶的状态,而奥古斯丁认为魔鬼被造时是一个善良天使,他离开上帝乃出于他自己的自由意志。

"这是主(耶和华)所造之工的开端,他造出这开端,是让他的天使嘲笑。"① 《诗篇》里还有句经文与此对应:"你造这大龙,是要嘲笑他。"② 不过,这两节经文之间还是有所不同,《诗篇》说的是"你造这大龙",而《约伯记》说的是"这是主(耶和华)所造之工的开端"。也就是说,《约伯记》的经文似乎是说,上帝在起初创造魔鬼时就把他造为邪恶而善妒的,是一个引诱者,十足的魔鬼,他并非由自己的自由意志败坏,而是造来如此。

第二十一章 反驳这种观点

反驳以上观点

28. 有些著作家力图表明,这种观点(即魔鬼不是因自己的自由意志败坏的,而是耶和华上帝把他造为恶的)③ 与圣经里说的"上帝看着一切所造的都甚好"④ 并不矛盾。他们口才出众,学识渊博,坚持认为,不仅在起初,而且现在也有许多败坏的意志,尽管如此,被造的整体,即作为整体的造物界,是甚好的。他们没有说恶人是好的,而是说整个造物界处在上帝神意的统治、权能和智慧之下,恶人的恶意并没有导致它的荣光和秩序有任何部分的毁损和影响。因为个人的意愿,即使是那些坏人的意愿,其能力都有明确而适当的界限,并且善恶有一个平衡,其结果就是,只要这些部分恰如其分地、合理地安排在这个范围之

---

① 《约伯记》四十章14节(或者四十章19节)(和合本无此节经文,中译者根据英文和拉丁文直译——中译者注)。见本书第187页注①;参见《上帝之城》11.15。
② 《诗篇》一百零三篇26节(和合本无此节经文,中译者根据英文和拉丁文直译——中译者注)。
③ 省略注释。——中译者注
④ 《创世记》一章31节。

内，整体就是美好的。①

然而，很显然，谁都可以看到，如果造物本身没有任何过错，那么上帝指责造物界里面他自己所造的物，定他们的罪，那是违背公正原则的。然而从福音书的经文同样可以清楚而明确地看到，魔鬼及其天使确实是被定罪的，因为主预言说，他将对那些在他左边的说："进入那为魔鬼和他的使者所预备的永火里去。"② 因此我们不可能相信该受永火惩罚的是上帝所造的本性，事实上，那正是魔鬼自己的自由意志。

第二十二章　上帝为何造出他知道将要离弃他的天使和人

上帝为何造出魔鬼和恶人

29. 当圣经上说"这是耶和华所造之工的开端，他造出这开端，是

---

① 很难说奥古斯丁在这一段落概括了谁的观点。由于这些著作家关心创1.31与他们的观点，即上帝创造的魔鬼是一个恶物，相一致，所以他们不是摩尼教徒，显然是基督徒。除了立不住脚的观点，即上帝创造的魔鬼是一个恶物之外，该段其余部分是对拉克唐修所论的世上善恶在上帝安排下的混合这一思想的精炼概括。因此拉克唐修在 *Div. inst.* 5.7.8（CSEL 19.420, 16-17 Brandt; ML 6.571B）中说："没有邪恶和丑陋，就没有美德。" *Div. inst.* 5.22.17（CSEL）或者 5.23（ML）说："若没有敌人，将军如何能证明他士兵的勇气？"这是大家熟悉的斯多亚主义的一个观点，见 Cic., *Nat. deor.* 3.35.86; 3.37-38, 90, 普罗提诺在论神意的文章中将它纳入自己的体系（*Enn.* 3.2 及 3）。奥古斯丁在 *De ordine*, bk 1［写于公元386年，当时他在卡西西亚库姆（Cassiciacum）预备受洗］中发展了这一主题。见 Aime Solignac, S. J., "Réminiscences plotiniennes et porphyriennes dans le début du 'De ordine' de saint Augustin," *Archives de philosophie* N. S. 20（1957）446-465. Esp. 446-450.

② 《马太福音》二十五章41节。

让他的天使嘲笑"① 时，它指的并不是魔鬼的"本性"。这话可能指由气构成的身体，上帝赐给他，让它与他的恶意相一致；或者指分派给他的角色，上帝造他就是为了有益于善人，尽管他的意愿是作恶；或者指这样的事实，即上帝知道这个造物会按他自己的自由意志成为恶物，但仍然造出他，没有收回美善，即赐给一个将会堕落的意志以生命和存在；因为上帝预见到他将藉着他的圣善和权能从这恶物引出许多好的结果。但是经上之所以说魔鬼"是耶和华所造之工的开端，他造出这开端，是让他的天使嘲笑"，不是因为他是第一个被造的造物，也不是因为他从起初就被造为一个恶物，而是因为上帝造出他是要他为善人提供益处，尽管知道他有一个想要伤害善人的邪恶意志。

这就是"要让他的天使嘲笑"这话的意思，因为魔鬼通过各种诱惑试图败坏圣徒，这些诱惑却转而成为他们的益处，魔鬼有意选择的祸害变成了对上帝仆人的用途，尽管他的动机是伤害，所以魔鬼就受到嘲弄。事实上，上帝在造他时就预见到这一切。

他是受嘲笑的开端，因为恶人是魔鬼的器皿，可以说，他们构成一个以魔鬼为头的身体。② 上帝预见到他们会变坏，但他造出他们有益于

---

① 《约伯记》四十章 14 节（希伯来文本 19 节）。奥古斯丁的 OL（基于 LXX）是这样的：Hoc est initium figment Domini, quod fecit ut inludatur ab anglis eius（这是耶和华所造之工的开端，他造出这开端，是让他的天使嘲笑）。Vulg. 文本：Ipse est principium viarum Dei; qui fecit eum applicabit gladium eius（他是上帝之道路的开头，创造它的，要加给他刀剑）。RSV："他在上帝所造的物中为首，创造它的，给它刀剑。"希伯来文第二行有错误，译本按各自的推测翻译，见 Marvin H. Pope, *The Anchor Bible*：*Job*（New york 1965）266。上下文中谈到两个大兽 Behemoth（河马？）和 Leviathan（鳄鱼）。14 节（19 节）提到 Behemoth。"Behemoth 和 Leviathan 象征着混乱的权势，它们怪异而凶险，是人无法理解的，但它们也是上帝的造物，上帝在它们身上取乐，通过它们彰显他的存在。"（R. A. F. MacKenzie, JBC 1 [1968] "Job", 532）所以，毫不为奇，奥古斯丁和其他注释家都很自然地认为 Behemoth 就代表魔鬼。
② 恶人构成一个身体，以魔鬼为头，奥古斯丁从四世纪后期的多纳图主义神学家 Tyconius, *Liber regularum*（ML 3. 37. 55）了解熟悉这种观点。奥古斯丁在 *De doctr. Christ.* 3. 30. 42 - 3. 37. 55（ccl 32. 102 - 15；ML 34. 81 - 88）中讨论了这些规则。第七条就是"关于魔鬼及其身体"（de diabolo et eius corpore）。这观点也可见于亚历山大里亚的塞里尔（Cyril of Alexandria）、希拉里（Hilary）、安波罗斯（Ambrose）、安波罗西亚斯特（Ambrosiaster）以及一些后期著作家笔下，见 Sebastian Tromp, S. J., *Corpus Christi quod est ecclesia* 1 (2nd ed. Rome 1946) 160 - 166；Agaesse - Solignac 49. 551 - 552。

圣徒。就像魔鬼一样，他们也受到嘲笑，因为尽管他们的意愿是伤害，但上帝让他们成为儆诫，促使圣徒们警醒，使他们敬虔而谦卑地顺服于上帝，并且领会恩典；也以此作为机会操练他们，使他们忍受恶人，考验他们，使他们爱仇敌。

但魔鬼之所以是被嘲笑之造物的开端，不仅因为在时间上他先于那些造物，而且因为在恶意上他是源头。上帝通过他的神意管理造物，他在神意的运作中藉着他的圣天使完成了关于魔鬼的安排，使恶天使服从于善天使，好叫恶人的恶性不能做它自己想做的一切，而只能做允许它做的事。这种限制不仅对恶天使有效，对恶人也同样有效，直到义人因信得生①——如今这信心在人中间耐心地忍受磨炼——的那种公义转变为审判，② 好叫他们不仅能够审判以色列的十二个支派，③ 甚至还能审判天使。④

第二十三章　在什么意义上魔鬼从不曾守真理

魔鬼自愿从那他原本应该接受的状态堕落

30. 当经上说魔鬼从来不曾"守真理"⑤，他从未与天使一起过幸福的生活，他在被造之初就堕落，我们绝不能认为他不是出于自己的自由意志犯罪，而是至善的上帝造他为恶物。否则我们就不能说他从起初就堕落；事实上，如果他被造时就处于恶的状态，那他就没有堕落。其实他是在被造之后，随即离弃真理之光，因骄傲自满、喜爱自己的权力

---

① 参见《罗马书》一章 17 节。
② 参见《诗篇》九十三篇 15 节。
③ 参见《马太福音》十九章 28 节。
④ 参见《哥林多前书》六章 3 节。
⑤ 《约翰福音》八章 44 节。

而败坏。由此可推出，他不曾尝过天使的幸福生活之甜美。他并不是得到它然后鄙弃它，而是不愿意接受它而拒斥它，于是失去了它。因此，他不可能拥有关于自己堕落的预知，因为智慧是敬虔所结的果实。

所以，他从起初就是不敬的，于是他的心灵是盲目的。他不是从他已经接受的状态堕落，而是从如果他选择服从上帝就可能已经接受的状态堕落。他既然拒绝接受，就从那他原本应该接受的状态堕落；他不愿意事奉上帝，但他不能逃脱上帝的权能。因此根据公正原则，他不会在正义之光中找到喜乐，也不可能在他的定罪上得到赦免。

第二十四章　恶人是魔鬼的身体，魔鬼是他们的头

不敬者和离弃基督者就是魔鬼的身体

31. 先知以赛亚提到魔鬼时说："明亮之星，早晨之子啊！你何竟从天坠落？你这攻败列国的，何竟被砍倒在地上？你心里曾说：'我要升到天上！我要高举我的宝座在神众星之上；我要坐在聚会的山上，在北方的极处；我要升到高云之上，我要与至上者同等。'然而如今你坠落到了阴间"①，等等。这些话可以理解为借巴比伦国王的形象比喻魔鬼。② 但大体上它们更适用于魔鬼的身体，这是他从人类中招募的，尤其是那些因骄傲拒绝上帝命令而依附于他的人。③ 因此，福音书里有时把魔鬼称为人，比如它说："这是仇敌（inimicus homo）做的。"④ 有时又把人称为魔鬼，比如它说："我不是拣选了你们十二个门徒吗？但你

---

① 《以赛亚书》十四章 12—15 节。
② 这是 Tyconius, *Liber regularum* 7（ML 18.55 – 56）的解释。见 Aug., *De doctr. Christ.* 3.37.55（CCL 32.115, 15 – 23；ML 34.88），亦参 *De civ. Dei* 11.15。
③ 关于魔鬼是整个恶人之体的头这一观念，见上面第二十二章以及本书第 187 页注②。
④ 《马太福音》十三章 28 节。

们中间有一个是魔鬼。"①

我们知道，基督的身体，也就是教会，被称为基督，比如圣保罗说："你们……是亚伯拉罕的后裔。"② 稍前一点他说："所应许的原是向亚伯拉罕和他子孙说的；经上并不是说'众子孙'，指着许多人，乃是说'你那一个子孙'，指着一个人，就是基督。"③ 另外，圣保罗还说："就如身子是一个，却有许多肢体；而且肢体虽多，仍是一个身子。基督也是这样。"④ 同样，魔鬼的身子也叫魔鬼，因为他是这身子——即众多恶人，尤其是那些从天上堕落的，因为他们离开基督和教会堕落——的头。因此经上有许多比喻的话提到身子，与其说这些话适用于头，还不如说适用于身子以及它的肢体。所以，早晨升起然后落下的明亮之星可以理解为离开基督和教会的背教之徒，他们转向黑暗，就丧失了原本带有的光，正如那些转向上帝的人经过黑暗走向光，也就是那些原本是黑暗的变成了光。

第二十五章 《以西结书》28.12—15 的话理解为魔鬼的身体

异端也属于魔鬼的身体

32.《以西结书》里借推罗王这个人物所说的话是指着魔鬼说的："你是像的封印，是美的皇冠。你曾在上帝的园中喜乐，佩戴各样宝

---

① 《约翰福音》六章 70 节。
② 《加拉太书》三章 29 节。
③ 《加拉太书》三章 16 节。
④ 《哥林多前书》十二章 12 节。

石"①，如此等等。这些话与其说适用于这个灵，即恶之王，不如说更适用于他的身体。

教会被称为园子，就如《雅歌》的话所说："关锁的园，封闭的泉，出活水的井，结石榴的园。"② 所有异端都从这里堕落，或者通过公开的、身体上的分离，或者通过隐秘的灵性上的分离——尽管看起来他们仍在教会的身子上。所有那些分离的人都转过去吃他们所呕的，③尽管他们在所有的罪得到赦免后，曾有一小段时间行在义路上。"他们末后的景况就比先前更不好了。他们晓得义路，竟背弃了传给他们的圣命，倒不如不晓得为妙。"④ 主是这样描绘这个邪恶一代的，他说，污鬼离了人身，又带着另外七个恶鬼回来，发现原来住的屋子空着，就打扫干净，住在里面，所以那人末后的景况要比先前的更坏。⑤ 这类人已经构成魔鬼的身子，以下这话正是指这类人说的："在你与基路伯（即与上帝的宝座，这个词翻译过来就是'知识充足'）⑥ 受造之日"，⑦"他将你安置在上帝的圣山上"（即在教会里，如《诗篇》所说："他从他的圣山上应允我"⑧），"你在发光如火的宝石（即圣徒火热的灵，生命之石）中间"，"你从受造之日起所行的都完全，后来在你中间又察出不义"。对这些话可以更加深入地考察，或许可以表明这不仅是一种可能的解释，而且确实是唯一的解释。

---

① 《以西结书》二十八章 12—13 节。
② 见《雅歌》四章 12—13 节。
③ 参见《箴言》二十六章 11 节以及《彼得后书》二章 22 节。
④ 《彼得后书》二章 21 节。
⑤ 参见《马太福音》十二章 43—45 节。
⑥ 参见奥古斯丁在 De Gen. c. Man. 2.23.35（ML 34.214）中的说明："根据那些解释圣经里的希伯来词的人，基路伯译成拉丁文就是'知识充足'的意思。"
⑦ 《以西结书》二十八章 13—15 节。奥古斯丁的引文出自 OL，该文本以 LXX 为蓝本。
⑧ 《诗篇》三篇 5 节。

第二十六章　关于魔鬼及其天使堕落的结论

概述所提出的四种观点

33. 但是这样的话题确实工程重大，需要专题讨论。目前我们只要概述以下几种可能的解释就足够了：（1）魔鬼从被造之时起就因不敬的骄傲堕落，丧失幸福，如果他愿意，他原本可以获得那种幸福；（2）有一些天使被分派到世上担当低一级的职责，魔鬼就住在这个天使军团中，与他们一样享有特定的幸福，但没有关于未来的知识，但是由于骄傲和不敬，他从这个军团坠落，并带着他所掌管的一群天使一起堕落（如果可以这样推论，似乎显得有点怪异）；（3）如果魔鬼及其天使曾有一段时间与众圣天使一起享有幸福，那么必然要找出一个理由解释，为何众圣天使并非原本就拥有这样的预知，即确定地知道自己没有尽头的幸福，而是在魔鬼堕落之下才获得这种知识；（4）必须找出原因解释为何魔鬼及其军团在犯罪之前就应该与其他天使区分开来，从而推出魔鬼对自己即将发生的堕落一无所知，而其他天使对自己的永久幸福确信不疑。①

然而，有几点我们可以确定不疑：犯了罪的天使被赶入牢房，就是

---

① 这里奥古斯丁略带迟疑地支持第一种可能性，他已经在上面第十六章和第二十三章中作了解释。第二种在第十七章和第十九章中解释，第十七章提出在第四种回答中产生的问题。在 De civ. Dei 11.11–15 中他也思考了这些可能的回答，但没有对这个问题作出定夺。在人生末年，即公元 426—427 年时，奥古斯丁在 De correp. Et gratia 10.27（ML 44.932–933）中似乎赞同第三种解释，即魔鬼及其天使在堕落之前与善良天使共同享有一定程度的幸福，但不是完全的福祉，因为他们不知道自己的幸福是否没有终结。当背叛天使堕落之后，善良天使选择保守忠诚，上帝就向后者显明，他们永远不会坠落，因此他们的幸福永无止境。见 Gerard Philips, *La raison d'etre du mal d'apres saint Augustin*（Museum Lessianum, section theologique 17, Louvain 1927）202–204。

环地大气构成的区域,这是使徒教导的,①滞留在那里等候审判之日的惩罚;在圣天使的属天福祉中,永生并非不确定。还有一点我们也不会有疑惑:根据上帝的怜悯、恩典以及可靠的应许,当我们以复活后转变了的身体与他们会合,我们也必享有永生。我们活在这盼望里,我们被重新造在这应许的恩典里。

关于魔鬼还有一些问题:上帝既知道魔鬼会变成什么,为何要造他;为何全能的上帝不把魔鬼的意愿转变善意。我们在论到关于罪人的同样问题时讨论过这些难题,②请读者自己去理解,自己去相信,甚至去重新发现更好的回答。

第二十七章 魔鬼如何使用蛇

魔鬼如何通过蛇和女人试探男人

34. 上帝的至高权能胜过他所造的一切,他利用圣天使嘲笑魔鬼,因为魔鬼的恶意被用来事奉上帝的教会——是这样的上帝允许魔鬼通过蛇来试探女人,也允许他通过女人来试探男人。是魔鬼在蛇里面说话,把蛇作为一个工具,在他的能力范围内发动它,也在它能被发动的范围内发动,使它发出话语的声音,产生身体上的信号,让女人明白试探者的意愿。但是女人是一个理性造物,能够凭她自己的能力说话,所以不是魔鬼在女人里面说话,而是女人自己说话,劝说男人,尽管魔鬼以隐秘的方式在她里面刺激她,就如同他利用蛇作为工具以外在的方式成就

---

① 参见《彼得后书》二章4节。在 *De civ. Dei* 15.23 中奥古斯丁引用这段经文如下:"就是天使犯了罪,上帝也没有宽恕,曾把他们丢在地狱,交在黑暗坑中,等候审判……"应该注意的是,奥古斯丁在《上帝之城》中对堕落天使的描述(在地狱)更接近圣彼得,而这里说他们在环地周围的大气中。

② 见第六至十一章以及第二十二章。

他的意愿。但是如果他完全通过某种内在的影响起作用,就如他对犹大所做的,即诱发犹大出卖基督,① 那么他就可能在一个由骄傲引导②、爱自己权力的灵魂里实现他的目的。

然而,如我所说的,魔鬼诚然有引诱人的意愿,但能否得逞以及如何得逞,全不在于他。③ 因此,他被允许试探,他就去试探;他被允许以这样的方式探试,他就以这样的方式试探。然而,这种试探将有益于人类中的某些成员,这是他全然不知的,也是他全然不愿的。就此而言,他受到天使的嘲笑。

第二十八章　蛇是否明白魔鬼的话? 蛇对魔鬼的其他用途

蛇如何可能对女人说话

35. 魔鬼藉着蛇向女人说的话,蛇并不明白它们的意思,因为我们不能设想蛇的灵魂变成了一个理性灵魂。事实上,即使是人类,尽管本性是理性的,当他们被魔鬼附体处于迷狂状态时,也不知道魔鬼藉他们所说的是什么。更不要说这蛇了,当魔鬼藉着它通过它说话时,它怎么可能明白呢?因为即使它没有被魔鬼附体,也不可能明白一个人说话。

许多人认为蛇能听见并明白马尔西人(Marsi)的话,一听到他们的咒语,往往就会从隐藏之处冲出来。④ 这自然是魔鬼在作祟,但是,

---

① 《约翰福音》十三章 2 节。
② Inducta.
③ 见上面 11.12.16。
④ 古代意大利的一个民族,生活在罗马东部的山上。他们的巫师以医治蛇伤闻名,据称对蛇有惊人的魔法力。奥古斯丁可能想到了大普林尼 *Nat. hist.* 28.4.19(LCL, p.15, tr. Jones)的记载:"许多人相信通过魔法可以令陶罐破碎,还有不少人甚至相信可以控制蛇;这些被控制的蛇可以自己破咒,这是它们拥有的唯一才能;通过马尔西的咒语甚至可以在它们晚上入睡时把它们聚焦起来。" 见 E. T. Salmon, OCD (2nd ed. 1970) s. v. "Marsi", 1977-1979。

魔鬼的力量在这里也起作用这一点使我们认识到①，上帝的神意如何处处按照自然顺序使某物服从于另一物，他的智慧和大能如何允许某些事物顺从邪恶意志，从而使蛇，而不是其他任何动物，习惯性地受制于人的咒语。这其实提供了某种证据，表明人性原初就受到蛇的话引诱。鬼灵（daemones）为赐给他们的这种能力欢喜，使他们能够通过人的咒语发动蛇，得以蒙骗他们能够蒙骗的人。这是允许他们得逞的，目的②是要表明他们与这种动物有某种亲缘关系，从而叫人记住起初发生的事。再者，之所以允许起初发生这样的事，是为了通过蛇向人类表明鬼魔的各种试探，因为这些事记载下来原本就是为了教导人类。当上帝宣告他对蛇的审判时，这一点会显而易见。

第二十九章　在什么意义上蛇是田野一切活物中最狡猾的

为何说蛇"狡猾"，即"狡诈"

36. 因此蛇被称为"田野一切活物中最狡猾的"③，即最狡诈的，因为魔鬼最狡诈，他将自己的计谋引入蛇内，并藉它说出来。就如同我们常说一个狡猾或狡诈的人花言巧语、巧舌如簧，但这种能力或者花巧当然不属于我们称为舌头的这个身体器官，而是属于使用它的心灵。同样，我们也说某些作家的笔说谎，事实上说谎的能力只能属于有生命、能思考的主体。但是当一个说谎者用笔来说谎时，我们就说笔在说谎。如果把蛇称为说谎者，意思也是这样，因为魔鬼使用蛇就如同作家使用笔一样实现蒙骗目的。

---

① Ad agnoscendam.
② Quo 或 quod.
③ 《创世记》三章 1 节。

蛇对女人说话是魔鬼的作为

37. 我认为最好坚守这一点，免得有人以为非理性造物拥有人的理智，或者它们会突然变为理性动物。我不希望看到有人被那种可笑而有害的观点迷惑，即人的灵魂转世到兽身上，或者兽类灵魂转世到人身上。① 因此，蛇对女人说话就如同驴对坐在驴上的巴兰说话,② 不同之处在于，在前者，那是魔鬼的作为，而后者则是天使的作为。善天使与恶天使做的某些事相似，就如摩西与法老的博士术士（magi）做的某些事相似。③ 但在这些奇事中，善天使更加强大，若不是上帝允许善天使成就这些事，恶天使根本不可能做这样的事，所以上帝或者根据每个天使的禀性或者根据上帝的恩典分配各自的职责。无论哪一者，都是上帝藉着他深邃而丰富的智慧和知识④行的公义和良善。

第三十章　蛇与女人之间的交易

蛇与女人之间的交谈（colloquium）

38. 因此蛇对女人说："上帝为何说你们不可吃园中所有树上的果子呢？"女人对蛇说："园中树上的果子，我们可以吃；惟有园当中那棵树上的果子，上帝曾说：'你们不可吃，也不可摸，免得你们死。'"⑤

---

① 灵魂转世论在希腊和罗马作家笔下不断出现，它可以追溯到毕达哥拉斯的学说，见 John Burnet, *Greek Philosophy: Thales to Plato* (London 1914, rpt. 1943) 43。奥古斯丁已经讨论并驳斥了这个理论（7.9.13—7.11.17）。关于柏拉图和新柏拉图主义者在这个问题上的立场，见本书第13页注①。
② 《民数记》二十二章 28 节。
③ 《出埃及记》七章 8—13 节。
④ 《罗马书》十一章 33 节："深哉，上帝丰富的智慧和知识！"
⑤ 《创世记》三章 1—3 节。

先是蛇提问，后是女人作答，所以她的背弃是一种共谋（praevarication），是不可推诿的，谁也不能说女人这样做是因为忘记了上帝的诫命。当然，忘掉一个诫命，尤其是这样一个独特的性命攸关的诫命，也涉及严重的玩忽职守，是大罪。但是当诫命还一直留在记忆里，在诫命里存在并显现的上帝却被鄙弃，罪就更加明显了。因此当《诗篇》作者说"那些记念他的诫命的人"，他必须加上"是为了遵守它们"①。许多人记念它们是为了鄙弃它们，这些人的共谋之罪更加深重，因为遗忘也不能成为他们推诿的理由。

蛇以邪恶、易信的谎言引诱人欲求自己的能力

39. 然后"蛇对女人说：'你们不一定死，因为上帝知道，你们吃的日子眼睛就开（亮）了，你们便如上帝能知道善恶。'"② 若不是女人心里已经有了对自主权的欲求，一种骄傲的自以为是，所谓的上帝禁吃的是美好而有益的东西这样的话怎么可能说动她呢？试探只是使这种欲求和骄傲暴露出来，使其蒙羞。最后，女人并不满足于蛇的话，还盯着树看，"见那棵树的果子好作食物，也悦人的眼目"；我想，她很可能以为上帝说"你若吃了就会死"只是比喻的说法，她不相信吃它会导致死亡，于是就摘下果子来吃了，又给与她同住的丈夫，或许说了劝导的话，但圣经没有记载，留给我们自己理解；或许她丈夫根本不需要劝导，因为他看到她吃了果子并没有死。

---

① 参见《诗篇》一百零二篇 18 节（和合本一百零三篇 18 节："那些遵守他的约，记念他的训词而遵行的人。"）。
② 《创世记》三章 4—5 节。

第三十一章　亚当和夏娃的眼睛开（亮）了是什么意思

先祖的眼睛开（亮）了是什么意思

40. 因此，他们"吃了，他们二人的眼睛就开（亮）了"①。对什么开了呢，不就是对彼此的情欲吗？不就是对罪的惩罚吗？这惩罚包含肉身的死。② 于是，他们的身体不再只是血气的身体——如果他们一直保守顺服，这血气的身体可以转变为更好和属灵状态，不会朽坏——而成为必死的身体，在这样的身体里面，肢体的律"和心中的律交战"③。

当然，他们被造时眼睛并不是闭合的。他们在乐园里行走也不会瞎着眼，看不清路，乃至不知不觉中触摸到禁树，一不小心就摘了禁果。事实上，如果亚当看不见，上帝怎么会把兽类和鸟类都带到他面前，看他怎么称呼它们呢？④ 当女人被造后，被领到他面前，他若看不见她，怎么会说"这是我骨中骨，肉中肉"？⑤ 最后，他们的眼睛若是闭合的，女人怎么看见"那棵树的果子好作食物，也悦人的眼目，且是可喜爱的"⑥？

---

① 《创世记》三章 6—7 节。
② 当亚当和夏娃违背上帝的命令之后，"他们的身体可以说就染上了死这种致命的疾病"（上面 9.10.17）；属血气的欲望"在这必死的身体"（10.12.21）里变得不可避免。参见圣保罗《罗马书》五章 12 节以及七章 23—24 节。
③ 《罗马书》七章 23 节。血气之体（我们所拥有的生命之体）和灵性之体（我们复活之后将拥有的身体）之间的分别基于《哥林多前书》十五章 44 节。奥古斯丁已经解释亚当原本拥有血气之体［《〈创世记〉字疏》（上）6.19.30］，如果他不犯罪，它将会转变"成为另一种身体，没有死……"（9.3.6；参见 9.10.17）。
④ 参见 Ambrose, *De paradise* 13.63（CSEL 32.323, 6-7；ML 14.307B）："当亚当看见所有动物，给它们一一取名时，他的眼睛怎么会是闭合的呢？"
⑤ 《创世记》二章 23 节。
⑥ 《创世记》三章 6 节。

这里的"开眼"意思是"认识"

41. 然而,我们不能因为一个词使用了转义,就按比喻意义来理解整个段落。不妨思考一下蛇的话"你的眼睛就开了"是什么意思。作者说这是蛇说的话;这话的言外之意留给读者去辨别。但圣经又说:"他们二人的眼睛就开了,才知道自己是赤身露体"①,这话的表达方式与叙述其他史实的方式是一样的,而我们不会因这种方式想到什么比喻性的故事。

举一个类似的案例。圣路加没有引用另一人说的比喻性语言,而是基于他自己的权威记载了所发生的事。他谈到两位门徒,其中一位是革流巴(Cleophas),说主掰开饼,"他们的眼睛就开(亮)了,这才认出他来",就是他们在路上一直没有认出的。② 圣路加并不是说他们闭着眼睛走路,而是说他们没能认出他来。福音书的经文与我们这个《创世记》的段落一样,都不是包含比喻意义的故事,尽管圣经用了一个转义的词,说"眼睛开(亮)了",实际上他们的眼睛原本也是亮的,这里是说他们看见并认出原先没有注意到的事物。

人的好奇心一旦被激发,胆子就变肥,即使违背诫命,也渴望去经历未知之事,要看看打破禁条、触摸禁物会发生什么,要享受危险的自由,以此为乐,以为最恐惧的死可能不会随之而来。我们必须承认,那棵树上的果子类似于其他树上的果子,就是我们的先祖已经吃过,发现无害。因此他们更愿意相信上帝会轻易宽恕罪人,而不愿意耐心忍受对于那果子究竟是什么,或者上帝为何禁止他们吃它这样的事不知道。但他们一旦违背戒律,就完全赤身露体了,从里面被恩典抛弃了,因为他们的骄傲和对自主的妄爱冒犯了恩典。他们把眼睛投向自己的身体,

---

① 《创世记》三章 7 节。
② 《路加福音》二十四章 31 节。

感受到了情欲的怂动,这是他们原本不知道的。正是在这一方面,他们的眼睛开了、亮了,看见了原本没有看见的东西,尽管他们的眼睛一直是开的,能看见其他事物。

第三十二章　死亡和情欲是罪导致的结果

死亡和情欲产生于罪后

42. 当我们的先祖做了上帝所禁止的事,那一日死就产生了。他们的身体失去了原本拥有的幸运状态——生命树以神秘的力量维持着这种状态,一直保护他们,使他们不受疾病侵扰,不经历老化过程。虽然他们属血气的身体随后要转变为更好的身体,但即使在乐园里,生命树上的果子也是一种象征,表示藉着智慧赐予的灵粮所发生的事。① 生命之树其实是喂养天使的灵粮的一个圣礼,② 通过让他们参与永恒,使他们免于败坏。

因此,当亚当和夏娃失去这种幸运状态之后,他们的身体就遭受疾病和死亡侵袭,就像动物的身体一样,也像动物一样有交配的欲望,从而生儿育女,传宗接代。然而,即使在身体遭受的惩罚中,理性灵魂也表现出它与生俱来的高贵:它因身体上的这种动物性活动而难为情,从而产生一种羞愧感,不仅因为它开始感受某种以前不曾有过的体验,也因为这种使它感到羞愧的活动源于对圣命的违背。就此,人认识到,当他对自己的赤身露体没有任何不雅之感时,他原是披戴着怎样的恩典。于是就应验了《诗篇》作者的话:"耶和华啊,你曾施恩,叫我的美稳固;你掩了面,我就惊慌。"③

---

① 在 8.4.8 和 8.5.10 中奥古斯丁对生命树的象征意义作了更详尽的解释。
② 在奥古斯丁看来,圣礼就是与圣事相关的符号。见 8.4.8 的注释。
③ 《诗篇》二十九篇 8 节。(和合本:"叫我的江山稳固……")

最后，他们在这种窘境中速速摘了无花果树的叶子，缝成裙子穿上。因为他们已经抛弃了使他们荣耀的事物，所以就掩藏使他们蒙羞的事物。但是我不认为他们在使用无花果树叶子时有什么特别的想法，似乎它们特别适合用来遮掩受情欲刺激的身体的这个部位；我倒更相信当他们处于窘境时，完全出于深植于本性中的一种本能促使他们这样做，这样，尽管他们自己不知道，他们却凸显出这一方面的惩罚，而这一行为也暴露了罪人，关于它的记载将教育读者。①

第三十三章　耶和华上帝在园子里行走时的声音

上帝怎样对先祖说话

43. "傍晚，主（耶和华）上帝在园中行走，他们听见上帝的声音。"② 很显然，这个时间正是上帝前来看望他们——这对此时已经离开真理之光的夫妻——的时间。或许上帝一直以某种特定的内在方式对他们说话（人的语言又如何能描述呢？），正如他对天使说话那样，以他不变的真理启示他们的心灵，使他们的理智能够同时知道一切发生在时间中但并非同时发生的事。

我认为上帝可能就是以这样的方式与他们说话，尽管并没有让他们与天使同等地分有神圣智慧，但他们可以在人的尺度内，以人的方式——不论多么有限——得到上帝的光顾，与上帝对话。这事也有可能借助于某个造物的协助，或者发生在伴随物质形象的心灵迷狂状态，③

---

① Irenaeus, *Adv. Haereses* 3.23（SC 211.456 – 60 Rousseau – Doutreleau; MG 7.963）认为亚当的反应不只是因为他觉得必须把与情欲相关的部位遮掩起来，而且因为违背了命令而害怕、困惑，还因为他觉得自己不配站在上帝面前。
② 《创世记》三章 8 节。
③ 这里的 spiritus 就如上面 12.9.20 一样，有特定含义，指"灵魂里某种属于理智的能力，在它那里产生物质对象的形象"。

或者以某种感官可见可听的物体出现，比如上帝常常通过他的使者出现在云端，让人看见或听见。

然而，当傍晚时分上帝在园中行走时，他们听见他的声音，这种经验只可能通过某个造物以可见的方式产生。我们不可能设想圣父、圣子和圣灵的实体——不可见，但作为整体又无处不在——会显现于身体感官之前，在时间和空间中变动。

先祖因羞愧所做的事

44."亚当和他妻子就藏在园里的树木中。"① 当上帝内在地掉转他的面，人就变得困惑，难怪他的行为——因巨大的羞愧和恐惧——会变得像精神失常一样。亚当和夏娃本性深处也有一种本能在发挥作用，即使他们自己不知道，他们的行为举止也对后代包含某种意义，这些后代总有一天会明白这种意义，这些行为也是为他们的缘故记载的。

第三十四章　亚当因羞愧而藏起来，被上帝呼唤

上帝呼唤亚当，发出的声音是责问，而不是疑问

45."主（耶和华）上帝呼唤亚当，对他说：'亚当，你在哪里？'"② 上帝提这个问题不是因为不知道，而是责备他。正如诫命先给男人，通过他传给女人，同样，提问也是先问男人，这里肯定有某种特殊意义。因为命令从主通过男人传给女人，而罪则是从魔鬼通过女人传给男人。这里充满神秘的意义，但不是通过作出这些行为的人意指，而

---

① 《创世记》三章 8 节。
② 《创世记》三章 9 节。

是通过全能上帝的智慧所意指。① 不过，我们现在的目标不是要展现隐秘的含义，而是确定真实发生的事。

仔细考察亚当的回答

46. 然后亚当回答说："我在园中听见你的声音，我就害怕，因为我赤身露体，我便藏了。"② 我们完全可以设想，上帝通常藉着某个与这种行为相适合的造物，以人的样式出现在这两位初人面前。但是他引导他们关注更高的事物，从不允许他们留意自己的赤身露体，直到他们犯罪之后，此时他们感受到肢体有一种令他们羞愧的活动，这是肢体的律所致，这肢体的律乃是对罪的惩罚。③ 因此他们感到难为情，就像普通人在别人的注意下所感到的那样。而这种情感是对他们犯罪的惩罚：他们想要躲避谁也不可能躲避的上帝，想要向那洞悉他们内心的上帝掩藏他们的身体。

然而，如果骄傲的人因为想要变得像神一样，"他们的思念变为虚妄，无知的心就昏暗了"，那有什么可奇怪的呢？他们兴盛时，"自称为聪明"，上帝向他们转开脸面后，他们就"成了愚拙"。④ 如果他们在彼此面前感到羞愧——因此他们做了裙子穿上——那他们更害怕被上帝看见，即使穿着裙子——上帝出于爱俯就他们，以可见的形象和人的眼睛面对他们，看见他们。事实上，如果上帝这样向他们显现，以便让他们可以像对另一个人说话那样与上帝说话，就像亚伯拉罕在幔利的橡树

---

① 奥古斯丁这里没有提出他在男女差别中看到的"神秘意义"，但在 De Gen. c. Man. 2.11.15（ML 34.204）中他说，女人代表灵魂中的感性或者欲求部分，男人代表支配感性或欲求部分的理性。因此他认为男人与女人象征着每个人心灵中的沉思与行动之间的联结。见 De Trin. 12.12.17（CCL 50.371 – 73；ML 42.1007 – 1008）。参见 Ambrose，De par. 15.73（CSEL 32.331, 8 – 9 Schenkl；ML 14.311）："女人表示感官，男人表示理智"。
② 《创世记》三章 10 节。
③ 参见《罗马书》七章 23 节。
④ 《罗马书》一章 21—22 节。

下那样，① 那么这种友谊，在他们犯罪之前赋予他们自信，在他们犯罪之后，则增加了他们的羞愧；他们再也不敢把那让他们感到难为情的赤裸显现在上帝的眼前。

第三十五章 亚当和夏娃的辩解

亚当的辩解是骄傲的表现

47. 除了那已经使他们感到羞愧的惩罚之外，耶和华要加给他们更大的惩罚，但他希望先按公正程序询问罪人，于是对他们说："谁告诉你赤身露体呢？莫非你吃了我吩咐你不可吃的那树上的果子吗？"② 根据上帝的审判，这样的行为包含着死，他早就告诫他们这种后果；而死正是他们看见彼此身体时所经验到的情欲的原因。这就是经上说到他们的眼睛开了，然后产生一种羞耻感时所指的意思。

亚当说："你所赐给我、与我同居的女人，她把那树上的果子给我，我就吃了。"③ 何等的骄傲！他岂有说"我犯了罪"吗？他有理智的缺陷，但没有认罪的谦卑。这段对话一丝不苟地记载下来，因为它之所以发生就是为了真实地记载下来作为我们的教导（如果没有真实地记载下来，它就没有教导意义），好叫我们明白今天的人是如何遭受骄傲之疾，因为他们力图让他们的造主为他们所犯的罪负责，而把所行的善归功于自己。亚当说："你所赐给我、与我同居的女人"，即作我配偶的女人，"把那树上的果子给我，我就吃了"。似乎把她赐给亚当是为了这个目的，而不是让她顺从自己的丈夫，让他们两人顺从上帝！

---

① 《创世记》十八章 1 节。
② 《创世记》三章 11 节。
③ 《创世记》三章 12 节。

女人受到上帝责问,但她并没有认罪

48. "主(耶和华)上帝对女人说:'你做的是什么事呢?'女人说:'那蛇引诱我,我就吃了。'"① 她也同样没有承认自己的罪,而是归咎于他者;虽然她在性别上不同于亚当,但她的骄傲与亚当是同等的。然而,由这对先祖所生,但不仿效他们的那一位,受到无数灾祸折磨,说出并且将继续说,直到世界末了:"我曾说:'主(耶和华)啊,求你怜恤我,医治我,因为我得罪了你。'"② 如果他们也说这样的话,那该多好!但主(耶和华)并没有"砍断罪人的脖子"③。这个世界将充满劳苦、忧愁、死亡以及各种苦难,还有神圣恩典,因此上帝在适当的时候到来,帮助那些他在其苦难时教导他们不可信靠自己的人。女人说"那蛇引诱我,我就吃了",似乎应该听从别人的劝诱,而不是上帝的命令!

第三十六章 上帝对蛇的咒诅

蛇并没有被询问和责问,但受到咒诅

49. "主(耶和华)上帝对蛇说:'你既做了这事,就必受咒诅,比一切的牲畜野兽更甚!你必用肚子行走,终身吃土。我又要叫你和女人彼此为仇。你的后裔和女人的后裔也彼此为仇。她要窥伺(伤)你的头;你要窥伺(伤)她的脚跟。'"④

这整段话都是用比喻语言描述的,而作者的可靠性和他叙述的真

---

① 《创世记》三章13节。
② 《诗篇》四十篇5节(参见和合本四十一篇4节)。
③ 《诗篇》一百二十八篇4节(参见和合本一百二十九篇四节"他砍断了恶人的绳索")。
④ 《创世记》三章14—15节。

实性足以要求我们毫不怀疑地相信这些话是说过的。因为"主（耶和华）上帝对蛇说"这话只是作者的话，必须在字面意义上理解，因此没错，上帝是对蛇说话了。后面的话是上帝的话，读者可以自行判断，它们是在字面意义上还是在比喻意义上说的，就如我在本卷开头的导论里所说。① 如果有人问，为何不责问蛇这样做的动机是什么，那么显然，这并非蛇按照它自己的本性和意愿做的，乃是魔鬼借助它、通过它并在它里面作工，而他已经因不敬和骄傲之罪被打入永火之中。

因此，对蛇所说的，以及指着藉蛇作工的魔鬼所说的，无疑应该在比喻意义上理解。因为按这段话里的描述，试探者将与人类相关。因为人类就是在这样的审判宣告之后才开始繁衍的，表面看这审判是针对蛇的，实际上是针对魔鬼的。

在注释作品里，我写过两卷本的题为《论〈创世记〉驳摩尼教徒》的作品，尽我所能讨论了这些话，按比喻意义解释它们。② 此外，如果我有机会对经文作更深入、更恰当的解释，愿上帝与我同在，帮助我完成这样的工作。但现在如果不是出于必须，我们只能集中于所讨论的话题，不能跑题。

第三十七章 对女人的审判

女人应受丈夫管辖不是出于本性，而是因为罪

50. "又对女人说：'我必多多加增你怀胎的苦楚，你生产儿女必

---

① 见 11.1.2。
② 见 *De. Gen. c. Man.* 2.17.26 – 2.18.28（ML 34.209 – 10），奥古斯丁指出，蛇的胸和腹分别代表骄傲和肉欲；土代表罪人或者好奇这种毛病；蛇与女人（而不是男人）为敌是因为女人代表人性中的感性部分；魔鬼的后裔就是引诱犯罪，而女人的后裔就是善工的果实。

多受苦楚。你必恋慕你丈夫，你丈夫必管辖你。'"① 上帝对女人说的这话可以在比喻和预言的意义上更恰当地理解。当然，当时女人还没有生育。再者，生育的疼痛和苦楚只属于这必死的身体（这死因违背诫命而生），这身体的各肢体起初原是血气身体的肢体，如果人没有犯罪，这血气之体注定不会死，而要生活在另一种更加幸福的状态，直到过完有德性的生活，得配转入更好的状态，如我在上面多处阐述的。② 因此，对女人的惩罚也要在字面意义上理解，另外我们必须思考"你必恋慕你丈夫，你丈夫必管辖你"这句话，看如何在字面上理解它。

我们必须相信，即使在女人犯罪之前，她就已经受她丈夫管辖，听从并顺服于他。③ 但我们可以合理地认为，这些话里所指的辖制类似于奴隶的奴役，而不是爱的纽带（所以，后来一些人开始作另一些人的奴隶，这种奴役起源于罪的惩罚）。圣保罗说："用爱心互相服侍。"④ 但他绝不会说"互相管辖"。因此已婚的人可以借着爱相互服侍，但圣保罗不允许女人管辖男人。⑤ 事实上，上帝所宣布的惩罚把这种权力赐给了男人，也就是说，女人之所以应该以丈夫为主，不是因着她的本

---

① 《创世记》三章 16 节。在这一章里奥古斯丁认为，上帝对女人说的话除了明显的字面意思之外还包含某种比喻含义。由于罪，人失去了他在乐园里拥有的自由，从而受制于属人的权威，这种状态不是上帝希望人在最初的公义状态中拥有的。因此女人服从丈夫这一法则象征着一种人要统治人的秩序，这种状态反过来提醒人受制于罪的奴役状态。奥古斯丁关于这个主题的思考表述于 De civ. Dei 19.15 中："这就是自然秩序所要求的，就是上帝造人的方式。他说：'使他管理海里的鱼、空中的鸟、地上的牲畜和全地，并地上所爬的一切昆虫。'他希望有理性的人，按着他的形象造的人，管理非理性造物，不是人管理人，只是人管理兽。……奴役的状态完全可以理解为由于罪而降到人身上的。"
② 见比如《〈创世记〉字疏》（上）6.25.36 及本书 9.3.6, 9.10.7。
③ 这话似乎与本书第 207 页注释①里的原则不一致，但奥古斯丁表明，原初公义状态中的爱所赋予的事奉不同于因原罪导致一人管辖另一人所强加的奴役。
④ 《加拉太书》五章 13 节。
⑤ 《提摩太前书》二章 12 节。

性，乃因着她的罪。但如果这种秩序不遵守，本性将受到更大的败坏，罪将加剧。

第三十八章　亚当的惩罚以及赐给女人的名字

亚当受什么惩罚以及他为何称呼妻子"生命"

51. "又对亚当说：'你既听从妻子的话，吃了我所吩咐你不可吃的那树上的果子，地必为你的缘故受咒诅。你必终身劳苦，才能从地里得吃的。地必给你长出荆棘和蒺藜来，你也要吃田间的菜蔬。你必汗流满面才得糊口，直到你归了土，因为你是从土而出的。你本是尘土，仍要归于土。'"①

谁不知道这些就是人类在地上的劳苦？毫无疑问，如果人没有丧失他在乐园里拥有的幸福，就不会有这些劳苦。因此我们首先要确定无疑地按字面意思理解这些话。然后我们也必须捍卫经文的寓意，乐于接受上帝在说这些话时最可能意指的含义。

随后亚当藉着神奇的灵启给他妻子取名"生命"（夏娃），说："因为她是众生之母"②，这并非毫无理由。这话其实并非作者的陈述或宣告，而应该理解为第一人本人所说。在说"因为她是众生之母"时，他似乎说明了为何要给她取这个名，解释为何称她为生命。③

---

① 《创世记》三章17—19节。
② 《创世记》三章20节。
③ 奥古斯丁这里没有提出这话的寓意，但在另外的地方（De Gen. c. Man. 2.21.31 [ML 34.212]）指出，女人被称为生命是因为她代表人性中的感性部分，这部分（就如同妻子之与丈夫）必须顺从于理性，并通过理性藉着生命的道孕育德性生活的担子；当这感性通过自我否定的艰辛和阵痛，抵制恶习，生出善习，她就被称为众生之母。

第三十九章　皮子衣服；谴责人的骄傲

皮子衣服意指什么

52. "主（耶和华）上帝为亚当和他妻子用皮子做衣服，给他们穿。"① 成就这样的事有象征含义，但这事也是真实发生的。同样，记下这样的话有象征含义，但这话也是真实说过的。我常说，我还可以毫不犹豫地一再地说，我们必须认定作者是在作历史记载，所以他记载的事件是真实发生过的，记载的话是真实说过的。② 在思考一个事件时，我们先问发生了什么，然后问它意味着什么；同样，在思考话语时，我们先问说了什么，然后再问意指什么。我们不能把说过某事这样的事实当作寓意来理解，不论所说的话是包含比喻意义，还是仅有字面意义。③

创 3.22 的话是为谴责骄傲说的

53. "上帝说：'看哪，亚当已经与我们中的一位相似，能知道善恶。'"④ 不论上帝通过什么途径或者以什么方式说话，可以肯定的是，他说了这话，因此"我们中的一位"的"我们"必然是指三一体，就

---

① 《创世记》三章 21 节。
② 奥古斯丁一直强调，他写的是关于字面意义的注释作品，所以必须首先确定经文叙述之事的字面意思。一旦事件的真实性确定了，他认为读者就可以自由地寻求比喻意义，但在本书中这不是他的关注点。见比如《〈创世记〉字疏》（上）6.7.12 以及本书 9.12.20。
③ 奥古斯丁这里没有探讨皮子衣服的寓意，但在 De Gen. c. Man. 2.21.32（ML 34.212）中奥古斯丁说，它们表示死亡（这是亚当的罪导致的结果）。这种解释（显然是想到动物的皮若做成了衣服，那动物必定是死了）可见于拿先斯的格列高利（Gregory of Nazianzus）、尼撒的格列高利（Gregory of Nyssa）、梅索迪乌斯（Methodius）以及埃庇法尼乌斯（Epiphanius）笔下。
④ 《创世记》三章 22 节。

如"我们要……造人"①中的我们一样。同样，主所说的"我们要到他那里去，与他同住"②这话，主指他自己和父。

人因骄傲去追求魔鬼所怂恿的"你们便如神"，上帝回应人的这种狂妄野心，说："看哪，亚当已经与我们中的一位相似。"上帝说这话，与其说是羞辱亚当，不如说是威慑其他人——这些话原本就是为他们写的——免得他们充满同样的骄傲。上帝说："他已经与我们中的一位相似，能知道善恶。"我们该怎样理解这句话呢？唯有一种解释：这是呈现给我们一个儆诫，让我们感到畏惧，因为这人不仅没有变成他想变成的样子，甚至没有守住他当初被造时所拥有的境遇。

第四十章　亚当和夏娃被赶出乐园

亚当被赶出乐园

54. "上帝说：'现在恐怕他伸手又摘生命树的果子吃，就永远活着。'主（耶和华）上帝便打发他出伊甸园去，耕种他所自出之土。"③这段经文第一部分是上帝所说，然后作者记载上帝说话之后所发生的事。人不仅被剥夺了那种他若谨守上帝诫命就可能已经获得的生命，而且失去了他在乐园里所拥有的生命，以及身体享有的幸运状态，不得不与生命树完全分离。这是必须的，因为身体的幸运状态藉着一种不可见的力量得以存在于可见的生命树之外，也因为在那树里面存在不可见之智慧的可见圣礼（sacramentum）。他必须被驱逐，离开那棵树，因为他现在注定要死，也因为他还被赶出乐园，正如在地上的乐园里，即在教会里，人们时而根据教规被逐出可见的圣坛之圣礼。

---

① 《创世记》一章 26 节。
② 《约翰福音》十四章 23 节。
③ 《创世记》三章 22—23 节。

地上的乐园比喻属灵的乐园

55. "于是把他赶了出去,安置在乐园对面。"① 这是真实发生的事,但也包含某种寓意,即预示一个罪人生活在悲惨状态,与乐园的生活相对,因为乐园在灵性意义上代表幸福生活。

"又安设基路伯,和四面转动发火焰的剑,要把守生命树的道路。"② 我们必须相信这事发生在可见的乐园里,借助于属天权能的运作,即在天使的协助下安置了一种发火焰的防御墙。但我们不能认为这样做是无谓的,因为它也必然意指与属灵乐园相关的事。③

第四十一章　关于亚当和夏娃的罪之本性的观点

关于原罪之本性的观点:(a)时机未到时就匆忙抓取知识

56. 我知道有些注释家认为,先祖迫不及待地满足自己对分辨善恶之知识的欲望,在时机未到之前就想拥有那被保留到一个更适当时机才允许的事物;而试探者诱导他们过早地享有还没有预备给予他们的事物,从而冒犯了上帝。④ 于是他们受谴责,被驱逐,从而丧失了对他们的灵性成长有益的事物——如果他们按上帝的意愿在适当的时机寻求它的话,他们是能够享有它的。如果这些注释家希望在比喻意义上理解这棵树,而不是在字面上把它看作真实的树和真实的果子,那么他们的解释可能会得出一种与信心和理性显然吻合的观点。

---

① 《创世记》三章 24 节。(此节与和合本有出入——中译者)
② 《创世记》三章 24 节。
③ 奥古斯丁在 *De Gen. c. Man* 2. 23. 35 (ML 34. 214) 中已经推测了一种比喻含义。基路伯意指完备的智慧,转动的剑象征暂时的惩罚。这剑发火焰是因为它焚毁各种苦难,因而洁净人。因此人若不是藉着对苦难的忍耐,不藉着完全的智慧,就不可能靠近生命树。
④ 这是安提阿的塞奥菲利乌斯(Theophilus of Antioch)的观点,见本书第 51 页注②。

(b) 先祖窃取婚姻的观点是可笑的

57. 还有一些人持另一种观点,他们说,先祖通过某种窃取行为预先享有婚姻,在造主让他们结合前就已经有性交。① 因此他们说,"树"这个词代表性交,上帝禁止他们触摸它,直到时机成熟可以结合。

我想我们是否得设想亚当和夏娃被造时年纪尚小,必须等到青春发育之后才可能结合? 或者刚刚青春萌动的时候尽管有可能结合却不允许结合? 因为如果还不可能,当然就不会发生! 或许新娘必须由她父亲交托,他们必须等候庄严的宣誓,婚宴的庆贺,嫁妆的鉴定,婚约的签订! 这不是荒唐可笑吗? 而且这使我们偏离事件的字面或真实意义,而我们在上帝愿意帮助我们的前提下要解释的,以及前面已经解释的正是这样的真实意义。

第四十二章 亚当是否相信藉着蛇所说的话? 他是如何被引诱犯罪的?

夏娃是亚当犯罪的媒介

58. 这是一个需要进一步思考的严肃问题。如果亚当是一个属灵的人,有心灵但没有身体②,他怎么可能相信通过蛇所说的话,即上帝禁止他们吃那树上的果子是因为上帝知道如果他们吃了,就会变得与神一样知道分辨善恶? 似乎造主会吝惜如此美好的东西,不愿给予他的造物! 一个被赋予灵性思想的人会相信这样的话,岂不是奇怪之极。或者因为男人不可能会相信这样的话,所以就利用女人——可能她的理解力

---

① Clem Alex., *Stromata* 3. 14 (GCS 52 [15]. 239, 16-20 Stahlin-Fruchtel; MG 8. 1193 C-1196A).
② 见《〈创世记〉字疏》(上) 6. 28. 39。

有限，也可能她是按着身体感官而不是按着思想之灵生活？

是否因为这个原因，圣保罗没有将上帝的形象归于她？他说："男人本不该蒙着头，因为他是上帝的形象和荣耀，但女人是男人的荣耀。"① 但这不是说女人的心灵不能接受同样的形象，因为圣保罗说，在那恩典里我们既非男也非女；② 而是说或许女人还没有能力认识上帝，但在丈夫的指导和教导下，必然渐渐获得这种知识。圣保罗说："因为先造的是亚当，后造的是夏娃，且不是亚当被引诱，乃是女人被引诱，陷在罪里。"③ 这话并非毫无理由。换言之，正是通过女人，男人才犯了罪。圣保罗也称他为罪人，说："与亚当犯一样罪过的……亚当乃是那以后要来之人的预像。"④ 但保罗说亚当不是被引诱的。事实上，当亚当受到询问时，他没有说"你给我与我同住的女人引诱我，我就吃了"，而是说"她给我那树上的果子，我就吃了"。另外，女人说的是"蛇引诱我"。

所罗门也因爱女人陷在罪里

59. 所罗门有不可思议的智慧，我们能想象这样一个人会相信崇拜偶像有什么益处吗？但他无法抵制对女人的爱，这种爱把他拖进了这种恶，他知道不应该这样做，免得沉迷于致命的享乐，使他日渐消亡，但是他还是做了。⑤ 在亚当也是如此。女人被引诱，吃了禁果，并把果子给亚当，让他一起吃；而他不愿女人忧郁寡欢，担心没有他的支持、离开他的情爱，女人会日渐憔悴，担心不与她同吃会导致她死亡。他并没有受制于肉体的情欲，当时他还没有经验到肢体的律与心灵的律相

---

① 《哥林多前书》十一章 7 节。
② 《加拉太书》三章 28 节。
③ 《提摩太前书》二章 13—14 节。
④ 《罗马书》五章 14 节。
⑤ 《列王纪上》十一章 4 节。

争,① 但受制于这种依恋和情感,这种依恋之情常常使我们在努力保持人的友谊时冒犯上帝。② 很显然,上帝宣告的公义审判表明,他不应该这样行。

男人被蒙骗,不同于女人被引诱

60. 因此,从某种意义上说他是受蒙骗的,因为在我看来,蛇引诱女人的伎俩不可能使男人受惑上当。根据圣保罗,引诱是特指一个人在劝说下相信实际上假的东西是真的;比如,相信上帝之所以禁止亚当和夏娃触摸那棵树,是因为他知道他们若触摸了就会变得与神一样,似乎创造他们的上帝会嫉妒他们的神圣性。但即使男人受骄傲之灵驱动——上帝不可能不知道,因为他洞悉人心;即使他受一种欲望引诱,想寻求新的体验,因为他看到女人吃了禁果之后并没有死(如我已经说过的),③ 我也不认为亚当——如果他赋有灵性的思想——有可能相信上帝禁止他们吃树上的果子是出于嫉妒。

这样的推测到此为止。亚当和夏娃被引诱犯这样的罪,是因为这样的方式能使这样的人受惑上当。故事记载下来,必为众人所读,尽管它的内容必然只有少数人能懂。

---

① 参见《罗马书》七章 23 节。
② 亚当罪的根源在于混乱的夫妻之爱,而不在于混乱的性欲。见 Agaesse – Solignac 49. 558。
③ 见上面 11. 30. 39。

第 十 二 卷

保罗看到的乐园或第三层天

第一章　必须探讨圣保罗关于乐园的描述

本卷的主题：保罗谈到的乐园

1. 在写作前十一卷《〈创世记〉字疏》时，我从圣经的开头一直讨论到初人被赶出乐园。凡是在我看来可以确定的地方，我坚决主张并极力捍卫；凡是不确定的地方，我尽自己所能思索和探讨，有时提出推测性的观点，有时表明疑惑的难点。我的目的并非要规定每个人对疑难问题应该形成怎样的论断，而是要表明在不确定的问题上我们必须得到指教，在我们无法获得确定知识的地方提醒读者注意不要得出草率的结论。

但在第十二卷里我不再有全力注释经文的负担，所以可以更加自在也更加详尽地讨论乐园的问题。否则，我很可能会避开圣保罗提到第三层天的那个晦涩经段，在那里他似乎暗示乐园就在第三层天上，因为他说："我认得一个在基督里的人，他前十四年被提到第三层天上去，或在身内，我不知道；或在身外，我也不知道，只有上帝知道。我认得这人，或在身内，或在身外，我都不知道，只有上帝知道。他被提到乐园里，听见隐秘的言语，是人不可说的。"①

第三层天就是乐园吗？

2. 在讨论这段经文时，通常我们首先要问，圣保罗说的第三层天是指什么，然后要问，他是否希望我们认为乐园就在那里，或者他的意思是说他被提到第三层天之后又被提到了乐园，不论这乐园是在第几层天。由此他可能表明，被提到第三层天并不等同于被提到乐园，但首先是到第三层天，然后才是乐园。

这个问题实在太过艰深，要我找到答案似乎不可能，除非有人可以不诉诸圣保罗的上述段落，而能找到另外的经段，或者通过某种合理的推论，证明乐园是或不是在第三层天。因为我们连第三层天究竟是什么也不清楚，不知道它是属体的事物，还是属灵的事物。诚然，我们完全可以说，一个人带着身体只能被提到某个属体的空间里。但甚至圣保罗自己也说他不知道自己被提到天上时是在身体里，还是在身体外，谁还能鲁莽地说知道保罗自己都说不知道的事？这样看来，既然没有体的灵不可能被带到属体的处所，而身体又不可能被带到属灵的处所，那么这种疑惑最终迫使我们得出这样的结论，他被提上去的地方（因为他显然是在说他自己）② 是一个难以清楚分辨究竟是属体的还是属灵的地方。③

---

① 《哥林多后书》十二章2—4节。
② 这显然是因为在引入这个话题时保罗说他不得不自夸（1节）。
③ 这第三层天等同于乐园和上帝的异象。根据 J. J. O'Rourke, JBC2 (1968), "The Second Letter to the Corinthians", 289: "第一层天就是我们地上的大气层；第二层天是星辰所在的区域；第三层天是上帝居住之所，可见他的真面目。"关于这个话题的其他观点的讨论，见 E.-B. Allo, *Second epitre aux Corinthiens* (Etudes bibliques, Paris 1937) 306–307。

第二章　如果圣保罗是在出神中看见乐园，他可能不知道自己是如何看见的

关于睡梦中的异象

3. 当人在睡梦或迷狂中形成物体的影像，他无法将它们与物体本身相区分，直到他回到有感知觉的真实生活中，才认识到他原来进入了影子世界，这些影子不是通过他的身体感官产生的。人就算刚从睡梦中醒来，谁竟不能马上意识到他看到的物体只是影子？尽管当他在睡梦中看见它们时他无法将它们与他在清醒时所看见的真实物体相区分。我甚至从自己的经验（因此我确定其他人也应该有过或者可以有相同的经验）知道，当我在睡梦里看见一个物体时，我就知道我是在做梦；即使在睡梦中我仍十分确信，那些常常蒙骗我们想象力的影像不是真的物体，只是萦绕梦中的幻影。不过，有时候我也被误导，比如，我在梦里看见一位朋友，就试图劝导他说，我们所看见的事物不是真实事物，只是做梦者的幻影——其实自始至终他本人也只是作为一个梦中幻影出现。而我还在告诉他说，甚至我们彼此说话也不是真的；我还说，那个时候他正在自己的梦中看见别的东西，完全不知道我看见了这些事物。然而，只要我努力告诉他说他不是真实的，我就有几分相信他是真实的，不然，我如果真的认为他不是真实的，就不会对他说这样的话了。因此我的灵魂尽管在我入睡时以某种神秘的方式保持着清醒，仍会受到物体之影像的影响，似乎它们是真实的物体。①

---

① 奥古斯丁在他的 *De cura pro mortuis gerenda* 11.13（CSEL 41.642, 12–643, 4 Zycha；ML 40.602）中说，他在米兰期间，有一个晚上他在梦里向 Favonius Eulogius 显现；后者是迦太基的修辞学教授，是他以前的学生之一。奥古斯丁说，当他从米兰回到迦太基时，Eulogius 告诉他这个梦，并说他本人（Eulogius）一直对西塞罗一篇修辞学作品中的一段话很困惑。"（在他的梦里）我解释了那段话里的难点，"奥古斯丁说，"尽管实际上不是我，而是我的影像向他解释，而我本人对此一无所知，因为我远隔重洋，操着别的心，做着别的梦，根本没想过 Eulogius 的问题。"

关于出神中的异象

4. 关于出神（ecstasis），我听过一位农夫的描述，他曾进入这种状态，但无法准确描述自己的经历。① 他知道自己醒着，看见了某物，但不是肉眼看见。用他自己的话——我尽可能如实回忆——说："是我的灵魂看见，不是我的肉眼。"然而，他不知道那是身体，还是身体的幻影，因为他无法作出这样的区分。但他是个非常单纯而可信的人，所以对我来说，听他讲述就如同我自己亲眼所见一样的可信。

关于圣经里提到的异象

5. 因此，如果保罗看见了乐园，那就如同彼得看见天上降下碟状物，如同约翰看见他在《启示录》里描述之景，如同以西结看见平原上的骸骨及其复活，如同以赛亚看见上帝就坐、六翼天使撒拉弗侍立以及那个坛——从坛中取了红炭洁净先知的嘴唇，② 显然，他不可能断定自己是在身体里还是在身体外看见了乐园。

第三章　圣保罗确定他看见了第三层天但不确定他是如何看见的

保罗的异象是哪一类

6. 如果这异象是在身体之外看见的，异象中出现的事物不是物体，那仍然可以问，它们是物体的影像，还是与物体没有任何相似之处的实

---

① 这是一种普遍的神秘主义体验。见比如圣特蕾莎（Teresa）在她的《生平》第二十七章 *The Complete Works of St. Teresa of Jesus* 所描述的，tr. E. Allison Peers (3 vols. New York 1946) 1.171。

② 关于碟状物，见《使徒行传》十章 11 节；关于约翰的异象，见《启示录》一章 12—20 节；关于骸骨，见《以西结书》三十七章 1—10 节；关于六翼天使撒拉弗和坛子，见《以赛亚书》六章 1—7 节。

体（substantia），① 比如上帝，比如人的心灵、理解力或理性，比如各种德性：审慎、公义、贞洁、仁爱、敬虔，如此等等。这些事物我们通过智性知识获得，当我们列举、分辨、界定它们时，不是靠对它们的外形、色彩、声音、气味或滋味，它们的冷热、软硬、粗细程度，而是通过卓越得多、确定得多的另一种视觉、另一种光，② 另一种见证。

为何保罗不说他如何能看见他所看见的？

7. 那就让我们再次回到圣保罗自己的话，更加细致地考察它。首先可以毫无疑问地确定，他对有形和无形事物的理解比我们——不论如何努力——所能获得的知识要完备得多。因此，如果他知道不可能通过身体看见属灵事物，也不可能在身体之外看见属体事物，那他为何不通过他所看见的对象断定他能够看见它们的方式？因为如果他确定它们是属灵事物，为何不能同样确定他是在身体之外看见它们？或者如果他知道它们是属体的，那为何不同样知道它们只能通过身体看见？

然而，他疑惑自己是在身体里还是在身体外看见它们，这是为什么呢？或许只是因为他也不确定它们究竟是物体还是物体的影像？所以尽管他在这整段话中没有说明自己为何疑惑，我们可以首先来看看他完全不怀疑的是什么，然后通过考察保罗毫不怀疑的论断，或许可以澄清他的怀疑究竟是什么。

---

① 在奥古斯丁的术语表中，"实体"与"本质"是同义词。见 *De moribus ecclesiae catholicae et de moribus Manichaeorum* 2.2.2（ML 32.1346）。

② 参见 Aug. *solil.* 1.8.15（ML 32.877）："地和光都是可见的，但是若没有光照亮，地不可能被看见。人只要理解各门学科所教导的知识，都会毫不犹豫地承认它们是真实的。但他必须相信，若不是我们可称之为太阳的事物光照它们，它们不可能为人所理解。"当一个视力正常的人转向一个物质对象，只要源于太阳的光照亮了它，那人就能看见它。在理智异象中，纯粹的心灵如果转而内视被上帝即灵魂之光照亮的无形世界，就看见非物质的真理。这个光照论基于普罗提诺 *Enn.* 5.5.7，奥古斯丁在圣经（尤其是约1.9）的影响下，在他的 *De magistro* 和 *De Trinitate*, book 12 中加以发展。这个理论对奥古斯丁的哲学至关重要，关于它的详尽阐释，见 Gilson 77–96 及 Bourke 112–117, 216–217。

保罗被提到第三层天这一点毫无疑问

8. 他说:"我认得一个在基督里的人,他前十四年被提到第三层天上去,或在身内,我不知道;或在身外,我也不知道,只有上帝知道。"因此,他知道十四年前一个在基督里的人被提到第三层天上去。对此他完全没有疑惑;所以我们也应当毫不怀疑。但是他不确定这是在身内,还是在身外。既然他都很疑惑,我们谁敢说很确定呢?但我们不能因此怀疑第三层天的存在——他说一个人被提到那里去。如果是客观实在本身(res ipsa)向他显现,那向他显现的就是这第三层天;然而,如果产生了与物质实体相似的某个影像,那他所看见的就不是第三层天。而保罗的异象①是这样展开的:他似乎升到第一层天之上,然后看见上面的另一层天,然后看见还有更高的天,于是当他终于来到这最后一层时,他就可以说他被提到了第三层天上。无论如何,他并不怀疑自己被提到的就是第三层天,他也希望我们不怀疑。他的描述以"我认得"开头,然后语气笃定,只有不相信使徒本人的人才可能拒绝承认使徒说他知道的事是真实的。

第四章 关于圣保罗看见的异象以及他看见异象的方式之难题

第三层天不是某种有形的符号(signum corporale)

9. 他知道一个人被提到第三层天上去。因此他被提上去的地方确实是第三层天,而不是某种有形的符号。这样的符号有向摩西显示,②

---

① Ostensio,即异象。更准确地说,这个词的意思是在异象中向想象力显现的一个影像。这是一个后古典词汇,见于德尔图良、阿普利乌斯(Apuleius)和武加大拉丁文圣经(Vulg.)。后面 12.20.42 中有同样的用法。
② 《出埃及记》三十三章 9—11 节。

但他清楚地意识到上帝自身的本质与上帝常常向他显现的某种有形造物之间有区别。因此他说:"把你真身显示我吧。"① 此外,它也不是某种物质实体的一个影像,就如约翰在灵里看见的。他问此为何物,得到的回答是"这是城",或者"这是人",或者当他看见兽、女人、诸水以及其他事物时得到的相应回答。② 但是圣保罗宣称:"我认得一个人被提到第三层天上去。"

第三层天不是属灵的影像(imaginem spiritalem)

10. 但是如果保罗希望用"天"这个词称呼某个物质实体的属灵影像③,那么它也可能是他那被提升进入天上的身体的一个影像。④ 因此他就会用"他的身体"称呼它,尽管只是他身体的一个像,正如他会用"天"的名称,尽管只是天的一个像。如果这样,他就应该毫不费力地区分他所知道的与他所不知道的;他就不会说:"我认得一个人,他被提到第三层天上去,或在身内,我不知道;或在身外,我也不知道。"他会直接描述他的异象,对所看见的物体会用它们所对应的真实物体的名称来称呼。当我们谈到做过的梦或梦中的景象时,我们说"我看见了一座山",或者"我看见了一条河",或者"我看见了人",如此等等。我们对每一个影像都用它所对应的物体的名称来称呼。但是

---

① 《出埃及记》三十三章 13 节(OL,基于 LXX)。
② 《启示录》十三章 1 节;十七章 1 节;十七章 3 节;十七章 15 节;十七章 18 节。
③ "spiritual"的意思是"属灵的",但必须注意,"灵"(spiritus)在本卷中有一个特定的含义,即"灵魂里低于心(mens)的一种能力,是产生有形物体之影像的处所"(12.9.20)。也就是说,正是在灵魂的那个部分形成影像,所以 spiritus 常常译成"想象"或"想象力"。不过,在这里的上下文中,这个词的含义已经在一定程度上受到新柏拉图主义普纽玛学说的影响,我认为用英文里的"灵"(spirit)来翻译它,形容词对应英文"属灵的"(spiritual)更恰当。奥古斯丁在第六至十二章更加充分地解释了 spiritus。见本书第 271 页注①及本人的论"The Meaning of Spiritus in St. Augustine's De Genesi, XII," *Modern Schoman* 26 (1948 – 1949) 211 – 218。亦参见 Gilson 269 – 270 n. 1,以及 Bourke 242 – 243, G. Verbeke, *L' Evolution de la doctrine du Pneuma du stoicism a s. Augustin* (Paris 1945) 371 – 372, 502 以及各处。
④ 这个观点在后面第三十二章阐述。

使徒却说"这个我知道,那个我不知道"。

身体和保罗看见的第三层天都不是影像

11. 如果两者都以影像的形式显现,那么对两者应该同等地知道或同等地不知道。但是如果保罗看见的是真实的天,因而这是他确定知道的,那他的身体怎么可能只是作为一个影像出现呢?

保罗被提上去的那个天究竟是哪一类事物呢?

12. 如果他看见了一个属体的天(coelum corporeum),那他为何无法辨认自己是否用肉眼看见了它?如果他说"或在身内,我不知道;或在身外,我也不知道"这话,是想要表明他不确定自己是肉眼看见的,还是心眼看见的,那他为何对以下这一点并没有怀疑:即自己看见了真实的属体的天,还是只看见它的影像?此外,如果他看见的是一个非物质的实体,那他看见它不可能如同看见某种物体的像,而应如同看见公义、智慧和诸如此类的事物那样;如果天就是这类事物,那么显然,这类事物不可能通过肉眼看见。因此,如果他知道他看见了一个这样的事物,那他不可能对他不是用肉眼看见的这一点感到怀疑。他说"我认得一个在基督里的人,他前十四年……"——这一点我很确定,凡是相信我的人都不能怀疑我的话;但是,"或在身内,我不知道;或在身外,我也不知道,只有上帝知道"。

第五章　保罗为何对看见的异象很确定,但对看见异象的方式不确定?

探讨那个天是体(corpus)还是灵(spiritus)

13. 那么,你所知道的——你将之区别于你所不知道的——是什么，好叫那些信你的人不觉得被蒙骗？他说："一个人被提到第三层天上去。"这天要么是体，要么是灵。如果它是体，肉眼可见，那么他怎么知道这是天，却不知道他在身内看见它？如果它是灵，[1] 那它或者以某个物体的影像出现（若此，确实不能确定它是真实的物体，还是看起来是一个物体），或者如同智慧那样在心灵里看见，而没有任何物体的影像。在这个假设中，确定的一点是，它不可能通过身体看见。因此要么两者[2]都确定，要么两者都不确定。他怎么可能确定自己所看见的，却不确定自己以何种方式看见呢？显然，他不可能通过身体的方式看见一个非形体的事物。但是如果是一个物体，即使不必通过其可见的物质属性就可以看见[3]，在这里也肯定不是通过身体方式，而是一种完全不同的方式看见的（如果有这一类异象的话）。因此，如果这类异象会与视觉相近到骗倒圣保罗，或者使他陷入怀疑状态，从而尽管通过肉眼看见了有形的天，却说他不确定自己是在身内还是身外看见了它，那岂不很奇怪。

对脱离身体的几种解释

14. 保罗不可能说谎，而他如此费力地区分所知道的与所不知道

---

[1] 这里的"灵"没有它在本卷其他地方所有的特定含义（见第221页注③）。在这里它的意思是非物质的实在。这里的论证基于这样一种分析，它呈现出四种可能性：（1）体：A 肉眼所见（若此，圣保罗就应该确定看见的方式，就如同他确定所见之物那样）；或者 B 不靠肉眼看见（但这类异象的可能性比较可疑；如果它真的发生，很可能完全不同于有形的异象，所以对象被看见的方式应该不会有任何疑惑。）（2）灵：A 通过一个物体的形象显现出来（若此，他就会既怀疑它是否物体，也同样怀疑他是否在身体里看见它）；或者 B 理智当下看见（若此，应该可以确定它不是通过体看见的）。1B 提到的情形可能性不大，所以奥古斯丁把它移到最后。由此也就可以理解这种奇特的论证顺序：先讨论可能性比较明显的，最后讨论可以想象但不太可能的情形，这样才显完整。论证的结果是，圣保罗不可能对所见之物确定的同时对看见的方式不确定。那么他对什么疑惑呢？如果我们设想唯有灵魂被带离，那就会留下关于身体与灵魂之间的关系的疑惑；保罗"或在身内，我不知道；或在身外，我也不知道"这话就表达了这种疑惑。奥古斯丁在下一段落中解释了这一点。

[2] 两者指所见之物和看见的方式。

[3] Etiam si possunt videri. 见注①对这段论证的分析。

的。如此说来，或许①我们要这样理解他的话，即当他被提到第三层天时，他说不清自己是在身内（也好比说，人的灵魂还在身内②——所以可以说身体是活的——但退出了身体感官，不论是醒着、是入睡、还是处于出神状态），还是真的已经在身外，从而他的身体倒下僵硬，直到异象过去，他的灵魂重新与僵死的肢体结合。如果是后一种情形，那他就不是如同从睡梦中醒来，也不是如同从出神状态回来，恢复感知觉，而是真的从死里复生，是真正的复活。因此当他被提到第三层天后所见的，他甚至明确说自己知道的，他是真实地看见，而不是以影像的方式看见。但是灵魂究竟是离开了他的身体，使身体真实地僵死了，还是仍然存在于活着的身体里，只是他的心或心灵（mens）被带走，看见、听见异象的奥秘——或许就是因为他不能确定这一点，所以他才说："或在身内，我不知道；或在身外，我也不知道，只有上帝知道。"

第六章　三类异象

关于一条诫命中显示的看（异象）

15. 如果看见一个对象，不是通过它的某种影像看见，也不是通过形体看见，而是直接看见它本身，那这种看所见到的异象就超越其他一

---

① 奥古斯丁谨慎地对保罗的疑惑提出了一种可能的解释，即如果唯有他的灵魂被带离看见异象，那么疑惑就集中于灵魂与身体的关系上。这种关系有两种可能性：（1）灵魂仍然作为身体的形式与身体结合［因而灵魂 in corpus（在身内）］，心灵（mind）被带入沉思之中；（2）灵魂与身体分离［因而 extra corpus（在身外）］，于是在看见异象时身体是死的。

② 奥古斯丁在描述灵魂在身体内活动时经常使用 intentio 这个词。见 Epist. 166 De origine animae hominis ad Hieronymum 2.4（CSEL 44.551, 7-9 Goldbacher; ML 33.722）："灵魂渗透整个身体，所以它激活身体不是通过在空间上分配到各个部分（non locali diffusione），而是通过生命冲动（quadam vitali intentione）。除了这种生命冲动（vitalis intentio），即灵魂激活身体的活动或影响力外，还有灵魂的关注力（intentio），灵魂藉此关注感官的调适，见 7.19.25。如果灵魂处于出神状态，那么 vitalis intentio 仍然存续，而另一种 intentio 不起作用。

切异象。看见（异象）有许多不同的方式，藉着上帝的帮助我要尽力解释它们，表明它们如何区分。① 当我们读到"要爱人如己"这样一条诫命时，我们体验到三类不同的看（异象）：一类是通过眼睛看，我们看见了文字；第二类是通过灵看，我们想到了我们的邻人，即使他不在眼前；第三类是通过理智直观看，我们看见并明白爱本身。这三类看（异象）中，第一类人人都知道，通过这类看，我们看见天地和我们目力所及的其间万物。第二类看使我们想到不在眼前的有形之物（corporalia）②,③ 这也不难理解，比如我们即使身处黑暗之中，也能想到天地和其间的有形之物。就这种情形来说，我们不是用肉眼看见事物，而是在灵魂里看见有形之物的像（corporales imagines），它们可能是真实的像，呈现我们曾经见过至今还保存在记忆中的事物，也可能是虚假的像，是思维自己构想出来的。我熟悉迦太基，但我不认识亚历山大，所以我想到迦太基的方式与我想到亚历山大的方式不一样。④ 第三类看使我们看见并明白爱，这类看的对象是那些没有与其相似之像、凡

---

① 这里描述的三类看，通过所见对象和看见对象的灵魂的能力来区分：灵魂借助身体的中介看见形体；灵看见物体的影像（见第221页注③）；以及理智看见非物质的实在。关于这三类看的讨论，见 Michael Schmaus, *Die psychologishce Trinitatslehre des hl. Augustinus* (Munsterische Beitrage zur Theologie 11, Munster 1927) 365 - 369; Cuthbert Butler, *Western Mysticism* (2nd ed. London 1926) 50 - 55; Matthias E. K ORGER, " Grundprobleme der augustinischen Erkenntnislehre：Erlautert am Beispiel von *de Genesi ad litteram* XII," Recherches augustiniennes, Supp. A la REAug 2 (Paris 1962) 33 - 37; Matthias E Korger and Hans Urs von Balthasar, *Aurelius Augustinus*, *Psychologie und Mystik* (Sigillum 18, Einsiedeln 1960) 6 - 23; Bourke 242 - 246; Agaesse - Solignac 49. 575 - 585。
② Zycha 采纳 E，写为 "corpora corporalia"，明显写重了。其他手稿都删除了 "corpora"。（此注有省略——中译者注）
③ "Quo absentia corporalia cogitantur"，动词 cogitare 源于 co - agitare，指心灵将贮存在记忆中的像聚焦起来加以思考的活动。见奥古斯丁在 *Conf.* 10.11.18 以及 *De Trin.* 11.3.6 (CCL 50.340; ML 42.988) 中的解释。
④ 真实的影像（比如奥古斯丁对迦太基的影像）在另外的地方称为 phantasia；虚假的影像（比如他对亚历山大的影像）另外的地方称为 phantasma。见 *De Trin.* 8.6.9 (CCL 50.281; ML 42.954 - 955); *De musica* 6.11.32 (ML 32.1180); *Epist.* 120.2.10 (CSEL 34.712, 22 - 24 Goldbacher; ML 33.457)。

像无不等同于其自身的事物。① 一个人，一棵树，太阳，或者天上地上任何其他物体，当它们在眼前时，就在各自的样式里看见；不在眼前时，则通过印在灵魂中的影像想到。这是看见它们的两种方式，一种通过肉眼；另一种通过灵，事物的影像保留在灵中。但就爱来说，是否也是这样，在眼前时，以它存在的方式看见；不在眼前时，以另一种方式，即以相应的影像想到？显然不是。而我们的心灵能够清晰地看见它，所以爱本身从一种方式看越清晰，从另一种方式看越不清晰。然而，如果我们想到的是某种有形的像，我们看到的就不是爱本身。

第七章　对三类看（异象）的进一步解释

三类异象的名称：属体的、属灵的、属理智的

16. 这就是三类不同的看（异象），前几卷我们在适当的地方已经作过一些讨论，只是当时还没有确定它们的数目。② 现在我们又简洁地解释了一番，但是所讨论的问题需要对它们有更详尽的讨论，所以我们必须给予它们明确而适当的名称，免得不断迂回解释耽搁时间。我们不妨把第一类称为身体的或属体的异象，因为它是通过身体看到的，也是向身体的感官呈现的。第二类就是灵性的或属灵的异象，因为任何事物若不是物体，但又是某物，那么称之为灵是适当的；而一个不在眼前之

---

① 在理智之看中，不存在与被看对象相似却不与它等同的像。在这点上理智之看不同于属灵的看，在后者，有与对象相似但不等同于对象的像。在想象中呈现的一个人或一棵树的表象与对象相似但不等同于真实的对象。如果我闭上双眼凝视这些表象，我就是在看与对象相似但不等同于对象的像。但奥古斯丁坚持认为，当理智凝视一个非物质对象，比如爱（dilectio）时，是另外的情形：一人可能比另一人看得更清楚，但每个人看到的是同一个对象（爱）。一个直观不够完全的人看见的并不是爱的像，他看见的还是爱本身，只是看得不够清晰。
② 尤其见《〈创世记〉字疏》（上）1.9.17，1.16.31，3.5.7，4.7.13，4.24.41，5.16.34 以及本书 7.13.20，7.19.25，8.5.9，8.16.34，8.25.47，8.27.49，9.2.3—4，9.14.25。

物的影像,虽然与物体相似,但肯定不是物体本身,也不是获得影像的看本身。① 第三类是属理智的(intellectuale),源于"理智"(intellectus)这个词。而 mentale(心灵的)——源于 mens(心、心灵)——这个词是新造的,我们用它就过于可笑了。

"属体的"可以指字面意义也可以指比喻意义

17. 如果要对这些词作出更细微的解释,那文章可能会变得冗长而晦涩,所以这样的解释没什么必要或者说简直毫无必要。我们只要知道,那称为属体的事物,如果指物体,就是它的字面意思;如果指类似于"神性一切的丰盛,都有形有体地居住在他里面"② 这样的情形,就是比喻意义上说的。因为神性不是体,但圣保罗把旧约的圣礼③称为那将来之事的影子(用物理世界的影子比喻),说上帝本性的丰盛有形有体地居住在基督里面。因为在他里面那些影子所预示的一切都成全了,也就是说,他就是那些预像和符号所指向的本真。因而,预像或符号被称为影子是比喻意义,而不是字面意义;同样,保罗说上帝本性的丰盛有形有体地居住,也是在使用比喻说法。

"属灵的"可以在多种意义上使用

18. "属灵的"这个词有更多不同用法。甚至我们的身体,当它处于圣徒的复活状态时,圣保罗也称之为属灵的,他说:"所种的是血气的身体,复活的是灵性的身体。"④ 意思是说,它将以某种神奇的方式顺服于灵,拥有各种能力,不朽坏,完全不需要物质营养,只靠灵赋予生命,但不是说它将拥有非物质的实体。此外,我们在此生拥有的身体

---

① 见第 221 页注③。
② 《歌罗西书》二章 9 节。
③ Sacramenta veteris testamenti。关于 sacramentum(圣礼)的含义,见本书第 47 注①。
④ 《哥林多前书》十五章 44 节。

不具备灵魂的本质，不能因为把它称为活物（animale），就将它等同于灵魂（anima）。还有，气或风（即气的运动）也被称为灵，比如"火与冰雹，雪和雾气，成就他命的狂风（spiritus tempestatis）"①。人或兽的灵魂也被称为灵，比如在以下这段话里："谁知道人的灵是往上升，兽的灵是下入地呢？"② "灵"这个词还用来指理性心灵本身，可以说，它里面有一双灵魂之眼，指向上帝的形象和知识。③ 因此，圣保罗敦促"要将你们的心志（spritu mentis，即心里的灵）改换一新，并且穿上新人，这新人是照着上帝的形像造的"④；另外的地方他谈到里面的人，"在上帝的知识上渐渐更新，正如造他主的形像"⑤。同样，他先是说："这样看来，我以内心（mente）顺服上帝的律，我的肉体却顺服罪的律了"⑥，然后在另一处转向同样的观点，说："情欲与圣灵（spritum）相争，圣灵与情欲相争，这两个是彼此相敌，使你们不能做所愿意做的。"⑦ 由此可见，他甚至不加区分地使用"心"（mens）和"灵"（spiritus）。上帝也被称为灵，如我们的主在福音书里宣称的："上帝是个灵，所以拜他的，必须用心灵和诚实拜他。"⑧

第八章　把第二类异象称为属灵异象的根基

被称为"属灵的"那类异象

19. 我们取"属灵的"这个词来表示我们正在讨论的这类异象，并

---

① 《诗篇》一百四十八篇 44 节。
② 《传道书》三章 21 节。
③ 参见《〈创世记〉字疏》（上）3.20.30。
④ 《以弗所书》四章 23—24 节。"新人"就是藉恩典恢复的人性。
⑤ 《歌罗西书》三章 10 节。
⑥ 《罗马书》七章 25 节。
⑦ 《加拉太书》五章 17 节。
⑧ 《约翰福音》四章 24 节。

非出于我们前面提到的"灵"的种种含义。更确切地说,我们是取《哥林多书信》里这个词的独特用法,即与心(mens,心灵、心智、悟性)相区分的灵。因为圣保罗说:"我若用方言祷告,是我的灵祷告,但我的心(悟性)没有果效。"① 这节经文里他说的"方言"应该理解为晦涩而神秘的符号,如果人心里的理智(intellectus)不去领会它们,那它们与人无益,因为他听到的是他不理解的东西。因此保罗还说:"那说方言的,原不是对人说,乃是对上帝说,因为没有人听出来。然而灵却是讲说各样的奥秘。"② 由此他十分清楚地指出,在这段话里他是在谈论这样一类方言,它包含各种符号,比如事物的形象和样式,③需要心灵的直观(obtutus)才能领会;当它们不被领会时,他说,它们在灵里,不在心(悟性)里。于是他进一步明白无误地指出:"不然,你用灵祝谢,那在座不通方言的人,既然不明白你的话,怎能在你感谢的时候说'阿门'呢?"④

因此,鉴于方言(lingua,即说话时在嘴里转动的舌头)给出的是事物的符号,而不是事物本身,所以圣保罗借比喻的方式用方言(舌头)表示还没有被理解的符号。一旦理智领会了符号(这特指心灵的活动),那就产生启示或知识或预言或教训。于是他说:"我到你们那里去,若只说方言,不用启示、或知识、或预言、或教训,给你们讲解,我与你们有什么益处呢?"⑤ 他的意思是说,当理智领会了符号,即方言,才与他们有益,所以,所成就的事不只是靠灵,同时也靠心(mens)成就。

---

① 《哥林多前书》十四章 14 节。奥古斯丁这里对"灵"的注释是有问题的。圣保罗是在谈论具备方言天赋的人,说那是人的灵在祷告(不是他的心)。所以这里的灵就它受圣灵支配而言,就是灵魂。见 Max Zerwick, *Analysis philological Novi Testamenti graeci*(Rome 1953)384。
② 《哥林多前书》十四章 2 节。
③ 参见 *De doctr. Christ.* 2.1.1(CSEL 80.33,23–25 Green;ML 34.35):"一个符号就是一个事物,除了在感官中产生印象外,还导致另外的东西进入心灵,作为它自身的结果。"
④ 《哥林多前书》十四章 16 节。
⑤ 《哥林多前书》十四章 6 节。

第九章　灵的含义

"灵"与"心"有什么区别

20. 因此，如果符号藉着有形物体的某些样式显明在某些人的灵里，但心（mens）并没有发挥作用来理解符号的含义，那么这样的人还不具备预言的恩赐；一人的所见由另一人来解释，这解释者比看见者更靠近先知。因此显然，说预言与其说是属灵的事，不如说是属心的事——这里，我们是在某种特定的意义上理解"灵"这个词，即把它理解为灵魂里低于心（mens）的一种能力，是产生有形物体之形象的处所。所以，约瑟比法老更像先知，后者在梦里看见了七个麦穗和七头牛，但他只是看见投在灵上的某种样式，而约瑟藉着赋予他心灵的理智之光，能够理解它们的含义。① 因此，法老拥有说方言的恩赐，约瑟则有说预言的恩赐。在前者，有的只是事物的影子；在后者，是对影子的解释。

因此，人若只是通过有形事物的影像在灵里看见所指示之事物的符号，那是很小的先知；人若只拥有对这些符号的领悟力，倒是更大的先知。但最大的先知乃是同时拥有两种恩赐，即既在灵里看见有形物体的象征符号，又能通过心灵的生命力理解它们。但以理就是这样一个人。他不仅告诉王他所做的梦，而且解释了梦的含义，由此证明并确立了他的卓越性。② 有形之物的影像产生在他的灵里，对它们的领悟显示在他的心里。因此我是在保罗的意义上使用"灵"这个词，保罗将它与心相区分，说："我要用灵祷告，也要用心祷告。"③ 这里他暗示，事物的符号形成于灵，而对符号的领悟显现在心。于是根据这种区分，我把那

---

① 《创世记》四十一章 1—32 节。
② 《但以理书》二章 27—45 节；四章 16—24 节。
③ 《哥林多前书》十四章 15 节。

种看——即使事物不在眼前，我们也在思想中呈现事物的影像——称为属灵的。

第十章　理智的和可理知的

"属理智的"异象

21. 而理智的看，这种心灵特有的类型属于更高层次。① 就我所知，"理智"这个词不能像我们所看到的"灵"这个词那样，在极其宽泛的意义上使用。不论我们说"理智的"（intellectuale）还是"可理知的"（intellegibile），我们都是指同一个意思，尽管有些人②希望对两者作出区分，把只能通过理智认识的实在称为可理知的，而把理解的主体心灵（mens）称为理智的。然而，是否存在这样的事物，它只能通过理智被认知，自身却不拥有理智，是一个大难题。另外，我不相信会有人这样想或这样说：有一个事物用理智来认知，但其自身不能被理智所认知。因为心灵只能通过心灵被看见。因此，根据刚刚提到的分别，它既然是可见的，就是可理知的；它既然也可以看见，就是有理智的。于是，我们把那个极端大难题——只能被理解但不拥有理智的事物——搁置一边，在同一个意义上使用"理智的"和"可理知的"。③

---

① 见后面 12.24.51。
② 我们不能确定奥古斯丁究竟想到了谁，他有可能想到了维克托里努斯（Victorinus）。见 Pierre Hadot, Porphyre et Victorinus (2 vols. Paris 1968) 1.100。
③ Jean Pepin, "Une curieuse declaration idealiste du 'De Genesi ad litteram' (XII, 10, 21) de saint Augustin, et ses origins plotiniennes ('Enneade' 5, 3, 1 – 9 et 5, 5, 1 – 2)", *Revue d' histoire et de philosophie religieuses* 34 (1954) 373—400 指出，奥古斯丁在这一段落里认为"属理智的"与"可理知的"两个概念的外延相同，因而实际上是同义的。但尽管奥古斯丁说每个属理智的事物都是可理知的，他并不认为每个可理知的事物必然就是属理智的。鉴于目前的讨论目标，他说第三类即最高类的看可以称为"属理智的"或"可理知的"，但这并没有使他成为一个把存在等同于思想对象的唯心主义者。见 Agaesse - Solignac 49.566 – 568。

第十一章　属体异象从属于属灵异象，属灵的从属于属理智的

三类看（异象）的顺序和等级

22. 这三类看（异象），即属体的、属灵的和属理智的，必须一一思考，从而看到这里有一个从低级的上升到高级的顺序。我们上面举过一个例子，表明一个句子就呈现所有三类看（异象）。当我们读到"你要爱人如己"[1]时，在体的意义上看见（videntur）文字，在灵的意义上想到（cogitatur）邻人，在理智的意义上凝视（conspicitur）爱。当文字不在眼前时，也能够在灵性上想到，当邻人在眼前时也可以在属体的意义上看见。不过，爱既不可能用肉眼看见它的本质，也不可能通过与某个物体相似的形象在灵里思考；它只能在心灵里，也即在理智里认识和获得。事实上，属体的看并没有越过其他两类看的运作，相反，它所看到的对象被报告[2]给属灵的看，后者如同一位督导。因为当眼睛看见一个物体，灵里当即就产生这个物体的影像。[3] 但是我们若不把眼睛从我们盯着的物体上移开，并在我们的灵魂里找到它的影像，就感知不到这个再现。如果灵是非理性的，就如兽类的灵，那眼睛的报告就只能到达灵。但如果灵魂是理性的，这报告也传递给理智，它管理着灵。这样，眼睛摄取物体，把它报告给灵，从而在灵里产生物体的影像，然后，如果它是某物的符号，它的含义或者直接由理智理解或者由理智探

---

[1] 《马太福音》二十二章39节。
[2] 关于感官是信使，见《〈创世记〉字疏》（上）第三卷第91页注②和本书第19页注①。
[3] 后面12.24.51重复了这个解释。奥古斯丁在描述影像在"灵"里产生时，使用了被动形式：continuo fit imago eius in spiritu。他由此指出，内在影像的产生即时伴随着眼睛里发生的调整，他避免使用任何可能暗示感官对象或眼睛对灵魂产生因果作用的术语。

查出来；若不藉着心灵的功能，就既不可能有理解，也不会有探查。

伯沙撒王的异象

23. 伯沙撒王看见手指头在墙上写字,① 这个有形事物的影像当下就藉着身体感官印在他的灵上;② 当这异象过去之后，这影像仍然留在他思想中（cogitatione）。它显现在灵里，但未被理解。当这符号以有形的方式产生并呈现在伯沙撒王眼前时，他并不明白它，不过他当时就知道这是一个符号，这是他根据心灵的功能知道的。因为他当时就开始寻求它的意义，这种寻求活动当然出于他的心灵。

当他找不到意义时，但以理到来了。但以理的心灵由说预言的灵照亮，他向困惑的王阐明了符号的寓意。③ 但以理因拥有这种专属于心灵的看，比王更像一位先知，王通过肉眼看见了有形的符号，在它消失之后又通过思想在灵里看见这事物的影像，但他凭着理智只能认识到这是一个符号，并寻求它的意义。

彼得的异象

24. 彼得游魂象外，看见有一器物从天而降，系着四角，里面有各样的动物；又听到一个声音说："宰了……"④ 恢复知觉之后，他正在思忖那异象的时候，圣灵向他宣告尼哥流所差之人的到来，说："有人

---

① 《但以理书》五章 5 节。
② 通过身体感官（per corporis sensum）。根据奥古斯丁，感觉是留在身体上的一种印象，其本身也引起灵魂的注意（passio corporis per seipsam non latens animam）（*De quantitate animae* 25. 48 [ML 32. 1063]）。在奥古斯丁的知识论里，身体并非无条件地作用于灵魂。因此，"通过身体感官"不是表明作用于灵魂的主体，而是指灵魂在作用于自身时所使用的工具（或者上帝或者天使在作用于它时所使用的工具）。由此可知，当奥古斯丁这里说"……有形事物的影像……印在他的灵上"，他的意思是说这是灵魂自己印下的，是灵作用于灵。见 12. 16. 32—33。
③ 《但以理书》五章 25—28 节。
④ 《使徒行传》十章 11—16 节。

来找你，起来，下去，和他们同往，不要疑惑！因为是我差他们来的。"当他到了尼哥流那里之后，就表明他对异象里听到的话"上帝所洁净的，你不可当作俗物"的理解。他说："上帝已经指示我，无论什么人都不可看作俗而不洁净的。"[1] 也就是说，他是魂游象外时看见那个器物，所以他是在灵里听到"宰了吃""上帝所洁净的，你不可当作俗物"这话；他的记忆保留着他的所见所闻，当他恢复知觉之后，他在那曾经看见异象的灵里藉着思想（cogitando）看见影像。这些对象——包括他第一次魂游象外看见的对象，以及后来回忆它们、思考它们的那些对象——都不是有形事物，而是有形事物的影像。然而，当他反复思考，寻求对这些符号的理解时，是他的心灵在努力运作——只是全都徒劳，直到他听到圣灵说尼哥流的人来找他。所以，加上这肉眼所见的现象（属体的看），加上圣灵对他说"和他们同往"（这话是在灵里对他说的，就如前面在这灵里向他显示了符号，铭刻了话语），彼得的心灵在上帝的帮助下领会了所有这些符号的意义。对诸如此类的例子仔细思考之后，可以非常清楚地看出，属体的看服从于属灵的看，属灵的看服从于属理智的看。

第十二章　属体异象和属灵异象

属体的和属灵的看（异象）

25. 当我们处于清醒状态，完全能支配感官时经历属体的看，我们把这种看[2]与属灵的看相区分，后者是当物体不在眼前时我们想起它的影像——或者在记忆中回想起我们已知的事物，或者通过思考能力在灵

---

[1] 《使徒行传》十章 17—28 节。
[2] E 写作 visione，不是 z 所说的 visiones。

里形成未知的对象，或者任意地凭空想出根本不存在的事物。从所有这些事物中，我们区分出我们看见的、呈现于我们感官的物体，从而我们确定这些是物体，其他的是物体的影像。但有时候或许会出现这样的情形，由于思虑过度，或者由于某种疾病的影响（比如因发烧而神志迷糊），或者由于另外某个灵——不论是善是恶——的作用，在灵里产生的物体之影像就如同物体本身呈现于感官一样，尽管灵魂的注意力①在身体感官里也保持警觉。在这种情形中，物体的影像通过灵看见，真实的物体通过眼睛看见。结果就是，一个在眼前的人由眼睛看见，同时另一个不在眼前的人由灵看见，就如同用眼睛看见一样。我知道有这样的人，不仅与真实地在眼前的人交谈，还与不在眼前的人交谈，就像他们在眼前一样跟他们说话。恢复正常之后，有些人能说出他们的所见，有些人却说不出来。就如同有些人忘记了所做的梦，而有些人还能记得一样。

但是如果灵魂的注意力完全离开身体感官转向内在，那么这种状态就应该称为出神。于是任何眼前的物体都完全看不见，尽管眼睛可能睁得老大，声音也完全听不见。整个灵魂通过属灵的看凝视物体之像，或者通过属理智的看凝视与物体之像完全无关的无形实在。

26. 当灵魂从身体感官转向内视之后，属灵的看就专注于物体的影像（不论处于睡梦状态还是出神状态）；如果所见的对象没有特定意义，它们就是灵魂自身的想象。所以，即使是心理健全、未受心灵异常状态影响的人，在清醒时也会沉思不在眼前的许多事物的影像。

但这些人与那些心理不正常的人不同，因为他们通过确定的直觉将这些影像与真实呈现的物体相区分。或许那些影像——不论是向入梦之人显现的，是向清醒之人（他们通过肉眼看见眼前的事物，通过灵看见不在眼前事物的影像，似乎事物呈现在眼前）显现的，或者向那些

---

① 《诗篇》四十八篇 13 节。

灵魂完全脱离感官、可以说处于出神状态的人显现的——有某种特定的意义。但如果另一个灵可以与人的灵结合，这个灵将自己的知识通过人心灵里的影像显明出来，不论是人的心灵本身理解这些影像，还是由另一灵来理解它们并阐明给人的心灵，那倒是一件值得注意的事。如果有这样的知识显明给心灵（可以肯定，它不可能通过身体来显明），那么必然可以推出，这种显明只能源于某个灵。

第十三章　预言的能力

反驳灵魂里存在某种预言能力的观点

27. 有些人认为人的灵魂在自身里拥有一种占卜预言的能力。① 果真如此，为何它不能始终施展这种能力呢——既然它始终想要这样做？是因为它并非总能得到实施这种能力所需的帮助吗？如果灵魂得到这种帮助②，那这种帮助不可能出于虚无，也不可能出于某个物体。③ 因此灵魂可能从某个灵得到帮助。那么如何帮助呢？是否身体上出现什么情状，让灵魂的注意力得到解脱，闪现光芒，使它在自身内看见有寓意

---

① 罗马世界普遍相信占卜，这是民间宗教的一部分，并在国家宗教中被系统化。见 W. Warde Fowler, *The Religious Experience of the Roman People* (London 1911) 292 – 313。柏拉图没有让占卜者有用武之地（*Laws* 913b, 933d – e），亚里士多德认为所谓的预言式的梦并非由神引发的（*De divination per somnia*），但斯多亚学派赞成占卜的民间信念，并把它纳入他们的体系中。见 R. D. Hicks, *Stoic and Epicurean* (New York 1910) 41。克里西普 (Chrysippus) 对占卜的定义是"诸神赋予人的认知、看见并解释符号的"能力（Cicero, *De div.* 2.130）。通常认为它是通过出神、梦境、检查动物内脏、观察不寻常的自然现象和其他符号发生的（同上，2.26—27）。
② Ad hoc adiuvari.
③ 奥古斯丁讨论每一种可能提出的解释：帮助可能来自（1）虚无或（2）身体或（3）灵。前两种解释太荒谬，无须反驳，一个反问就可以驳倒。反驳第一种（来自虚无）理由很明显；第二种（来自身体）原因在于，根据奥古斯丁，体不可能作用于灵（见12.16.32）。所以只能采纳第三种解释（来自灵）。

的形象——它们原本已经存在，只是它没有看见（就如我们记忆里有许多我们没有看见的事物那样）？① 或者在灵魂里产生了原本并不存在的形象？或者它们在某个灵里，灵魂进去看见它们？但是如果灵魂已经拥有它们，就如同拥有它自己的东西，那灵魂为何并非总能理解它们？事实上，它不理解它们这种情形时常发生，而且非常频繁。我们是否可以说，正如灵得到帮助才能看见自身之内的形象，同样，心若得不到同样的帮助，就不可能领会保留在灵里的对象？或者是否可以说，这里的问题并不是使灵魂排除属体事物，就如同脱离障碍物，从而能够靠自己的能力出发到达看的对象；它乃是被直接带到对象那里，不论只是在灵里看见它们，还是也在理智里认识它们？或者灵魂有时候在自身里看见对象，有时候通过与另一灵的结合看见对象？

这些观点不论哪一个是对的，我们都不应对我们的论断草率武断。但有一点毫无疑问，在灵里看见的影像并不总是其他事物的符号，不论它们是在清醒时看见的，还是在睡梦中看见，或者在疾病中看见。不过，如果一种出神状态发生，期间出现的物体之像却没有任何意义，那倒是奇怪的事。

善灵恶灵的能力和作为

28. 当然，如果那些恶灵附体的人也能偶然对他们感官感知不到的事物说出真理，也没什么可奇怪的。因为可以肯定，与恶灵的某种神秘结合，使附体者与被附体者看起来是同一个灵，于是就会出现这种情形。但是当一个善灵附着人的灵或使它迷狂，引导它看到奇特的异象时，毫无疑问所看到的影像是其他事物——了解它们与人有

---

① 当灵魂不必再观察身体上发生的事，就能够把注意力内转，凝视里面的形象，否则它不能专注于内视。在翻译 quasi relaxetur et emicet eius intentio 时，我把 emicet 译成"闪现光芒"。奥古斯丁在 12.30.58 中明确认为属灵领域有一种它特有的非物质的光，光照灵里所见的物体之像。

益——的符号，因为这是上帝的一种恩赐。要分辨这些经历确实是极其困难的事，因为恶灵的行事方式看起来平静温和，没有折磨身体，只附着人的灵，说其能说的话，有时甚至说出真相，揭示关于未来的有益知识。若是这样，按照圣经，他就如同将自己装扮成光明的天使。① 一旦在明显的好事上得到受害者的信任，就能引诱人陷入他的罗网。据我所知，除了圣保罗提到的那种恩赐之外，难以辨认出这样的灵，保罗谈到上帝的不同恩赐时说："……又叫一人能辨别诸灵。"（林前 12.10）

第十四章　理智异象中没有欺骗；其他类型异象中的欺骗并非总是有害

但是当恶灵已经得逞，已经诱导某人走向违背道德准则或者信仰法则的时候才辨别他的存在，那不算什么成就，因为到那时，许多人都可以辨别他。而辨别诸灵的恩赐能够使人在一开始的时候（当恶灵向大多数人显现为善灵的时候）就当即分辨他是否恶灵。

理智的看（异象）不会出错

29. 通过属体的看以及有形对象显现在灵里的影像，善灵教导人，恶灵欺骗人。② 但是理智之看没有欺骗。因为人或者不明白，比如他把

---

① 《哥林多前书》十一章 14 节。
② 他们通过在判断中引入错误来蒙骗人。根据奥古斯丁，感觉是一种表象，其本身是不会错的。感觉感知所感知的对象，它有一个目标。关于感官对象的错误源于判断。见 *Contra acad.* 3.11.26（CSEL 63.66 KNOLL；ML 32.947）。但应当注意，奥古斯丁并没有否定感官知识的有效性，见 Charles Boyer, *L'Idee de verite dans la philosophie de saint Augustin*（Paris 1920）41-44.

此物判断成彼物；或者明白，那他的视觉必然是真实的。① 当眼睛看见一物与另一物相似，不能分别彼此时，眼睛无能为力；当灵魂的注意力对灵里产生的物体之像与物体本身无法区分时，也是束手无策。而理智是用来寻求这些事物所包含的意义或者它们教训的启示。它或者找到对象，享有探索的成果，或者没有找到，那就继续思考，免得因某个恶灵的胆大妄为而陷入致命错误。

属灵之看（异象）的错误并不总是有害

30. 理智在上帝帮助下谨慎地判断那些事物的本性和意义，在这个过程中即使出现错误的思考也对灵魂毫无害处。② 比如，一个人私底下作恶，但善良人认为他是个好人，我们不能说这样的判断对那些善良人有什么危险，就如对他本人没有任何伤害一样，只要对真正的实在——也就是至善本身，这是使人成为善人的源泉——没有犯错。③ 同样，一般来说，在梦里把物体的像误认为物体本身，这一点对人不会有任何伤害。比如，彼得被天使解了锁链，引领出去，因这突如其来的神迹以为

---

① 同样，在 12.25.52 中，奥古斯丁坚持认为在理智之看中不可能有任何错误："因为它〔理智〕要么理解，那就拥有真理；它若不拥有真理，那就没有理解。"理智之看的对象就是实在，它们"不是体，也没有任何与物体相似的形式"（12.24.50）；奥古斯丁紧接着举出这些实在的例子，包括心灵、灵魂的各种美好品性、理智本身、各种美德，最后还有上帝本身。另外，在 12.31.59 中他举敬虔、信心、盼望和忍耐作为例子说明理智在光照下所看见的对象。如 Agaesse – Solignac 49.579 所指出的，当奥古斯丁在这里以及其他地方举例说明理智在上帝光照下看见的对象时，例子基本上是属于伦理学或神学领域的。当光照用于通过感性认识获得的经验所知道的对象时，比如拱门、人，目的不是为了形成概念，而是为了构建所知对象的法则或者定义它必须是什么，见 Gilson 90–91。
② 他在前一节主张灵魂里对永恒真理的理智之看不可能出错。但是同一个灵魂也可以论断可变的感官对象，而这些论断是有可能犯错的，不过这类错误无害于灵魂，只要灵魂不丧失它对永恒真理的看。知道永恒真理的正是 ratio superior（高级理性），它包含智慧（sapientia）；论断感性事物的是 ratio inferior（低级理性），它包含知识（scientia），见 *De Trinitate* 12 及 Gilson 115–126。一个不会犯错，一个会犯错。但它们不是两个不同的官能，它们乃是同一个心灵或理智的两种职责。
③ 假想的反对者认为，当好人受蒙骗，以为某个私下作恶的人是好人时，会有危险威胁他们。奥古斯丁否认有任何真正的危险，除非心灵关于圣善本身陷入错误之中。

自己看见了异象;① 或者他在出神状态中回答说"主啊,这是不可的!凡俗物和不洁净的物,我从来没有吃过"②,以为在天上降下的器物中向他显示的是真的活物,但彼得都没有因这样的误解而受伤害。当我们发现所有这些事并不是我们当时看见它们时所以为的那样,我们并不因它们以这种方式向我们显现而感到遗憾,只要我们不是顽固地否定信仰或者持有虚妄而渎神的观点。同样,当魔鬼用属体的看欺骗我们时,我们并没有因他对我们的眼睛耍了花招而受伤害,只要我们不偏离真正的信仰,不丧失健全的理智——上帝藉此③教导那些顺服于他的人。再者,即使魔鬼利用物体的影像通过某种属灵的看欺骗灵魂,使它在没有物体的地方误以为有,只要灵魂不认同阴谋,就不会受到任何伤害。

第十五章　不洁的梦无可指责

如何看待睡梦中的认同

31. 因此有时会产生这样一个问题,当人甚至梦到身体交媾行为——不仅违背他们原本的善良意图,甚至也是法律不允许的——时,他们在睡梦中是否认同。之所以会做这样的梦,只能因为入梦的事物是我们清醒时经常想到的(不是认同享乐,而是想到它们,就如同出于某种原因我们谈论此类事),在入睡时就出现形象,本能地触动了肉身。然后,身体本能所聚集起来的东西通过生殖器官发泄出去——这样的事,我若完全不思考它,就不可能谈论。

如果这些属体之事——我必须先想到它们,然后才能谈论——的影像(phantasia)④ 出现在睡梦里,非常清晰,就如真实的事物出现在清

---

① 《使徒行传》十二章 7—9 节。
② 《使徒行传》十章 14 节。
③ 从上下文看,似乎应该是 qua,在 Bru 和 m 用的就是这个词。
④ 关于 phantasia 和 phantasma 之间的区别,见第 225 页注④。

醒的人面前，那就可能出现不洁行为——这样的行为若在清醒时发生，不可能无罪。然而，至少在谈论这个问题，并且出于话题的需要，说到自己曾经的性交行为，此时有谁能克制不想他正在谈论的这个话题？此外，当谈论者在自己思想中产生的影像本身在入睡者的梦里变得极其鲜明生动，与真实的性交行为难以区分时，它就即刻触动肉体，本能的结果就产生了。但这事却没有罪，正如一个人清醒时谈论这个问题没有罪，尽管他要谈论它必然要想到它。

但是灵魂的善良品性（affectionem bonam）因渴望更完全之物而得以洁净，灭绝许多不属于肉体本能活动的欲望。贞洁的人清醒时能抑制并克服这些欲望，但在睡梦中无能为力，因为他无法控制与物体难以区分的那些属体影像的出现。然而由于这种正当禀性，灵魂有时在睡梦中也彰显它的功德。比如，所罗门甚至在迷睡中也宁愿选择智慧，舍弃其他，向主恳求它，对其他毫无所思；而这，如圣经所证实的，使主喜悦，他没有任这美好的愿望长期不得好报。

第十六章　所感知到的物体并没有在灵里产生影像；灵在自身中产生影像

身体感觉如何使自己与可见世界相关

32. 因此，身体的感觉属于可见的有形世界，通过五大感官的通道流射出来，这些感官甚至能感知远处的事物。[①]　光是身体里最精致的元素，因而也比其他元素更接近灵魂；它首先通过眼睛在一种纯粹状态中弥散，从眼睛里放射出光线，看见可见之物。[②]　然后，它以某种方式与

---

① 在本章中奥古斯丁概括了他关于感觉的心理学观点，他在《〈创世记〉字疏》（上）3.4.6—3.5.7 以及本书 7.13.20，7.15.21 以及 7.19.25—7.20.26 中详尽论述了这些观点。
② 参见 Epist. 166，同上（见上面注释 45；CSEL 44.551，3-7）："如果物体就是这样一种实体，它以一定的长度高在空间中静止或运动，大的部分占据大的空间，小的部分占据小的空间，它的任何部分小于它的整体，那么灵魂不是物体。"

241

纯粹的气结合，与雾状和气态的气结合，与某种凝重的液体结合，以及与固体物质结合。在这四种状态中，再加上在视觉中的纯粹状态，也就是最完全的状态，它产生出五类感觉。① 我记得在第三卷②和第七卷已经讨论过这个问题。

要知道，眼睛看见的这个天，以及它发光的星辰和光体，比所有其他有形物质完全得多，③ 正如眼睛的视觉是身体感觉中最完全的。但是毫无疑问，每个灵都高于每个体，所以属灵的事物高于这个属体的天，不是因为所处的位置，而是因为本性的卓越；④ 同样，产生物体之影像的那个灵也享有这种卓越性。⑤

影像如何在灵里产生

33. 在这种关联中，有一件奇异的事需要注意。灵优于体，物体的影像后于真实的物体。但由于时间上在后的产生于本性上在先的，所以灵里面物体的影像要比物体本身的实体更加卓越。

我们当然不能认为体在灵里产生某物，似乎灵作为质料从属于体的活动。生产某物的人在各方面都比他借以生产的事物更加优越。而身体绝不可能优于灵，相反，灵明显地优于体。因此尽管我们先看见以前不曾见过的物体，然后在我们灵里产生关于它的一个影像，当它不在眼前时，我们就在灵里回忆它，然而并非物体在灵里产生这个影像，是灵在自身内产生影像。⑥ 它产生影像的速度惊人，远超过行动迟缓的体。只

---

① 见《〈创世记〉字疏》（上）3.4.6。
② 我想奥古斯丁这里有点疏忽了，他是在第三卷和第七卷讨论过这个问题，见本书第241页注①。不过，在《〈创世记〉字疏》（上）4.34.54 中他确实提到光从眼睛里发射出来的观点。
③ 参见 De Gen. ad. Litt. Inperfectus liber 8.29（CSEL 28/1.479, 16-19 Zycha; ML 34.232）。奥古斯丁主张天体比地上的物体卓越得多。
④ 参见 De libero arbitrio 3.5.16（CSEL 74.103-4 Green; ML 32.1278-1279）。
⑤ 构想出物体之像的能力必定比星更加卓越，因为它就是非物质的灵魂本身。
⑥ 这里奥古斯丁的感觉论的基本原则以三段论形式确定下来。同样的论证在 De musica 6.5.8（ML 32.1167-1168）中以略微不同的形式表述。

要眼睛一看见对象,① 看见者的灵就旋即形成一个影像,没有片刻迟延。

听觉也同样。若不是灵在自身中对耳朵听到的词瞬即形成影像并保留在记忆里,人就说不出第二个音节是否真的是第二个音节,因为第一个早已在敲打耳朵之后消失了,不再存在。这样,所有的说话习惯,所有甜美的歌声,我们身体所有的活动意向,都会消解,归于无有,如果灵没有保留过去的身体动向,将它们与后面的运作相联结。而灵只有在自身中构成这些动向的影像,才能保留它们。再者,我们在自身内先构建未来活动的图像,然后再开始实施活动本身。灵若没有预先在思想中构建活动的形象,先在自身内看见一切可见活动的样子,并以某种方式规范它们,我们如何通过身体施行活动?

第十七章　三个异乎寻常的案例:鬼魂附体的人、神志迷糊的人以及身体剧痛的孩子

为何连鬼灵也知道属灵样式

34. 恶灵是如何知道我们灵魂里关于物体的这些属灵样式,② 或者我们这个属土的身体如何干扰我们的灵魂,妨碍它看见我们彼此灵里面

---

① 奥古斯丁不希望我们以为是眼睛看,因为他在第四章说过身体并没有看见,而是灵魂透过身体看见。因此他的意思是,灵魂把身体作为一个看的工具,但他使用通行的术语阐述这个问题。

② 从这话以及 12.22.48 中可以看出,奥古斯丁显然主张天使——不论善恶——可以读出我们的念头。关于心里的秘密(secreta cordis),即我们最内在的念头,与我们将来的自由行为相关的念头,教父们通常认为天使能够读出它们,见 G. Bareille, DTC 1 (1909) s.v. "Angeologie d'apres les Peres", 1200-1201。奥古斯丁这里(十七章)谈到约伯的试探,以及 Enarr. in Ps. 7.9 (CCL 38.42-43; ML36.103-104) 所说的,都与传统教义相一致。但在 Retract. 2.56 或 2.30 (CSEL 36.167 Knoll; ML 32.643) 中谈到鬼灵知道人的 dispositiones (意向),他怀疑他们拥有这种知识是通过对某种人眼看不见的物质变化的感知,或者通过某种直接的属灵途径。我们不太清楚他的 dispositiones 是否就是其他神学家通过 secreta cordis 所指的东西,但无论如何,他对自己的论断也并不肯定。

的影像,这是很难回答、无法解释的问题。但是我们有大量的证据表明人们在鬼灵的蛊惑下产生念头。不过,如果这些灵能看到人内在的美德,就不会试探他们。比如,如果魔鬼能看见约伯内心那非凡而神奇的忍耐,无论如何都不会百般探试他,免得屡试屡败。此外,恶灵从相隔很远的地方预告一个事件的发生,若干时间后事件真的发生了,这种能力也不足为奇。因为他们不仅有比我们敏锐得多的感知能力,包括对物质事物的感知,而且其身体也远比我们的精致,反应敏捷,速度惊人。①

某些鬼魂附体者的异象和预言,比如有这样一个迷狂者……

35. 我曾了解一个被不洁之灵附体的人。② 当一位祭司从十二英里开外的地方出发来看他时,他虽待在家里,却可以说出此事。他还能说出祭司走到了何地,离他有多远,何时进入园子、房子、卧室,直到最后站在他面前。虽然这个被鬼灵附体的人没有亲眼看见这一切,但他若不是以这种或那种方式看见,不可能如此准确无误地说出整个过程。

但此人当时正发烧,说话如在迷狂状态。或许他真的是迷狂,但因为他说的那些话,人们认为他是被鬼灵附体了。家人给的食物,他一律不吃;祭司给的,才吃。对于自己亲人的关心,他尽其所能强烈抗拒。只有当祭司到来后,他才安静下来,也唯有对祭司才举止礼貌,顺服应答。但他的迷疯或着魔状态没有因祭司的到来而好转,直到他的烧被治好,就如迷狂的人接受常规治疗后才恢复正常。之后他

---

① 关于奥古斯丁对天使身体的观点,见《〈创世记〉字疏》(上)第二卷第84页注②。
② 关于这个例子,W. Montgomery,"St. Augustine's Attitude to Psychic Phenomena",*Hibbert Journal* 25 (1926) 101 说,如果有可能检验证人,我们可能会提出许多问题,但他又说:"这个例子给人的强烈印象是:事件是真实的,记录是准确的。另外,对待它的态度也是非常严肃的。"

的病症就没有再复发。

某个真正的迷狂者

36. 我还知道另一个无疑也患有迷狂症的人,他说到某个女人的死,但他预言时似乎不是在预言一个未来事件,而是在回顾一个过去事件。"她死了,"当有人在他面前提到这个女人名字时,他说,"我看到她被抬出去,他们抬着尸体沿着这条路走。"他说这话时,她还活着,并且活得好好的。但是几天后,她突然死了,并且被抬出去的路线正是他所预言的路线。

某个患重病孩子的异象

37. 我们中间①还有个男孩,正当进入青春期,生殖器出现病变,十分疼痛。医生无法诊断这个病,他们只知道一点,受感染的神经隐藏在该器官内部,因此即使切除他那偏长的包皮,也还是看不到神经,要找到神经极其困难。而用来蒸馏的一种黏性的辛辣液体使睾丸和腹股沟都发炎了。剧烈疼痛持续的时间不长;但每次疼痛出现时,小男孩一边惨叫,一边四处打滚,像疯子一样,就如人们的肉体遭受极度痛苦时表现的那样。然后,他在惨叫过程中丧失全部感觉,张大眼睛躺着,看不到人,呆若木鸡,甚至有人捏他时也毫无反应。过了一会儿,他就清醒过来,好像从睡梦中醒来,不再有痛感,还能把所见所闻讲出来。然后,不出几天,他又会经历同样的过程。他说,在所有或者说几乎所有异象中,他看到了两个人,一个老人和一个男孩,他的所见是他们指明的,他的所闻是他们告诉的。

---

① Apud nos. 奥古斯丁于公元388年回到塔加斯特(Tagaste)后,建了一个小修道院,成了主教之后,就将它移到希坡(Hippo)。因为这里提到的男孩当时追求一种圣洁的生活(见这一章的最后一句),所以他很可能刚加入宗教团体,而"我们中间"意指"在我们修道院中"。

该孩子丧失知觉后见到的关于敬虔者和不敬者的异象

38. 一天，他看见一群敬虔者唱着喜乐的圣歌，沐浴在奇妙的光里，同时也看到一伙不敬的恶人被黑暗包围，遭受各类痛苦的折磨。老人与男孩引导着他，向他解释说明为何一群人配得幸福；另一群人该遭不幸。他是在大斋节之后的复活节那天看见这个异象的，在整个大斋节期间他都没有感到一丝痛苦，而之前他每次病痛发作只有三天的间歇，几乎没有享受过这么长时间的安宁。在大斋节之初他就曾在一个异象里见到这俩人，他们向他许诺，四十天内他不会有痛苦。后来又给他开了个药方，建议他切除包皮。他照着这个建议做了以后，很长时间都没有遭受痛苦。但是当旧病复发时，他又见到相同的异象，他们进一步建议他下到海里，让海水没到大腿，片刻后上岸。他们向他保证，从那时起，他再也不会经历以前那样的痛苦，唯一让他感到不爽的就是我们上文提及的黏性液体。

这个故事后来的发展是这样的：他再也没有像以前那样丧失知觉，也不再像以前那样——当痛苦袭来，凄厉哭叫之后，突然变得安静，丧失知觉，看见异象①。而是在医生的治疗下康复了，只是不再坚定地追求圣洁。

第十八章　灵魂里产生影像很神秘

属灵异象产生的原因是什么

39. 如果有人能找到这些异象和预见的原因，它们所遵循的方式，确定地领会这些问题，我倒愿意听从他的，而不是让其他人看我的讨

---

① 采纳 Val 和 m 的 quale，而 z 写作 nisi。

论。然而，我不会保留自己的观点。因此博学者不会嘲笑我太过自信，初学者也不会视我为师，两者都会把我看作一个讨论、研究问题的人，而不是知道答案的人。

我认为所有异象类似于梦境。而梦境有时虚幻，有时真实，有时混乱，有时祥和。真实的梦境有时极似未来之事，甚至是明确的预示，有时又晦涩难解，可以说包含寓意。所有这些异象也同样如此。只是人们喜欢猎奇，对反常的事刨根问底，而对日常生活中经常发生的类似事件，却往往熟视无睹，尽管它们的源头可能更加隐晦。① 就话语来说，即我们说话时使用的符号，当人们听到一个奇特的词，他们首先会问它是什么（即，什么意思），得知它的意思之后，他们又追寻它的源头。然而我们日常讲话中使用的许多词语，他们并不知道其源头，却并不为憾。同样，当一个奇异的事件发生，不论是属体领域的，还是属灵领域的，他们就急切地寻求原因和本质，要求博学之士作出解释。

不论异象的本质是什么，知道它不是属体的就足够了

40. 比如，有人问我 catus 这个词的含义，② 我说它的意思是"聪明的"（prudens）、"敏锐的"（acutus）；但他并不满足，继续追问 catus 的源头是什么，我通常会反过来问他：那么 acutus（"敏锐"）的源头是什么呢？对此他同样一无所知，只是因为对该词习以为常了，不知道它的起源也无所谓。而当一个词听来很陌生时，他以为若不去追溯它的源头就不能知道它的意思。

---

① 奥古斯丁指出，灵魂里持续不断地产生影像，这比发生异乎寻常的迷狂要更神秘、更奇异。Seneca, *Nat. quaest.* 7.1 在思考所观察到的日常的天体运动时也提出类似的观点。在常规事物中发现神奇之处，这是奥古斯丁最喜爱的一个主题，见比如 *Sermo* 126.3.4（ML 38.699）。

② Catus：精明的、聪明的、敏锐的，一个萨宾词，与 acutus 同源，Cic., *De leg.* 1.16.45 使用时附有说明："那正是我所想的。"在古典散文中并不常用。见 TLL 3.623, 18—73。

同样，当有人问我迷狂状态中出现的那些与物体相似的异象——对灵魂来说是一种很罕见的经验——从哪里来时，我会反过来问他，平时睡梦中出现在灵魂里的影像从哪里来——这是人们几乎或者完全不关心的一个问题。人们会认为这些异象没什么奇异之处，因为天天发生；或者对它们没多大兴趣，因为它们只是一种普遍的经验。如果说人们不去探究这些事是对的，那么收起他们的好奇心、不去探究那些奇特的异象就更对了。令我更为惊奇的，不是睡梦中甚至迷狂中的异象，而是当我想到灵魂在自身内形成那些肉眼所见之物的影像，何其迅速，又何其轻松，简直令我拍案叫绝。不论这些影像的本质是什么，可以确定它们不是属体的。谁若不满足于这样的知识，可以向其他人寻求它们的起源；我得承认我对此一无所知。

第十九章　异象的原因

属灵异象如何产生

41. 我们考察一下例子就很容易证明我所要确立的观点。① 身体的一些状态，比如脸色苍白、脸色泛红、颤抖，甚至还有疾病，有时是出于身体上的原因，有时是出于灵魂上的原因。就身体原因来说，这些症状是由于某种湿气，或某种食物，或其他物质从外面侵入引起的身体反应。就灵魂原因来说，当灵魂因恐惧而不安，或因羞愧而混乱，或者被愤怒、爱或任何一种情感激发，也会产生这些症状。这是本能反应，因

---

① 在本章奥古斯丁简洁地解释了影响身体和灵魂的异常变化。他的解释如下：I. 身体里异常的变化是由于 A 身体原因，比如湿气、食物；或者 B 灵魂原因，比如恐惧、羞愧。II. 灵魂的异常体验是由于 A 身体里的某些事，就如梦里和神志迷乱时发生的；或者 B 灵魂里的某些事，比如心智（尽管身体正常）被带入某种异象：1 心智同时使用身体感官，或者 2 心智完全独立于感官。IIB 里所描述的异象是由某个灵——不论善灵还是邪灵——引发的。

为人身上那种富有生命力的、支配性的力量在自身受到深度触动时，就会更深地激发他。

同样，当灵魂凝视呈现在面前的对象——不是通过身体感官，而是通过某种无形的实体——时，如果它不能确定看到的是物体还是物体的像，它的这种状态有时归因于身体，① 有时归因于某个灵。就身体原因来说，可以认为这是因为身体的一种自然现象，比如入睡后出现的梦境，睡眠是身体的一种功能；或者因为身体有病。就后者来说，有时由于感官失调，比如神经错乱的人在看见物体的同时也看见物体的异象，这些异象在他们看来就如同物体本身呈现在眼前；有时由于感官不再运作，比如当人患上恶疾又久治不愈时，② 往往会发生这种情形，尽管人是活的，但短时间内丧失感知觉；恢复知觉后，就会叙述他们看见了许多事物。

但这些异象也可能是因为某个灵的活动，使正常、健康的人陷入迷狂或出神状态，他们或者通过身体感官看见真实的物体，通过灵看见与真实物体难以区分的影像；或者脱离感官转向内在，完全不再通过感官感知，而是藉着这属灵异象沉湎于物体的影像之中。如果使他们迷狂的是某个恶灵，那他就使他们或者着魔，或者狂乱，或者成为假先知。相反，如果是使他们迷狂的是善灵，那他就会启示他们对奥秘作出可靠的阐释；或者赋予他们理解力，③ 使他们成为真先知，或者当下帮助他们看见并叙述那必定通过他们显示的异象。④

---

① 这一点在下一章解释。
② Male adfecti.
③ 当一个人叙述异象时，他并不必然就是一个先知，尽管异象可能包含预言之意。但是当他的心灵被照亮，使他能够明白并解释异象的意义时，他就真的成了先知。
④ 这些人暂时得赋予说预言的恩赐。奥古斯丁将他们与"真先知"相区别，只是因为说预言的恩赐在他们并非惯常之事。

第二十章　感知觉的障碍

身体如何产生属灵异象

42. 当产生这些异象的原因在于身体时，呈现异象的并不是身体，因为它没有能力构建任何属灵事物。事实上，当注意力①的通道——从大脑出来调节感知方式——进入休眠或者受到干扰或者被阻塞，灵魂（它自身不可能放弃这个功能）被身体完全或者部分阻挡，不能感知物体对象或者把它的注意力引向这样的对象，于是就在灵里聚合物体的样式，或者凝视那些向它呈现的事物。如果它自己将它们聚合起来，它们只是曾经所见之物的影像；如果它凝视向它呈现的影像，它们就是某个异象中的影像（ostensiones）。

最后，当眼睛患上眼疾或者完全丧失功能，大脑无法再配合它引导感觉的注意力（intentio sentiendi），眼睛就不会有视觉；但这正是身体阻碍属体的看。瞎子看见事物是在入睡时，而不是在醒着时。在入睡者的大脑里，把注意力引向眼睛的感觉通道休眠了，于是这注意力转向别处，看见了梦里的影像，似乎它们是呈现在眼前之物的样式。结果，入睡者以为自己醒着，看到了事物本身，而不是它们的影像。但当瞎子醒着时，视觉注意力（intentio cernendi）按常规通道被引导到眼睛，但只能停留在那里，无法推出去（exseritur）②。因此瞎子意识到自己醒着，只是在黑暗中看，尽管在白天，而不是在睡梦中（不论白天还是夜晚）看。

---

① 关于 intentio 在奥古斯丁笔下的含义，见第 224 页注②。关于奥古斯丁的感觉心理学，见 12.16.32。
② 奥古斯丁用一种奇特的方式来描述感觉。灵魂的注意力被灵魂"派出"或者"推出"（exeritur）到对象；或者如他在本章后面所说，它被"奋力引向"（nititur）对象。

有些人虽不是瞎子，但睁着眼睛入睡，眼睛通常视而不见，但这不是说他们什么也看不见，因为他们在灵里看见梦中的影像。如果他们醒着，把眼睛闭上，那他们既看不到梦中的景象，也看不到现实的景象。感觉通道并没有休眠或者受困或者被阻，而是从大脑伸展到眼睛，将灵魂的注意力引到身体的那两扇大门，只是它们关闭了。结果就是，物体的影像浮现出来，但它们绝不会与眼睛看到的物体本身相混淆。

身体与灵魂紧密相连

43. 既然身体里存在这样一个障碍物，那么确定这个妨碍感知觉的障碍物的位置非常重要。如果障碍存在于感官的入口处（眼睛、耳朵或者其他感官），那么只有身体的感知关闭，灵魂的注意力并没有转向别处，不会引导它把物质影像误认作物体本身。

但是如果原因在大脑——感觉的通道从大脑伸延到外在对象——那么注意力的通道就处于休眠状态，或者受到干扰或者被阻塞。这种情形下，灵魂仍然奋力引导它的能量渗透这些通道，经过这些通道它通常可以看见或感知外在事物。因此它构想出栩栩如生的相似物，甚至无法将物体的像与物体本身相区分，不知道自己面对的是哪个。当它真正知道的时候，它的知识完全不同于当它在有意识的思考中沉思或者瞥见物体之像时所拥有的知识。这种现象唯有那些经历过的人才能明白。我曾在入睡时意识到我在睡梦中看见了某物，① 但是我不能将我所看见的物体之像与真实物体明确区分，而在我们闭眼沉思这样的像时或者当我们置身于黑暗之中时，我们通常能确定地作出这种区分。灵魂的注意力或者被一直带至感官那里——如果感官受损关闭；或者留在大脑自身里——通常注意力从大脑出来指向外部对象，出于某种特殊原因，它可能被引

---

① 奥古斯丁描述过（12.2.3）他在梦里意识到自己在做梦。他还提到，这种意识并不表明他完全认识梦里所见到的影像的本质。

向别处。不论哪种情形，灵魂有时知道自己看见的不是物体，而是物体的样式；有时——如果缺乏教导——它可能认为这些样式就是物体，但意识到它不是通过身体而是通过灵感知它们。然而心灵的注意力在这些情形中的运行方式与它在身体器官上发挥作用时的方式远为不同。因此瞎子也知道，当他们通过某个确定的观念将想象的物体之影像与他们无法看见的物体本身相区分时，他们是清醒的。

第二十一章　在属灵的看中，不同的原因并不意味着不同类型的对象

某种属灵力量引发的异象

44. 然而，即使身体状态良好，感官功能正常，灵魂也会被某种神秘的属灵力量带入一种异象，看见事物的影像，体验方式的不同并不证明所见之对象的本质不同，因为同样是出于身体方面的原因，也各有不同，有时甚至完全相反。比如，就那些处于迷狂状态但没有入睡的人来说，原因更可能是头部的感官通道受到干扰；结果就是，他们看见了通常只在睡梦中看见的事物，因为注意力偏离清醒时的感知觉，转向这类异象。因此，尽管一种情形发生在未睡状态，一种发生在入睡状态，所看见的事物在本性上依然并无不同，它们都属于灵，物体的影像源于灵，存在于灵。

同样，当人身体健康、完全清醒时，他的灵魂被某种神秘的属灵力量带走，使他在灵里看见物体的虚幻影像，而不是物体本身，这种注意力的错乱在不同时候可能原因不同，但所见之对象的本性是一样的。

我们不能认为，当原因在于身体时，灵魂总是靠自己的能力沉思物体的影像，就如通常在思想中那样，不需要任何超验的预见；也不能说只有当灵魂被某个灵抬升凝视这样的异象时，它们才是上帝向它显明的

异象。圣经清楚地说"我要将我的灵浇灌凡有血气的。你们的少年人要见异象，你们的老年人要做异梦"①，因而将两者都归于上帝的作为。它又说："有主的使者向他梦中显现，说：'不要怕，只管娶过你的妻子马利亚来。'"② 在另一处说："带着小孩子去往埃及。"③

第二十二章　难以解释为何某些异乎寻常的事物显现于灵

人的灵被善灵提升必有某种含义

45. 在我看来，一个人的灵被善灵提升看见这些影像，它们必定包含某种特别的意义。诚然，如果是身体的原因导致人的灵凝神注视这些影像，④ 并不能认为它们总有某种含义。然而，它们若是出于某个灵的启示，为了显明什么，不论是向入睡的人显示，还是向某个因疾病困扰以至脱离感官的人显示，那总有一定的意义。我知道有这样的人，完全清醒，既没有身患疾病，也没有精神错乱，只因某种神秘力量的作用，就成了说预言的，能说出灵启的思想。这样的事不仅发生在那些完全无意于此事的人——比如大祭司该法身上，他虽然完全无意说预言，但说了预言；⑤ 而且也发生在那些从事这一行业，对某些将来事件作预告的人身上。

年轻人的戏言变成了预言

46. 有一群年轻人出游，出于好玩心理，想玩一个把戏，就假称他

---

① 《约珥书》二章 28 节（Vulg.），三章 1 节（Hebr.）；《使徒行传》二章 17 节。
② 《马太福音》一章 20 节。
③ 《马太福音》二章 13 节。
④ 12.20.42—43 已经解释何为身体原因。
⑤ 《约翰福音》十一章 50—51 节。

们是占星家——其实他们对十二星相一无所知。① 他们注意到这家主人非常惊异地听着他们谈话，并且认定他们所说完全正确，于是他们充满信心地作出更大胆的预测，而主人仍然对之入迷，完全相信他们所言之事。最后，他向他们寻问他儿子的安危，因为儿子离家多时，甚是想念，不知何时能归，他担心孩子，恐其不测。这群年轻人只想让这位父亲高兴一下，没有考虑他们一离开他就会发现真相；何况他们马上就要离开，所以他们回答说，他儿子很安全，正在回家的路上，当天就会到家。他们并不担心一天过去之后，这位父亲可能会追上他们，揭露他们的把戏。但是——重点来了——当他们还在他家，正准备起程时，儿子本人突然出现了。

另一年轻人无心的模仿表演成了预言

47. 还有一次，某个有许多偶像的地方正举行一个异教节日，有个年轻人在笛子的伴奏下翩翩起舞。② 虽然没有被灵附体，但他在夸张地模仿迷狂的信徒，而看他表演的人也心知肚明。在这些节日中，按照惯例，在午餐之前通常先举行献祭，敬拜者体验狂野的仪式；午餐之后，如果哪个年轻人想要模仿表演，一般都是被允许的。所以就在那一天，这个年轻人正为周围喜气洋洋的人群表演助兴时，出于玩笑的心态他让他们安静下来，然后预言说，当晚在附近的森林里会有狮子咬死人事件，而次日拂晓每个人都会离开节庆之地，一起去看那个人的尸体。结果他的预言一丝不差地应验了。然而，当时那些看热闹的人从他的一连

---

① Utrum duodecim signa dicerentur，直译："不论这些星相是否称为十二星相"，或者"不论这十二星相是否（在星象家中）被讨论"。十二星相就是黄道十二宫图，见 Aratus, *Phaenomena*, tr. By Cicero, 317–319 (*Poetae latini minores* 1.21 Baehrens); 参见 Cic., *De div.* 2.42.89。
② 奥古斯丁对这些异教节日很熟悉，年轻时不时见证它们。见 *De civ. Dei* 2.4，他在书中作了描述，并且谴责它们在这样的场合举行污秽不堪的仪式。

串表情和行为非常清楚地认识到,他根本不曾有过灵魂附体或灵魂出窍的体验,他说那些话只是出于好玩,所以表情是轻松愉悦的。而他本人对所发生之事比任何人都更为惊讶,因为他比任何人更为敏锐地意识到是他里面的灵让他说出那些话。

很难知道异象如何在灵里出现或形成

48. 这些异象是如何进入人的灵的呢?它们是在灵里形成的吗?或是充分形成之后再浇灌在灵里,并通过某种结合显现出来?若此,那就是天使将自己的思想以及事物的样式——他们藉着对未来事件的知识,预先在自己的灵里形成了这些事物的样式——向人显明。天使也通过这样的方式看见我们的思想,[①] 当然不是用眼睛看见,因为他们不是用身体看,而是用灵看。但两者之间有一点不同:无论我们愿意与否,他们都能知道我们的思想,而我们却无法知道他们的思想,除非他们向我们显明。我相信,那是因为他们有能力用属灵的方法隐藏自己的思想,正如我们可以设置障碍,干扰别人的视线,从而隐藏我们的身体。我们的灵里面究竟发生了什么,为何有时候人只能看见影像,尽管它们包含某种意义,他却不知道它们是否有寓意;但有时候人又能意识到这样的影像具有某种意义,只是对具体什么意义一无所知;还有时候人的灵魂藉着某种更完整的启示既能在灵里看见这些影像,又能通过理智明白它们的意义,这是为什么呢?要回答这些问题真是困难之极,即使我略知一二,要讨论、解释这个问题也是个艰难无比的任务。

---

① 关于天使能读出我们的思想这个问题,见第 243 页注②。

第二十三章　概述物体的样式在灵里被看见的几种方式

概述：我们里面有一个能形成物体之样式的属灵本性

49. 不过，我想，现在可以充分表明一点，即我们里面确实存在一个属灵本性，属体事物的样式（similitudines）就在它里面形成。这个属灵本性的功能表现在：当我们通过身体感官接触一个物体时，我们的灵当即形成这个物体的影像，并把这个影像贮存在我们的记忆里；当我们想到原先知道但不在眼前的物体，以便从它们形成某种属灵异象，看见那些甚至在我们开始想它们之前就已经存在于我们灵里的影像时，[①] 也是这个属灵本性在发挥作用；或者当我们凝视那些我们不认识但确信其存在的事物的样式，不是看见它们的本体，而是看见它们显现给我们的样子时；或者当我们任意地、虚幻地构想其他并不存在或者我们不知道其存在与否的事物；或者当各种物体的不同样式未经我们同意甚至违背我们的意愿从不知何处进入我们的灵魂时，这个属灵本性都在发挥作用。

另外，当我们准备实施某种身体活动时，也正是我们里面的这个属灵本性在运作：我们安排整个活动的各个步骤，并在思想里把每一个步骤预演一遍。就某个活动本身来说，比如我们讲话，比如我们做事，身体的每个动作都作为一种样式预先在我们灵里排练过，这个活动才能实施（比如音节，不论多短，若不是预先在思想里规划好，就不可能正确发出来）。同样，当人入睡做梦——不论有无意义；或者由于身体不

---

① 奥古斯丁这里谈到的影像，由以前的感知觉获得，贮存在记忆里，还没有被想到，要把它们再次唤醒才能成为思想对象。

适，感觉的内在通道受困，灵把物体的影像与物体本身混淆，不可能或者几乎不可能将两者相区分（不论影像有无特定意义都有可能发生这种情形）；或者由于某种重疾或病痛的影响，灵魂注意力的内在渠道——灵魂通过这渠道把注意力"派出"或"推出"——受阻，无法藉着感官认识对象，于是，灵陷入一种比睡眠更深沉、更奥秘的无意识状态，同时，物体的影像——不论是否包含意义——产生或者呈现出来，这些都是灵魂里的属灵本性受到了影响所致。

最后，灵魂的这个属灵本性还在以下情形中发挥作用：没有任何身体原因，灵魂被某个灵占据，上升，看见物体的样式，同时也使用身体感官，将感官对象与对象的影像混淆；或者灵魂被某个灵控制，完全脱离身体感官，转向内在，不被任何事物吸引，只专注属灵异象中的物体样式——在这样的状态中，我认为看见的不可能是毫无意义的异象。

第二十四章　属灵异象优于属体异象，属理智异象优于属灵异象

属灵异象与属理智异象之间的区别

50. 在这个属灵本性中产生的不是物体，而是物体的样式，因此，它所拥有的异象低于心灵或理智[①]以理智之光看见的异象。因为正是通过这后一种力量，才能对较低等级的事物作出判断，才能看见那些实在，它们不是体，没有任何与物体相似的形式，比如心灵本身以及灵魂的各种美好品性（与之相对的是灵魂的不良习性，人因此受到指责和谴责是完全合理的）。若不通过智力活动，怎么能看见理智本身呢？我

---

① 这包括理智（intellectus）和理性（ratio）："我们习惯于用 mind（心灵）这个词来表示我们里面属理性和理智的部分。"（Aug., De anima et eius origine 4.22.36 [CSEL 60.414, 13-14 Urba-Zycha; ML 44.545]）

们看见仁爱、喜乐、平安、坚忍、友好、善良、信心、温顺、贞节①以及诸如此类的事物也是这样，由此我们靠近上帝，最后看见上帝本身，② 万物都本于他（ex quo），依靠他（per quem），在于（归于）他（in quo）。③

三类异象的高低顺序

51. 这样说来，同一个灵魂通过不同方式的看形成不同的异象：它通过身体感知对象，比如有形的天地以及天地间显现出来能为人所知的事物；它通过灵看见事物的样式——这个问题我们已经有详尽的讨论；④ 以及通过心灵理解那些既不是物体也不是物体之像的实在。当然，这些异象有一个等级结构，有高低优劣之分。属灵异象优于属体异象，理智异象又优于属灵异象。若没有属灵异象，属体异象不可能产生，因为正是在我们通过身体感官接触物体的时候，灵魂里呈现出不同于所感知到的对象但与之相似的东西。如果没有这样的事发生，就不可能有感知外在对象的感觉产生。

因为不是身体在感知，而是灵魂藉着身体感知；⑤ 灵魂把身体当作一种信使，以便在自身中形成外在世界吸引它注意的对象。⑥ 因此属体异象的发生必然同时伴随着一种属灵异象。而两者之间的区分，要等到

---

① 参见《加拉太书》五章22—23节。
② 这里列举了属理智之看的对象，对于这份清单，Agu., *De Trin.* 12.14.23（CCL 50. 376, 54–58; ML 42.1010）添加了属体事物之可理知的和不变的形式（rationes），甚至包括物体运动的形式。见本书第239页注①。当奥古斯丁把上帝包括在理智之看的对象之中时，他并不是说在此生认识上帝的通常方式就是对上帝本体的某种直观之看，尽管他认为这样的一种看即使在此生也有可能藉着上帝特殊的恩赐而产生。见27章和34章。
③ "在于他"（in quo）是对经文的误解，它应该说是"归于他"。见上面第四卷注释7。但是奥古斯丁从三位一体角度解释该经文，认为"在于他"（in quo）指圣灵。见 *De fide et symbol* 9.19（CSEL 41. 375, 16–22 Zycha; ML 40.192）。
④ 见本卷6—23章。
⑤ 关于奥古斯丁的积极感觉论，见本书第19页注①，以及本书第233页注②。
⑥ 关于感官作为信使，见本书第19页注①。

身体感觉消失，在灵里看到那藉着身体感知到的对象时才有可能。另一方面，即使没有属体异象，也有可能出现属灵异象，比如，不在眼前的物体的样式出现在灵里，许多这样的影像通过灵魂的自由活动形成，或者自发呈现在它面前，与它自身的活动无关。此外，属灵异象需要理智异象对它作出判断，而理智异象不需要低于它的属灵异象。①

因此属体异象低于属灵异象，而两者又低于理智异象。因此当我们读到"属灵的人能看透万物，却没有一人能看透了他"② 这样的经文时，不能认为"属灵的""灵"就是那个与心（mind）相区别的灵（比如经文"我要用灵祷告，也要用心祷告"③），而要认为它源于另外的意义，就如以下经文所说的"又要将你们的心志（心里的灵）改换一新"④。我前面已经指出⑤，"灵"这个名称在另一个意义上就是指"心（心灵）"本身，指那种能力，即属灵之人看透万物的那种能力。因此我相信我们可以合理而自然地说，属灵异象处于理智异象和属体异象之间的中间位置。因为一个并非物体本身而是类似物体的事物，可以恰当地认为就处于那物体本身与那既不是物体也不类似物体的事物之间。

第二十五章　属体和属灵异象可能会错，但理智异象不会错

在哪些异象中灵魂可能受阻

52. 但灵魂被事物的影像蒙骗，不是因为这些影像有什么错误，而

---

① 但是奥古斯丁认为可能有一种幻像伴随着心灵的直觉活动，见《〈创世记〉字疏》（上）4.7.13。
② 《哥林多前书》二章 15 节。
③ 《哥林多前书》十四章 15 节。
④ 《以弗所书》四章 23 节。
⑤ 见 12.7.18。

是因为它自己的看法有错,因为缺乏理解,它将两类相似但不同的事物相互混淆。因此,当它把发生在身体感官里的事误以为发生在外在物体中时,①它就在属体的异象中受骗了,比如,人们在行驶的船上看岸上的静物,以为它们也是动的;或者当人仰望星空时,认为他们看到的星星是静止的,其实它们是运动的。同样,当眼睛的射线不能聚焦时,一个灯看起来就像有两个灯在闪;②或者水里的桨看上去似乎是折断的。类似的现象很多。当灵魂因为两物有相同的颜色或声音或气味或味道或触觉,就把一物误以为另一物,情形也与此相同。因此,锅里与蜡混合煎制的药膏被误以为是某种豆科植物,马车经过的轰隆声被误当作雷声;如果只用鼻子嗅,不使用其他感官,就会把香油当作柑橘;同样,一盘食物调点甜味就会以为是蜜制的,一个奇特的戒指在暗淡的光线中看起来是金戒指,其实可能只是铜或银。当眼睛意想不到地突然看到某个物体,灵魂在迷惑中以为看见了梦中影像或者某种类似的属灵异象,也可以说属于同样的情形。

因此在所有属体异象里,必须依赖于其他感官的证据,尤其是心灵和理性的证据,这样我们才可能在这些问题上尽其所能地找到真理。但是在属灵异象中,即在灵所看见的物体之像中,当灵魂把它所看见的对象当作真实物体本身时,或者当它将自己想象的、错误推测的某种属性归于它并没有看见、只是虚构出来的物体时,就受了蒙骗。而在理智的直观里,它是不受蒙骗的。因为它要么理解,那就拥有真理;它若不拥有真理,那就没有理解。所以灵魂在它所看见的对象上犯错是一回事,

---

① 奥古斯丁这里举了一些常用的例子来说明感官会骗人。这样的例子可见于许多作家笔下,包括基督徒和非基督徒作家,比如亚里士多德、狄奥根尼(Diogenes)、拉尔修(Laertius)、恩披里柯(Empiricus)、卢克莱修、西塞罗、塞涅卡、德尔图良(Tertullian)、杰罗姆(Jerome)、奥古斯丁,但奥古斯丁的一些例子似乎基于他自己的观察。见本人论文"Remus Infractus", *Classical Bulletin* 28 (1951–52) 25–26。
② 这里的推测是,光从对象到达眼睛,光的射线从眼睛派送到对象(见12.16.32)。但是如果后一种光线没有聚焦,对象看起来就有重影。卢克莱修 4.447–450 说,这种现象可以通过把手指压在一个眼球下来验证。

它因为没有看见而出错是另一回事。

第二十六章　两类"被提"：属灵的和属理智的

上帝引发的属灵异象

53. 所以，当灵魂被提（rapitur），离开身体进入某种异象，在灵里看见事物的影像，此时，它完全脱离身体感官，比它在睡眠里的状态更加深沉，但还没到死亡那种彻底状态。在这种情形中，正是藉着神的引导和帮助，它才认识到它是在以某种属灵的方式看，看见的不是物体，而是物体的像。正如人有时候也会在睡梦中意识到——还没清醒之前——自己在做梦。① 在属灵异象里也可能出现这样的情形，那将来之事以预像的形式向灵魂显现，被清晰地认定为将来之事，因为人心得到神的帮助，或者异象中有人解释它的含义，就如《启示录》里约翰所遇到的那样。② 这时的启示必然至关重要，尽管得到启示的人可能并不知道他看见异象时究竟是在身外，还是仍在身内，只是他的灵脱离了身体感官。如果这种信息没有向经历这种被提（raptus）的人显现，那他可能一直处于无知之中。

完全而有福的理智异象

54. 此外，如果一个人不仅被提，离开身体感官，藉着灵看见物体的影像，而且还被提，离开这些影像，来到——可以说——理智的或可理知的领域，③ 在那里看见纯粹的真理，不包含任何物体的影像，没有任何错误观点的疑云笼罩；在那里灵魂的美德既不是劳苦，也不是重

---

① 奥古斯丁在 12.2.3 中描述了他自己的经历。
② 《启示录》一章 10 节以下。
③ 关于奥古斯丁这里使用的这些词，见 12.10.21。

负。因为到那时，不再需要通过节制抵制情欲，不再依靠坚毅忍受逆境，不再仰仗公义惩罚恶行，不再需要坚守审慎避免恶习。唯一的美德以及全部的美德就是爱你所看见的，至高的幸福就是拥有你所爱的。因为在那里，福祉是从源头汲取的，那源头的几滴甘露洒在我们今生，[①]我们便能在此世的患难中以节制、坚毅、公义和审慎度日。

可以肯定，正是为了追求这样的目标——那里必有可靠的平安，必能看见无法言说的真理——人才不辞劳苦地克制欲望、忍受逆境、帮助贫穷者、反对欺骗者。在那里可见主的荣耀，[②] 不是藉着符号或者属体的异象，如在西奈山上看见的那样；[③] 不是藉着属灵的异象，像以赛亚看见的那样，[④] 像约翰在《启示录》里看见的那样；不是通过暗淡的像来看，而是通过直接的看，[⑤] 按人的心灵藉着上帝的恩典得以提升之后所能领会的，看见主的面。在这样的异象中，上帝与他面对面说话，因为上帝使他配得这样的交流。这里我们所说的不是属体的面，而是心灵的面。

第二十七章　赐给摩西的异象

摩西看见上帝属于哪一类异象

我想，我们必须在这个意义上理解经上所记载的摩西见到的

[①] 关于泉源这个比喻的使用，见《诗篇》三十五篇 10 节以及 Aug., *Conf.* 9.10.23。
[②] Cuthbert Butler, *Western Mysticism* (London 1922) 87 认为，奥古斯丁这里是在描述某种个人经历，他在这种经历中相信自己得赐直接的看，看见"主的荣耀"。
[③] 《出埃及记》十九章 18 节。
[④] 《以赛亚书》六章 1 节。
[⑤] "通过直接的看"：per speciem。参见《哥林多后书》五章 7 节以及 Aug., *Sermo* 88.4 (ML 38.54)："凭信心（per fidem）行，你就可能直接看见（ad speciem）。人若不凭着信心在路上（in via）得安慰，在家园（in patria）就不会有任何异象让人得喜乐。"

异象。①

55. 我们在《出埃及记》里读到,摩西渴望看见上帝,不是像他在山上见过的那样,也不是如他在帐幕中见过的那样,②而是看见上帝所是的神圣本质,不藉任何可以呈现在必朽的肉身感官前的属体造物为中介。看见上帝,不是在灵里看见虚幻的物体之影像,而是作为一个有理性、能领会的造物,当他脱离一切属体感官,脱离一切属灵的隐晦意象之后,尽其最大可能直接看见上帝的神圣本质,这就是他的渴望。

因为根据圣经,摩西说:"我如今若在你眼前蒙恩,求你将你自身显示于我,使我可以认识你。"③而就在这段经文前,我们读道:"主耶和华与摩西面对面说话,好像与朋友说话一般。"④因此他知道自己所看见的,他渴望他所没有看见的。稍后,上帝对他说:"因为你在我眼前蒙了恩,并且我在一切之先认识你。"⑤而摩西说:"求你显出你的荣耀给我看。"⑥然后主对他说:"你不能看见我的面,因为人见我的面不能存活。"⑦这话包含寓意,解释起来颇费口舌,这里暂且不表。然后上帝又说:"看哪,在我这里有地方,你要站在磐石上。我的荣耀经过的时候,我必将你放在磐石穴中,用我的手遮掩你,等我过去,然后我要将我的手收回,你就得见我的背,却不得见我的面。"⑧

---

① 奥古斯丁根据《民数记》十二章6—8节指出,摩西得以在此生看见上帝的本体。
② 《出埃及记》十九章18节,三十三章9节。
③ 《出埃及记》三十三章13节。Ostende mihi temet ipsum(求你将你自身显示于我)出于OL,基于LXX。
④ 《出埃及记》三十三章11节。
⑤ 《出埃及记》三十三章17节。
⑥ 《出埃及记》三十三章18节。
⑦ 《出埃及记》三十三章20节。根据奥古斯丁,这段经文包含两个真理:(1)看见上帝只属于将来的生命(*Epis.* 147 *De videndo Deo* 13.32 [CSEL 44.306, 10-11 Goldbacher; ML 33.611]);(2)人不能用肉眼看见上帝(*Sermo* 6.1 [ML 38.60])。但是他在本章下面又指出,人藉着上帝的特殊恩惠可以在此生获得这种异象,只要他的灵魂暂时脱离感官生命。
⑧ 《出埃及记》三十三章21—23节。

然而，圣经后面的记载并没有说这是以某种属体的方式发生的，这就清楚地表明，我们要在比喻意义上把它理解为教会。因为教会就是"主的地方"，教会就是他的殿，这殿就建在磐石上；这段记载的其余部分佐证了这种解释。① 但是如果摩西不配得见他所殷切渴望看见的上帝的荣耀，上帝就不会像在《民数记》里那样对摩西的兄弟亚伦和姐妹马利亚说："你们且听我的话：你们中间若有先知，我耶和华必在异象中向他显现，在梦中与他说话。我的仆人摩西不是这样，他是在我全家尽忠。我要与他面对面说话，乃是明说，不用谜语，并且他见过我的荣耀。"② 当然，我们不能认为这段话是指某个向肉身感官显现的物质实体。可以肯定，在那时，当摩西说"求你将你自身显示与我"时，上帝就是这样面对面与摩西说了话；而这里，当上帝对那些他所指责的人说话，赞美摩西的功德远胜过他们时，他是藉着某个身体感官能看见的有形造物说话。

而他的前一种方式，即在他自己的神圣本质里说话，那是一种无比私密而内在的方式，一种无可言喻的交谈，任何人还活在这个身体感官的可朽生命里时，都不可能在这种方式中看见他。这种异象只赐给以某种方式向此生死去的人，③ 不论他是完全离开身体，还是脱离、超越身体感官，也就是说，当他被提、进入这种异象时，他确实不知道（用圣保罗的话来说）自己是在身内，还是在身外。④

---

① 奥古斯丁在 *Enarr. in Ps.* 138.8（CCL 40.1994-1996；ML 37.1789-1790）中展了他对这段经文的寓意解释：摩西代表犹太百姓。上帝经过比喻基督经过此世。上帝的手——他对犹太人发怒——遮掩他们的眼，使他们看不见基督的面，也就是他的神性。他升天之后，他们的眼睛开了，看见了教会里的基督。
② 《民数记》十二章6—8节。同样，奥古斯丁在 *Epist.* 147, loc. cit. 中指出，这段经文证明摩西蒙恩在今生得见上帝的本体。
③ 在 *Epist.* 147.13.31 确定了同样的条件。
④ 《哥林多后书》十二章2节。

第二十八章　第三层天和乐园可以理解为这第三类异象

使徒的异象应该是属理智的异象

56. 所以，如果使徒所说的"第三层天"就是指这第三类异象——不仅高于一切属体异象，那是通过身体感官感知物体；也高于一切属灵异象，即通过灵而不是通过心（mind）看见物体的影像——那么在这种异象中，那些内心洁净、与之相配的人就能看见上帝的荣耀。① 因此，经上说："清心的人有福了，因为他们必得见上帝"②，是通过以某种属体或属灵方式制造的符号看，如同对着镜子观看，模糊不清，③ 而是面对面，就如上帝对摩西所说的，"os ad os"，直接看见上帝的本体，尽管我们的心灵区别于上帝本身，即使洁净了④一切属土的污点，超越了一切物体以及物体的影像，也只能领会到极其有限的程度。我们与他相离，背负一个可朽而必死的担子，只要我们行事为人是凭着信心，不是凭着眼见，⑤ 即使我们在今世公义度日，⑥ 也是背井离乡。

但是我们为何不相信，当这位伟大的使徒、外邦人的老师被提升到如此神奇的异象中时，上帝就是希望向他显现那种永恒的生命，就是我们来世的永生？"乐园"这个名字除了指亚当居住的树荫遮日、果树遍地的居所外，为何不能也指这样一种生命？要知道，教会——将我们

---

① 奥古斯丁指出，第三层天就是面对面地看见上帝的异象，在《哥林多后书》十二章 2—4 节里被理解为等同于"乐园"。
② 《马太福音》五章 8 节。
③ 参见《哥林多前书》十三章 12 节。
④ mundata.
⑤ 参见《哥林多后书》五章 6—7 节。
⑥ 参见《提多书》二章 12 节。

聚焦在她爱的怀抱——也被称为"结满果子的乐园"①。不过，这是一种比喻说法，因为亚当真实居住的那个园子是作为后来之事的一个预像，②意指教会。

然而，进一步深入思考这个问题可以看出，这个属体的园子——亚当在里面过属体的生活——既指圣徒如今在教会里的此生生命，也指此生之后必将到来的永生。就如耶路撒冷——翻译出来的意思就是"和平的异象"（Visio pacis），③虽然指地上的某个城市，却也是指天上的耶路撒冷，我们的永生之母。④就后者的意思来说，它可以指那些在盼望中得救并在盼望中忍耐等候所不见之物的人，⑤正因为这些人，圣经才说："没有丈夫的，比有丈夫的儿女更多。"⑥它也可以指圣天使，遍布上帝百般智慧的教会，⑦我们在结束这背井离乡的旅程之后，必然要与他们一同享有一个平安的居所，直到永远。

第二十九章　很难说是否只有三层天

奥古斯丁不知道除了三类异象之外是否还有其他天

57. 在解释圣保罗被提升上去的那个第三层天时，有人或许会推测还有第四层天，上面还有更多的天，第三层天在它们之下；其实确实有

---

① 参见《雅歌》四章 13 节。
② Per formam futuri。参见《罗马书》五章 14 节。
③ 和平的异象，见 Jerome, *Liber de nominibus hebraicis* 73（ML 23.873），Eusebius, *Commentaria in Psalmos*, *In Ps.* 75, v.3（MG 23.880C – D）。但是这个词的原义是 "Shalem 的基座"，见 L. - H. Vincent, *Dict. Bibl.*, *Supp.* 4（1949）s. v. "Jerusalem"，898 – 899。
④ 参见《加拉太书》四章 26 节。
⑤ 参见《罗马书》八章 24—25 节。
⑥ 《加拉太书》四章 27 节。
⑦ 《以弗所书》三章 10 节。

人说有第七、第八、第九层天，甚至第十层天；① 他们说，在那被称为天空（fimamentum）的区域里有许多层天，然后通过论证得出结论说，它们是属体的。不过，现在不适合讨论这些论证和观点，那会耗时太多。

此外，有人若有能力，可以主张或者表明在属灵或属理智的异象里，也有许多层级，由于得到的光照有多有少，显明的程度就或大或小，所以这些层级各有区别，层层递进。不论事实如何，不论人们乐意接受怎样的不同观点，就目前来说，除了这三类看或异象，即通过体、灵、心获得的异象，我无法知道也不会主张有其他异象。至于这些类别中有多少层级，有多大区别，各个层级有什么卓越之处，我得承认对这些问题我一无所知。

第三十章　灵里显现的异象有高低之分

关于天使显示影像的属灵异象，以及人类生活中的常规异象

58. 正如在这个世界，我们在有形之光中看见高悬地上的天，光体和星辰在上面闪耀，它们远远优于地上的事物；② 同样，在属灵事物

---

① 圣经谈到三层天：(1) 飞鸟和云层活动的大气层；(2) 星空；以及 (3) 更上层的上帝和有福者的居所。见 J. Bellamy, *Dict. bibl.* 2 (1899) s. v. "Ciel", 750-751。希腊天文学——Cic., *De republica* 6.17 采纳了这种学说——把宇宙分为九个区域：天，包括恒星（在斯多亚主义那里等同于神），七个行星的七个区域，以及地的区域。Marius Victorinus, *In Epist. ad Eph.* 2.4.10 (p.178, 11-12 Locher; ML 8.127B) 说："天有几层？许多人说有三层，也有些人说有更多，我认为有三层。" St. Hilary, *Tract. In Psalmum* 135 10 (ML 9.773-774) 告诫读者在天有几层这个问题上不要太固执己见。

② Aug., *De Gen ad litt. Inperfectus liber* 8.29 (CSEL 28/1.479, 17-18 Zycha; ML 34.232) 中说："在物质世界里，没有什么比天体更卓越的。" Arist., *De caelo* 268b-269a 从天体的循环运动讨论，说天包含一个第五元素，比四大元素更神圣。Cic. *De republica* 6.17 说，月亮之上的一切事物都是永恒的。参见 Plato, *Tim.* 41a，有一个段落被 Aug., *De civ. Dei* 13.16.1 (西塞罗译本) 引用。Sen., *Nat. quaest.* 7.1.6-7 提到两种观点，一种认为星辰完全是火；另一种认为它们拥有属土本质的形体。

中，物体的样式在某种与之对应的无形之光①中显现出来，其中有些比较卓越，具有真正的神性，天使以神奇的方式将它们显现出来。至于他们是否有能力和权柄通过某种联合或者混合把他们的异象变成我们的异象，或者以某种方式知道如何在我们的灵里形成某种异象，这个问题很难理解，要解释就更难了。但是，在我们人类的日常生活中还有些常规的异象，它们或者以多种方式从我们的灵自身中产生，或者以某种方式通过身体向灵启示，因为我们或者受肉身影响，或者受灵魂影响。因此人们不仅在清醒时想着烦恼事，在脑海一遍遍浮现属体事物的样子；而且当他们入睡后，还不断梦见他们所需要的事物。究其原因，灵魂的欲求是他们处理自己问题的动力。如果他们正好在饥渴时入睡，那很可能会张大嘴巴，在梦里找吃找喝呢。在我看来，这些异象与天使的启示相比，就如同我们在物质世界中，将属地事物与属天事物相比一样。

第三十一章　灵魂渴望看见光，即上帝，他照亮理智，但它若不进入出神状态就不能看见

各类属理智的异象

59. 同样，在属理智的那类异象中也如此，有些对象显现在灵魂自身中②，比如美德（与之相对的是恶习），包括永久的美德，如敬虔；

---

① "Luce quadam incorporali ac sua"。Cuthbert Butler, *Western Mysticism*（London 1922）52 指出："这明显只是权宜之计，我不知道奥古斯丁还在哪里试图把光定义为让属灵对象或者想象对象显现出来的事物。"然而，奥古斯丁可能只是在紧接着提到的超自然的神奇显现中才这样认定光。

② 。前一章指出，肉眼看见的对象与属灵异象的对象之间有一种可比性。现在，在理智异象的对象中发现一种同等程度的可比性。我们看到：1. 在视觉对象中：地（terrestria）与天（caelestia）相比；2. 在属灵异象中：本性显明的异象（naturaliter visa）与天使显明的异象（demonstrate ab anglis）相比；3. 在理智异象中：灵魂自身中的理智异象（intellectualia in ipsa anima）与上帝显明的理智异象（Deus illuminans）相比。但是在整个比较中有个软肋，奥古斯丁没意识到一点，在理智异象里有一个无限的鸿沟把两类对象分开，而在其他两类异象中，两类对象属于同一等级，只是卓越性的程度有区别。

也包括今生有益但来生不一定存续的美德，如信心（我们藉此相信所不见的）、盼望（我们因之忍耐等候来世的生命）以及忍耐本身——我们藉之忍受各种患难，直至到达我们所渴望的目标。①

这些以及其他诸如此类的美德，在我们如今背井离乡的生活中自然是必不可少的，但在来世的有福生活中却不再有一席之地，尽管要获得有福生活它们是必须的。这些美德要通过理智来看，因为它们不是物体，也没有与物体类似的形式。

然而那光本身与这些对象全然不同，它照亮灵魂，使灵魂能够看见并真正理解一切，不论是在它自身中的，还是在光里的。② 因为这光就是上帝本身，③ 而灵魂是被造物，只是由于它是按着上帝的形象造的，所以有理性和理智。当它努力去看光时，它因自身的软弱而颤抖，发觉

---

① 提到的这些只是理智异象中的对象的几个例子。更长的名单见 12.24.50。
② "不论是在它自身中的，还是在光里的"（vel in se vel in illo），这话指明理智受到上帝——他是灵魂之光——光照之后能看见可理知实在（它们是理智看的对象）的两种方式。首先，in se，这是指此生常规的理智异象，当神圣光照使这种最高类别的异象对象向理智显明，使它"在自身中"看见它们。其次，in illo [lumine]，这是指（1）来生给予灵魂的异象，到那时它要面对面看见光，即上帝，并在那光里知道它所知道的一切；（2）也指灵魂在此生异常发生的情形，即藉着上帝的特殊恩典陷入出神状态，看见飞逝而过的光的异象，以及它里面由光照亮的无形实在的异象。Gilson 93 对这段经文提出一种不同的解释。在他看来，in se 指义人具有的关于他在自己灵魂里拥有的美德的知识；in illo [lumine] 指不义人具有的关于他在自己灵魂里不拥有只能"在光里"看见的美德的知识。所以，根据 Gilson，奥古斯丁是在解释一个并非义人的人为何对公义有一种理智性的知识。但如果将这句话放在整章的上下文中考查，我想很显然，in se 和 in illo 这两个词组应该按我上面努力解释的那样理解。不过没错，奥古斯丁的光照论确实也包括罪人，他们的心智能够在神圣光照的影响下看见某些真理。尽管罪人转身背光，但他仍然受光触动。见 Aug., *De Trin.* 14.15.21（CCL 50A. 450；ML 42.1052）。
③ 奥古斯丁不时谈到上帝是光，照亮理智。但也有些段落他小心区分两种光，即上帝本身的光，与上帝赐给心灵的被造之光，如在 *Contra Faustum* 20.7（CSEL 25.541，27 – 29 Zycha；ML 42.372）中："此光不是那光，那光是上帝自身。而这光是一个造物，上帝是造主；这光是被造，上帝就是那造它的一。"亦见 *Epist.* 147 *De videndo Deo* 17.44（CSEL 44.318，16 – 319，1 Goldbacher；ML 33.616）。因此，当奥古斯丁说照亮灵魂的光就是上帝本身时，我们必须理解他的意思是说，光的至高之源是上帝，他赐给心灵被造之光。

自己无能为力。① 然而，不论它按自己的能力理解什么，它的理解全都源自这个源泉。因此，当它这样被提，离开身体感官，以更加完全的方式来到这个异象面前（不是通过空间转移，而是某种与它本质相符合的方式），它还在自身之上看见那个光，在光的照耀下②，得以看见它在自身中看见并理解的一切对象。③

第三十二章　死后灵魂带着身体的样式转到"属灵"之地，或受惩罚，或享平安

灵魂离开身体后去向哪里，以及它如何能享乐如何要受苦

60. 如果有人问，④ 灵魂离开身体之后，是被领到某个物质的区域，还是到一个非物质但类似物质区域的地方，⑤ 或者两者都不是，它要去的地方比物质区域和类似物质区域的样式更加卓越。对于这个问题我会毫不犹豫地回答说，它不会被领到物质区域，除非它与身体结合，它也

---

① 从这话可以看出，奥古斯丁不是一个本体论者。然而，本章最后一句表明关于非造之光的超自然异象（藉着上帝的特殊恩典，甚至在今生）是有可能的。
② Supra se videt illud quo adiuta.
③ 奥古斯丁前面刚刚提到灵魂在试图凝视那光，即上帝时的挫败。换言之，在今生不会常规而自然地出现关于上帝的异象。这里他描述某种超自然的异象或出神——在这种状态中理智确实看见那非造的光，也就是一切光照的源泉，由此得出总结。参见奥古斯丁描述他本人皈依之前在米兰的神秘体验："我进入心灵后，用我灵魂的眼睛（可以这么说）瞻望那在我灵魂眼睛之上、在我心灵之上的永定之光。"（Conf. 7. 10. 16）
④ 这里提出的难题在 8. 5. 9 中简略提到，但在那里这个问题是悬而未决的。
⑤ "到一个非物质但类似物质区域的地方"（ad incorporalia corporalibus similia），这话表明属灵异象的对象可以有一种客观的、心外的但又是非物质的存在。这诚然令人迷惑，但我们必须记住，本卷中 spiritus 的含义具有新柏拉图主义的普纽玛的某些功能，当然，在新柏拉图主义那里，普纽玛是灵魂的一种稀薄的物质媒介，而在奥古斯丁这里，spiritus 是非物质灵魂的低级部分，感官对象呈现的地方。Plotinus, Enn. 4. 7. 4 说，有成千上万毫无生气的普纽玛，这些存在者，不论它们是什么，对普罗提诺来说可能是稀薄的物质，但可能让奥古斯丁产生一个观念，认为有一个非物质但类似物质区域的地方存在。无论如何，奥古斯丁在下一段落中表明他只是提出一种观点而已。见本书第 221 页注③。

不会以空间的方式转移到另一区域。

　　接下来的问题是，灵魂离开这个身体之后是否仍会拥有某种身体。能回答的人都可以作出解释，但我认为没有。① 它应该被领到一个与它的功过相符的属灵区域。② 这个区域，在某种情形中是惩罚之地，其本性与属体世界的事物类似；这样一个地方往往向那些被带离身体感官的人显现，所以当他们躺在灵床上，走向死亡时，能看见阴间的惩罚。有过这种体验的人往往拥有自己身体的某种样式，藉着这种样式得以转移到那些区域，并通过他们感官的样式（similitudinibus sensuum）感知它们。③ 既然当身体无知无觉地躺着（虽然尚未真正死亡），灵魂被带离身体从而看见许多人苏醒后所描述的那些景象时，灵魂对自己的身体拥有某种样式，那么当死神真正夺走身体，灵魂最终离开身体之后，它为何就没有身体的样式呢？由此可知，灵魂或者转移到这样一个惩罚之地，或者转移到另外的同样属于物像的处所，但不是接受惩罚，而是享受平安和喜乐。

---

① 奥古斯丁在 *Epist.* 162.3（CSEL 44.514，7－19 Goldbacher；ML 33.706）中反驳了新柏拉图主义的普纽玛理论——认为有某种星光体（astral body）作为灵魂的媒介——否认灵魂在死亡降临时从自己的身体接受了某种物质实体。Porphyry, *Sententiae* 32（29）坚持认为普纽玛印有身体的某种形像，在死亡降临时伴随着灵魂。在奥古斯丁的理论中，不存在任何普纽玛式的身体。它在人的认知活动中的作用受到 spiritus 帮助，而后者是非物质的。不过，这个 spiritus 拥有身体的样式（similitudo corporis），正如波菲利的普纽玛拥有身体的形像一样。
② "它被领到一个与它的功过相符的属灵区域。"（Ad spiritalis vero pro meritis fertur）奥古斯丁在 *De natura et origine animae*（*De anima et eius origine*）4.18.26－27（CSEL 60.405－407 Urba－Zycha；ML 44.539－341）中也提出同样的观点。然而，在晚期作品 *De civ. Dei* 21.10.2（公元413—426年）里他坚持认为阴间的火必是属体的（corporeus ignis erit）。不过，他说，一个灵能够"以某种神秘但真实的方式"承受物质性的火（op. cit. 21.10）；因为正如灵魂与身体结合形成一个活的人，同样，灵也能以神秘方式与火结合，不是给予它生命，而是从它接受惩罚。
③ "通过他们的感官样式"（similibus sensibus, similitudinibus sensuum），有意思的是，奥古斯丁在 *Epist.* 162.3（CSEL 44.514，17－19 Goldbacher；ML 33.706）中描述了灵魂在身外——或者在睡梦中，或者死亡彻底离开身体——看见影像的情景；他说，它有不是肉眼、类似肉眼的眼睛；又说，在睡梦中它用这样的眼睛看见不是物体、类似物体的对象。

灵魂离开身体后享有的喜乐是真实的，承受的烦恼是真实的

61. 可以肯定，我们不能说那些惩罚是虚假的（falsas），或者那平安和喜乐是虚假的，因为所谓虚假不过就是由于错误判断，我们把某物错误地当成另一物。彼得看见蝶状物，以为它里面装的是物体，而不是物体的像，他当然是错了（fallebatur）。① 还有一回，有天使解了他的锁链，他站起身来行走，遇到真实的物体，但以为自己看见的是异象，他又错了。因为蝶状物里装的是属灵的样式，只是类似于物质样式；而看见一个人解开他的锁链，是真实的情景，却因为太过神奇，看起来就像是某种属灵的事。这两个例子说明，灵魂犯错只是因为它把一物当作另一物。

因此，灵魂一旦离开身体，作用于它的事物（不论好歹）可能类似属体事物，但不是真正的属体事物，因为灵魂以它自己身体的样式向自己显现。然而，这些事物确实存在，灵性实体产生的喜乐和烦恼是真实的。即使在睡梦中，沉醉于欢乐与陷入悲伤也是有巨大区别的。因此，有些人在梦里心想事成，从梦里醒来就颇感遗憾；也有人在梦里遭遇巨大的恐惧和痛苦，吓得胆战心惊，醒来后再也不敢入睡，害怕又做噩梦。我们可以毫不含糊地说，阴间的折磨要比梦境更加生动，感受更加真切。甚至那些曾被带离身体感官的人事后也说，他们经历了比梦境更加鲜活的经历，不过，如果他们真的死了，那就不会那么鲜活生动了。这样说来，阴间是真实存在的，但我认为它的本性是属灵的，而不是属体的。②

---

① 《使徒行传》十章11—16节，十二章7—9节，奥古斯丁在11章和14章讨论。[在拉丁文里，虚假（形容词 falsa，名词 falsas）与犯错（fallebatur）是同一词根。——中译者注]

② 奥古斯丁在 De civ. Dei 21.10.1（晚期作品）里主张阴间之火是属体的。

第三十三章　阴间和亚伯拉罕的怀抱

阴间即接收死人灵魂的地方，它的存在和真实性确定无疑

62. 有些人说阴间（inferos）显现于今生，而非死后，[1] 对于这种观点不必听之。让他们去胡乱解释诗人们虚构出来的神话吧，我们绝不能偏离圣经的权威，在这个问题上我们的信心完全依赖于它。然而，我们也可以表明，他们（非基督徒）中的智慧人对阴间——接收死人灵魂的地方——的真实性确定无疑。[2] 另外一些问题，比如：它若不是一个属体的地方，那为何说它在地下；[3] 它若不在地下，又为何称之为阴间——这些问题都值得讨论。

灵魂不是形体，这一点我敢公开宣称，因为这不是我的观点，而是确定的知识。然而，如果有人说，灵魂不可能拥有身体的样式（similitudinem）或者身体某个肢体的样式，那他也应当否认灵魂能在睡梦中看见自己有时行，有时坐，有时走东走西，有时飞来飞去。若没有某种身体样式，所有这些情形都不可能发生。因此，如果灵魂在阴间带有这种样式——这样式不是属体的事物，只是类似于某个物体——那它所处的地方似乎也不是属体的，只是类似于某个属体处所，或得安

---

[1] Lucretius, 3.978ff. 说，所描绘的发生在阴间的折磨其实就是人们在此生所遭受的苦难，坦塔罗斯（Tantalus）、提提俄斯（Tityos）、西西弗斯（Sisyphus）以及达那俄斯（Dnaus）的女儿们是在那个世界受苦之人的预像，而塔尔塔洛斯（Tartarus）、瑟伯洛斯（Cerberus）以及复仇女神（Furies）则象征着地上此世对罪恶的惩罚。

[2] 奥古斯丁所说的智慧人，应该包括柏拉图和维吉尔。见比如 Plato, *Phaedo* 107d – 108c, 113d – 114b, *Phaedrus* 248e – 249b, *Republic* 330d – e, 363d – e, 615a – 616a, *Laws* 870d – e, 881a; Verg., *Aen.* 6.268 – 901。

[3] 见 *Retract*. 2.50.4 或 2.24.2（CSEL 36.160, 13 – 16 Knoll; ML 32.640）："我在十二卷里谈到阴间，我想我原本应该说它就在地下，而不是提出理由说明为何要相信或认为它在地下，似乎人们原本不是这么认为的。"见 12.34.66。

息，或受折磨。

义人的处所：亚伯拉罕的怀抱

63. 然而，我承认我还没有发现称为"阴间"的地方如何适合义人的灵魂安息。① 此外，我们有理由相信，基督的灵魂去了那个罪人受苦的地方，以便把他们从苦难中释放出来——就是他下令要根据他不可猜度的公义之道解救的那些人。不然，对以下这节经文："上帝将阴间的痛苦解除了，叫他复活，因为他原不能被它们拘禁。"② 我们若不把它理解为他以主的权柄解除了阴间里某些灵魂的痛苦，那我就不知道还能怎样来解释它的意思。因为"一切在天上的、地上的和地底下的"③，无不向他屈膝，因为他的权柄使他不可能被他所解除的那些痛苦所拘禁。

而亚伯拉罕和他怀里——也就是享有他的平安和宁静——的那个穷人，都不在痛苦之中。我们读到的经文是说，在他们的安息处与阴间的苦境之间有一条鸿沟，而没有说他们在阴间里。因为基督说："后来那穷人死了，被天使带去放在亚伯拉罕的怀里。财主也死了，并且埋葬

---

① 奥古斯丁在 Epist. 187.2.6（CSEL 57.85–86 Goldbacher；ML 33.834）中说了同样的话，但他似乎搞错了圣经里表述阴间这个词的含义。在希伯来词里，它被称为 sheol，希腊语里是 hades，拉丁语是 infernus 或者 inferi。这些词在圣经里意指地下一个广袤的区域，死去的人，包括义人和恶人，在基督复活之前都待在那里，恶人待的那个区域有个特殊部分称为 Gehenna。见 M. - J. Lagrange, *Evangile selon saint Luc*（2nd ed. Paris 1921）445 n. 23。奥古斯丁在 *De civ. Dei* 20.15 中确实赞同这样的观点，即复活前义人的灵魂 apud inferos（在阴间），在一个完全没有恶人所受之痛苦的区域，但他不知道圣经有没有证据支持这种观点。

② 《使徒行传》二章 24 节。按照公认的希腊文本，该节经文应译为："上帝将死的痛苦解释了，叫他复活。"OL（奥古斯丁这里采纳的译文）："将阴间的痛苦解除了。"Vulg. 基本上也与此一致。这里它们都采纳了讹传，即把 αδου 讹传成 θανατου，这是现代评论版新约里的各种讹误之一。因此，奥古斯丁基于错误的经文相信复活的基督解除一定数量的罪人在阴间的痛苦，而原初的经文并没有这样的意思。但是，根据奥古斯丁，这不是对恶人的普救，基督按自己的意愿释放谁就释放谁（quos voluit）。见 *Epist.* 164.5.14（CSEL 44.534, 16 Goldbacher, ML 33.715）。

③ 《腓立比书》二章 10 节。

了。他在阴间受痛苦……"① 等等。由此我们明白，这里提到的阴间不是指穷人安息之所，而是指财主受罚之地。

悲伤对灵魂来说不是小恶

64. 至于雅各对他儿子说的话"那便是你们使我白发苍苍、悲悲惨惨地下阴间去了"②，看起来他似乎担心自己会因深度悲伤而精神失常，以致下到罪人的阴间去，而不是去向有福者的安息之所。因为悲伤对灵魂来说绝不能说是小恶。甚至圣保罗也非常担心某人会被过度的悲伤压垮。③ 因此如我所说，我在圣经里，至少在正典里没有找到任何段落是在褒义上使用"阴间"一词。我仍在寻找，还没有想到哪里有这样的段落。但是对于亚伯拉罕的怀抱——天使把敬虔的穷人带到这个怀抱——和安息地，我敢肯定不会有人不在褒义上理解，所以我不明白我们如何能相信那样的安息地是在阴间。

第三十四章　乐园和第三层天

探讨乐园在哪里，它是否可能就是亚伯拉罕的怀抱

65. 我一直在寻求这个问题的答案，不论成功与否，但我发现该卷篇幅冗长，不得不在此告一段落。我们的讨论从乐园这个问题开始，基于圣保罗的话，就是他所说的，他知道某人被提到第三层天，但他不知道这事发生在身内，还是在身外；此人被带入乐园，听到奥秘的话，是

---

① 《路加福音》十六章 22—23 节。
② 《创世记》四十四章 29 节。Unto hell（ad inferos），"下阴间"，死者的去处，并不必然就是受折磨的地方。见本书第 274 页注①。
③ 《哥林多后书》二章 7 节。

人所不可复述的。① 我们不冒然断定乐园是否在第三层天，或者圣保罗是否先被带到第三层天，然后又进入乐园。因为"乐园"这个词在字义上指任何树木丛生之处，但比喻意义上指灵魂享有幸福的——可以说——属灵之地。因此，这第三层天，不论它是什么（它确实是某种极其庄严、高贵无比的事物），它就是乐园；同样，人自身里面的良知涌出的某种喜乐也是乐园。因此，对节制、公义而敬虔生活的圣徒来说，教会被称为乐园是恰当的，② 它生机蓬勃，充满恩典，充满纯洁的快乐；即使在患难之中，她也以苦难为荣耀，大大喜乐，因为她心里的忧伤有多大，上帝赐给她灵魂作为安慰的喜乐就有多大。③

这样说来，我们岂不更应把来生亚伯拉罕的怀抱称为乐园吗？那里没有任何试探，在经历了此生的种种苦难之后，到那里享有奇妙无比的安息。那里还有一种独特的光，绚丽夺目，完全不同于其他地方的光。财主在黑暗阴间饱受折磨，却看见了这个光；他虽然从如此遥远的地方看——因为两者之间有巨大的鸿沟——但他仍非常清楚地看见这光，认出他曾经鄙视的穷人就在那里。

阴间是属灵的"地方"

66. 果真如此，那么人们之所以认为或者相信④阴间在地下，是因为它通过相应的属体事物的样式在灵里显现出来。我们知道，该下阴间的灵魂因贪恋肉身而犯了罪，它们受属体事物的样式影响，当死去的肉体埋入地下时，那些样式向这些灵魂呈现，它们就遭受同样的经历。⑤

---

① 《哥林多后书》十二章 2—4 节。
② 参见《便西拉智训》四十章 28 节。
③ 参见《诗篇》九十三篇 19 节。
④ 见本书第 273 页注③引用的奥古斯丁在《订正录》里的话。
⑤ 灵魂在阴间通过 spiritus 遭受地狱的影像折磨，这影像的原型，即真实的苦难，则击打埋在地下的身体。这里明显受波菲利的普纽玛观影响。见本书第 221 页注②，第 270 页注⑤，第 271 页注①。

最后，把阴间称为地下世界，或者拉丁文里的 inferi，是因为它在地下面（infra）。在物质世界里，如果物体重量的自然属性没有受到干扰，那么越重的物体就处于越低的位置；① 同样，在属灵世界里，越是阴暗的领域就处于越低的位置。因此，据说阴间这个词的希腊文原义就是没有任何快乐的地方。②

然而，当我们的救主为我们死时，他并没有鄙视世界的这个部分，没有弃之不顾。他不可能不知道一件事，即根据神圣而奥秘的公义原则，有些人要从那里得救，于是他到那里把他们救上来。因此，当基督对偷盗者说"今日你要同我在乐园里了"③，他向此人的灵魂所应许的不是惩罚罪的阴间，而是让人安息的亚伯拉罕的怀抱。因为基督无处不在，他自己就是上帝的智慧，"因他的纯洁而无处不在"④。或者他也可能举荐圣保罗被提到第三层天之后所到达的那个乐园，不论它是在第三层天，还是在其他地方——如果有福灵魂的居所并非仅指由不同名字称呼的同一个地方。

根据三类异象解释三层天

67. 这样看起来我们的理解是对的，第一层天通常是指这整个有形的天（使用一般术语），包括水之上和地之上的一切；第二层天意指在灵里看见的作为物体之样式的事物（比如，彼得魂游象外，看见一器物从上面降下，里面有地上各样的活物⑤）；第三层天就是心灵看见的事物，当它脱离身体感官、完全独立、彻底洁净之后，就能藉着对圣灵

---

① 见 Arist., *De caelo* 269b, Cic., *De nat. deor.* 2. 116。
② 这种词源学认为，hades 这个词源于否定词 a 和 hedo"我高兴"。这个词的出处并不确定，另一种可能的说法是否定词 a 加上 hidein"看见"（见 LSJ ［1940］ s. v. 'Αιδηζ），这是柏拉图时代公认的一种词源出处（见 J. Burnet, *Plato's Phaedo* ［Oxford 1911］ 80）。
③ 《路加福音》二十三章 43 节。
④ 《所罗门智训》七章 24 节。
⑤ 见《使徒行传》十章 10—12 节。

的爱以神秘的方式看见并听见天上的事物，甚至上帝的本体和神圣的道——万物都是借着他造的。果真如此，那么我相信保罗就是被带到这样的第三层天，那里有美妙无比的乐园，如果我们可以这样说，它就是乐园中的乐园。因为若说一个善良灵魂因发现每个造物中的美好而喜乐，那么它在上帝之道——万物都是借着他造的——中找到的喜乐岂不更大吗？

第三十五章　灵魂与得荣耀的身体重新结合是完全的至福所必须的

复活时死者的灵为何必须与自己的身体重新结合

68. 既然死者的灵可以没有身体而进入至福状态，那它们为何在复活时必须与自己的身体重新结合呢？这个问题可能会使一些人感到困惑，但它实在过于艰深晦涩，本卷恐怕难以给出令人满意的回答。不过，有一点毫无疑问，一个人的心灵，当它脱离感官，魂游象外，或者死后离开肉身，此时即使它超越了有形事物的样式，仍不可能像圣天使那样看见上帝不变的本体。① 这可能出于某种神秘的原因，或者只是因为它对管理身体有一种本能爱好。由于这种爱好，只要它没有与身体结合，就会多少受到妨碍，无法全力进入最高的天（summum coelum），因为这种喜爱要在管理身体中得到满足。

此外，如果身体管理起来有困难，很费力，就如可朽坏的肉身那

---

① 关于灵魂在身体复活之前在天上的状态，奥古斯丁在另外的地方并不那么肯定。他在 De Gen. ad litt. 完成十二年之后写了 Retract.，其中 1.13.3 和 1.14.2（CSEL 36.67, 6–68, 1 Knoll; Ml 32.606）谈到这个问题，没有明确认定现在义人的灵魂在天上是否能像天使那样享有幸福的异象。但是他毫不怀疑，义人处于喜乐状态（In Iohannis evang. 49.10 [CCL 36.425; ML 35.175]），他们面对面看见上帝（Enarr. in Ps. 119.6 [CCL 40.1783; ML 37.1602]）。

样，是灵魂的一个重负①（事实上它源于一个堕落的族类），那么心灵更可能离弃最高天的异象。因此它必须离开肉身的感官，才能尽其所能得以进入这种异象。然后，当灵魂成为与天使同等的，再次获得这个身体——因那必将出现的转变，它不再是属血气的身体，而是属灵的身体②——就会拥有它完全而完整的本质，于是，身体和灵魂，一个顺服，一个威仪；一个获得生命，一个赋予生命；那曾经是重负的，要成为它的荣耀。

第三十六章 复活后三类异象必将在有福者那里成为完全的

三类异象将来如何在有福者那里成全

69. 这样说来，确实存在我们所讨论的这三类异象，而且我们不会因任何错误，把三者彼此混淆，张冠李戴，不会弄错属体的异象，不会弄错属灵的异象，更不会弄错属理智的异象。③ 属理智的事物中必有喜乐，它们也远比如今包围我们、通过身体感官为我们所知的物质形式更加明显而清晰地呈现在灵魂面前。然而许多人如今沉迷于这些物质形式，把它们看作唯一的存在，凡是与此不同类别的事物，就视为完全不存在。智慧人也生活在这个物质世界中，尽管它看起来更明显，他们却相信更可靠的世界超越于这些物质形式，也超越于物体的影像，那是他们尽自己所能用理智看见的世界，只是他们不能通过心灵逼真地看见它，就如他们通过身体感官生动地把握物质对象那样。

圣天使的职责是判断和管理物质世界，但他们并没有更密切地关注

---

① 见《所罗门智训》九章15节。
② 见《哥林多前书》十五章44节。
③ 关于奥古斯丁对错误的解释，见12.25.52。

它，似乎它离他们更近。他们在灵里看见它的样式（它们具有象征含义），他们卓有成效地处理这些样式，甚至能够藉着某种启示，把它们引入人的灵。同时他们非常清晰地看见造主不变的本体，正因为这种异象以及由此激发的爱，他们更喜欢这神圣本体，胜过其他一切，他们依据它来判断一切，他们在一切活动上都受它指导，并依靠它来安排他们的一切活动。

最后，虽然圣保罗被带离身体感官，进入第三层天和乐园，但他当时缺乏天使所拥有的那种完备而完全的知识，所以他不知道自己是在身内，还是在身外。但是当我们死后复活，与我们的身体重新结合，当这必朽坏的身体变成不朽坏的，这必死的变成不死的，到那时，我们就不会再缺乏这种知识。因为一切事物都会变得清晰可见，没有任何错误，没有任何无知，万物各据其位，属体的，属灵的，属理智的，都有纯洁的本性和完全的福乐。

第三十七章 其他诠释者使用的不同术语

有些人在解释第三层天时想要表明人有体、魂和灵之间的差别

70. 当然，我知道此前有些备受尊敬的大公教注经家在解释圣保罗关于第三层天的经文时，认为它暗示人有体、魂、灵之间的某种分别；[①] 他们还说，保罗被提，在一个特别清晰的异象里沉思无形事物，那是属灵之人——即使在此生——最喜爱的，也是他们渴望享有的。他们明确称为属魂和属灵的，我称之为属灵和属理智的（我只是使用了不同的术语，表达的是同样的意思），之所以如此，我已经在本卷前面

---

① 奥古斯丁可能想到了圣安波罗修。见 Ambr., *De paradise* 11.53（CSEL 32/1.309, 21-310, 6; ML 14.300）。

几章作了充分解释。① 如果我解释得足够清楚，尽管我的能力有限，属灵的读者必会赞同，其他读者必会在圣灵的帮助下，通过阅读本书有所受益，从而成为属灵的。带着这样的愿望我洋洋洒洒写了十二卷的著作就此画上句号。

---

① 十二卷 7—10 章。

附录1 证据

1. 《订正录》1.17 或 1.18（CSEL 36.86，13 - 17 Knoll；ML 32.613）：我一直没有将它（《〈创世记〉字疏：一篇未完成的作品》）发表，甚至想过要把它销毁，因为我后来写了一部十二卷的《〈创世记〉字疏》；虽然你在那部作品中遇到的问题可能比找到的答案更多，但无论如何早先的这篇不能与后来的那部相提并论。

2. 《订正录》2.50 或 2.24（CSEL 36.159，10 - 160，18 Knoll；ML 32.640）：同时（当他写作《论婚姻的益处》和《论贞洁》时）我写了十二卷本的《创世记》注释作品，从经文开头一直注释到亚当被赶出乐园，又安设发火焰的剑把守生命树的道路。但是当我用十一卷注释完这三章经文后，又加了第十二卷，比较深入地思考乐园的问题。这部书取题为《〈创世记〉字疏》，也就是说，不是按照寓意，而是根据其自身特有的历史意义来解释。书中提出的问题比找到的答案更多，而且所找到的答案也有许多是不确定的。那些不确定的回答则需进一步研究加以推进。我是在开始《三位一体》的写作之后才着手写作该部作品的，但先于《三位一体》完成了这十二卷本。在回顾中我按写作开始的时间顺序列出了这些作品。

在该作品的第五卷（5.19.38）和其他地方（9.16.30，9.18.35）我写有"蒙应许的子孙，并且是藉着天使放在中保之手"这样的话，后来我查阅了更好的文本，尤其是那些希腊文本，发现这话没有忠实于圣保罗的原文。许多拉丁文本把文中指律法的话错误地译成子孙。在第六卷（6.27.38）我说到亚当因罪丧失了上帝的形象——他原是按着这形象造的，这话不能理解为他里面不再有这形象的任何痕迹了，而是说这形象受到了毁损，需要更新。我在第十二卷（12.33.62）里谈到阴间，我想我原本应该说它就在地下，而不是提出理由说明为何要相信或者认为它在地下，似乎原本人们不是这么认为的。该作品开篇说："整部圣经分为两个部分。"

3.《书信》159.2（CSEL 44.4999，17-500，4 Goldbacher；ML 36.699）：这个问题（即入睡和清醒时灵魂产生的影像问题）我在《创世记》注释作品的第十二卷作了详尽考察，我在讨论中援引了大量例子，既有我个人的亲身经历，也有别人的可靠报告。当你读到这篇作品时，请你自己判断我在讨论这些问题上的能力和成效；也就是说，如果主允许我在尽可能且适宜的修订之后出版这部书，从而避免过于冗长的讨论，免得过分耽搁，辜负翘首以待的朋友们。

附录2：奥古斯丁使用的《创世记》经文的拉丁文与中文对照

拉丁文	中文

第一章

1. In principio fecit Deus caelum et terram.

2. Terra erat invisibilis et incompo-sita, et Tenebrae errant super abyssum. Et Spiritus Dei superferebatur super aquam.

3. Etdixit Eeus, Fiat lux; et facta est lus.

4. Vidit Deus lucem quia bona est; et divisit Deus inter lucem et tenebras.

5. Et vocavit Deus lucem diem et tenebras noctem, et facta est vespera et factum est mane：dies unus.

6. Et dixit Deus, Fiat firmamentum in medio aquarum et sit dividens inter aquam et aquam：et sic est factum.

7. Et fecit Deus firmamentum et divisit

第一章

1. 起初上帝创造天地。

2. 地是空虚混沌，渊面黑暗；上帝的灵运行在水面上。

3. 上帝说："要有光。"就有了光。

4. 上帝看光是好的，就把光暗分开了。

5. 上帝称光为昼，称暗为夜。有晚上，有早晨，是为一日。

6. 上帝说："诸水之间要有空气，将水分为上下。"事就这样成了。

7. 上帝就造出空气，将空气以

Deus inter aquam quae erat infra firmamentum, et inter aquam quae erat super firmamentum.

8. Et vocavit Deus firmamentum caelum. Et vidit Deus quia bonum est. Et facta est vespera, et factum est mane, dies secundus.

9. Et dixit Deus: Congregetur aqua quae est sub caelo in congregationem unam, et adpareat arida. Et factum est sic. Et congregata est aqua quae est sub caelo in congregationem suam, et adparuit arida.

10. Et vocavit Deus aridam terram et congregationem aquae vocavit mare. Et vidit Deus quia bonum est.

11. Et dixit Deus: Germinet terra herbam pabuli ferentem semen secundum genus et secundum similitudinem et lignum fructiferum faciens fructum, cuius semen in ipso in similitudinem suam super terram. Et factum est sic.

12. Et eiecit terra herbam pabuli semen habencem secundum suum genus et secundum similitudinem, et lignum fructiferum faciens fructum, cuius semen eius insit secundum genus super terram. Et vidit Deus quia bonum est.

13. Et facta est vespera, et factum est mane, dies tertius.

下的水、空气以上的水分开了。

8. 上帝称空气为天。上帝看着是好的。有晚上，有早晨，是第二日。

9. 上帝说："天下的水要聚在一处，使旱地露出来。"事就这样成了。天下的水就聚在一处，旱地就露了出来。

10. 上帝称旱地为地，称水的聚处为海。上帝看着是好的。

11. 上帝说："地要发生青草和菜蔬，自结种子，各从其类，各按其样；并结果子的树木，果子都包着核，各从其类。"事就这样成了。

12. 于是地发生了青草和菜蔬，自结种子，各从其类，各按其样；并结果子的树木，果子都包着核，各从其类。上帝看着是好的。

13. 有晚上，有早晨，是第三日。

14. 上帝说"天上要有光体，可以照地上，定昼夜，分昼夜，作记号，定节令、日子、年岁。

14. Et dixit Deus：Fiant luminaria in firmamento caeli, sic ut luceant super terram in inchoationem diei et noctis et ut dividant inter diem et noctem, et sint in signa et in tempora et in dies et in annos；

15. et sint in splendorem in firm-amento caeli, sic ut luceant super terram. Et factum est sic.

16. Et fecit Deus duo luminaria magna, luminare maius in inchoationem diei et luminare minus in inchoationem noctis, et stellas.

17. Et posuit ea Deus in firmamento caeli, sic ut luceant super terrain.

18. et ut sint in inchoationem diei et noctis, et ut dividant inter lucem et tenebras. Et vidit Deus quia bonum est.

19. Et facta est vespera, et factum est mane, dies quarcus.

20. Et dixit Deus：Educant aquae reptilia animarum vivarum et volatilia super terram secundum firmamentum caeli. Et factum est sic.

21. Et fecit Deus cetos magnos et omnem animam animalium reptilium, quae eduxerunt aquae, secundum genus eorumt et omne volatile pennatum secun-dum genus. Et vidit Deus quia bona sunt.

22. Et benedixit ea Deus dicens：

15. 并要发光在天空，普照在地上。事就这样成了。

16. 于是上帝造了两个大光，大的管（定）昼，小的管（定）夜，又造众星。

17. 就把这些光摆列在天空，普照在地上。

18. 管理（确立）昼夜，分别明暗。上帝看着是好的。

19. 有晚上，有早晨，是第四日。

20. 上帝说："诸水要多多滋生有生命的游行物，要有雀鸟飞在地面以上、天空之中。"事就这样成了。

21. 上帝就造出大鱼和水中所滋生各样有生命的动物，各从其类；又造出各样飞鸟，各从其类。上帝看着是好的。

22. 上帝就赐福给这一切，说："滋生繁多，充满海中的诸水；雀鸟也要多生在地上。"

23. 有晚上，有早晨，是第五日。

24. 上帝说："地要生出活物来，各从其类；四足动物、昆虫、

Crescite et multiplicamini et inplete aquas in mari, et volatilia multiplicentur super terram.

23. Et facta est vespera, et factum est mane, dies quintus.

24. Et dixit Deus: Educat terra animam vivam secundum genus: quadrupedia et reptilia et bestias terrae secundum genus et pecora secundum genus. Et factum est sic.

25. Et fecit Deus bestias terrae secundum genus, et pecora secundum genus, et omnia reptilia terrae secundum genus. Et vidit Deus quia bona sunt.

26. Et dixit Deus: Faciamus hominem ad imagincm et similitudinem nostrum; et dominetur piscium maris et volatilium caeli, et omnium pecorum, et omnis terrae, et omnium reptilium repe-ntium super terram.

27. Et fecit Deus hominem, ad imaginem Dei fecit eum: masculum et feminam fecit eos.

28. Et benedixit eos Deus dicens: Crescite et multiplicamini, et inplete terram, et dominamini eius, et princip-amini piscium maris, et volatilium caeli, et omnium pecorum, et omnis terrae, et omnium reptilium repen－tium super terram.

野兽、牲畜，各从其类。"事就这样成了。

25. 于是上帝造出野兽，从各其类；牲畜，各从其类；地上一切昆虫，各从其类。上帝看着是好的。

26. 上帝说："我们要照着我们的形象，按着我们的样式造人，使他们管理海里的鱼、空中的鸟、地上的牲畜和全地，并地上所爬的一切昆虫。"

27. 上帝就照着上帝的形象造人，乃是照着他的形象造男造女。

28. 上帝就赐福给他们，又对他们说："要生养众多，遍满地面，治理这地；也要管理海里的鱼、空中的鸟，和地上各样行动的活物。"

29. 上帝说："看哪，我将遍地上一切结种子的菜蔬，和一切树上所结有核的果子，全赐给你们作食物。

30. 至于地上的走兽和空中的飞鸟，并各样爬在地上有生命的物，我将青草赐给它们作食物。"事就这样成了。

29. Et dixit Deus：Ecce dedi vobis omne pabulum seminalc, seminans semen quod est super omnem terram, et omne lignum quod habet in se frucium seminis seminalis. Vobis erit ad escamt

30. et omnibus bestiis terrac, et omnibus voldtilibus caeli, et omni reptili repenti super terram quod habet in se spiritum vitae；et omne pabulum viride in escam. Et factum est sic.

31. Ec vidit Deus omnia quae fecit, et ecce bona valde. Et facta est vespera, et factum est mane, dies sextus.

第二章

1. Et consummata sunt caelum et terra et omnis ornatus eorum.

2. Et consummavit Deus in die sexto opera sua quae fecit, et requievit Deus die septimo ab omnibus operibus suis quae fecit.

3. Et benedixit Deus diem septimum et sanctificavit eum, quia in ipso requievit ab omnibus operibus suis quae inchoavit Deus facere.

4. Hic est liber creaturae caeli et terrae. Cum factus est dies, fecit Deus caelum et terram.

5. et omne viride agri antequam esset super terram, et omne fenum agri antequam

31. 上帝看着一切所造的都甚好。有晚上，有早晨，是第六日。

第二章

1. 天地万物都造齐了。

2. 到第六日，上帝造物的工已经完毕，就在第七日歇了他一切的工，安息了。

3. 上帝赐福给第七日，定为圣日，因为这日上帝歇了他一切创造的工，就安息了。

4. 日子被造后创造天地的来历乃是这样：（或：创造天地的来历乃是这样：日子被造后，）上帝创造天地。

5. 和野地的草木，它们还未发出来，以及田间的菜蔬，它们还没有长起来，因为上帝还没有降雨在地上，也没有人耕地。

6. 但有泉从地涌出，滋润遍地。

7. 上帝用地上的尘土造人，将生气吹在他脸上，他就成了有灵的活人。

8. 上帝在东方的伊甸立了一个

exortum est. Non enim pluefat Deus super terram et homo non erat qui operaretur terram.

6. Fons autem ascendebat de terra et inrigabat omnem faciem terrae.

7. Et finxit Deus hominem pulverem de terra et insufflavit in faciem eius flatum vitae. Et factus est homo in animam viventem.

8. Et plantavit Deus paradisum in Eden ad orientem et posuit ibi hominem quem finxerat.

9. Et eiecit Deus adhuc de terra omne lignum pulchrum ad aspectum et bonum ad escam, et lignum vitae in medio paradiso, et lignum scientiae dinoscendi bonum et malum.

10. Flumen autem exiit de Eden, quod inrigabat paradisum et inde divisum est in quattuor partes.

11. Ex his uni nomen est Phison; hoc est quod circuit totam terram Evilat, ubi est aurum;

12. aurum autem terrae illius bo-num, et ibi est carbunculus et lapis prasinus.

13. Et nomen flumini secundo Ge-on; hoc est quod circuit totam terrain Aethiopiam.

14. Flumen autem tertium Tigris; hoc est quod fluit contra Assyrios. Flumen autem quartum Euphrates.

园子，把所造的人安置在那里。

9. 上帝又使各样的树从地里长出来，可以悦人的眼目，其上的果子好作食物。园子当中又有生命树和分别善恶的树。

10. 有河从伊甸流出来滋润那园子，从那里分为四道：

11. 第一道名叫比逊，就是环绕哈腓拉全地的。在那里有金子，

12. 并且那地的金子是好的；在那里又有珍珠和红玛瑙。

13. 第二道河名叫基训，就是环绕古实全地的。

14. 第三道河名叫底格里斯，流在亚述的东边，第四道河就是幼发拉底河。

15. 主（耶和华）上帝将他所造的人安置在伊甸园，使他修理看守。

16. 主（耶和华）上帝吩咐他说："园中各样树上的果子，你可以随意吃。"

17. "只是分别善恶树上的果子，你不可吃，因为你吃的日子必死。"

15. Et sumsit Dominus Deus hom-inem quem fecit et posuit eum in paradiso ut operaretur et custodiret.

16. Et praecepit Dominus Deus Adae, dicens：Ab omni ligno quod est in paradiso escae edes.

17. de ligno autem cognoscendi bonum et malum non manducabitis de illo. Qua die autem ederitis ab eo, morte moriemini.

18. Et dixit Dominus Deus：Non bonum est esse hominem solum; faciamus illi adiutorium secundum ipsum.

19. Et finxit Deus adhuc de terra omnes bestias agri et omnia volatilia cadi et adduxit illa ad Adam ut videret quid vocaret illa; et omne quodcumque illud vocavit Adam animam vivam, hoc est nomen illius.

20. Et vocavit Adam nomina omn-ibus pecoribus et omnibus volatilibus caeli et omnibus bestiis agri. Adae autem non est inventus adiutor similis ipsi.

21. Et iniecit Deus mentis aliena-tionem super Adam, et obdormivit, et sumsit unam de costis eius et adimplevit carnem in locum eius.

22. Et aedificavit Dominus Deus costam quam accepit de Adam in muli-erem, et adduxit earn ad Adam.

23. Et dixit Adam：Hoc nunc os ex ossibus meis et caro de carne mea; haec

18. 主（耶和华）上帝说："那人独居不好，我们要为他造一个配偶帮助他。"

19. 上帝又用土造出野地的各样走兽，和空中的各样飞鸟，都带到那人面前，看他叫什么。那人怎样叫各样的活物，那就是它的名字。

20. 那人便给一切牲畜和空中飞鸟、野地走兽都起了名。只是那人没有遇见配偶帮助他。

21. 上帝使他沉睡，他就睡了；于是取下他的一条肋骨，又把肉合起来。

22. 主（耶和华）上帝就用那人身上所取的肋骨建造成一个女人，领她到那人跟前。

23. 那人说："这是我骨中的骨，肉中的肉，可以称她为女人，因为她是从男人身上取出来的。"

24. 因此，人要离开父母与妻子连合，二人成为一体。

25. 那时亚当和妻子二人赤身露体，并不羞耻。

vocabitur mulier quoniam ex viro suo sumta est.

24. Et propter hoc rclinquet homo patrem et matrem et conglutinabitur ad uxorem suam, et erunt duo in carne una.

25. Et erant ambo nudi Adam et mulier eius et non pudebat illos

第三章

1. Serpens autem erat prudentissi-mus omnium bestiarum quae sunt super terram quas fecit Dominus Deus. Et dixit serpens mulieri：Quid quia dixit Deus：Non edetis ab omni ligno paradisi？

2. Et dixit mulier serpenti：A fructu ligni quod est in paradiso edemus；

3. de fructu autem ligni quod est in medio paradisi dixit Deus：Non edetis ex eo neque tangetis illud ne moriamini.

4. Et dixit serpens mulieri：Non morte moriemini.

5. Sciebat enim Deus quoniam qua die manducaveritis de eo aperientur vobis ocuii et eritistamquam dii，scientes bonum et malum.

6. Et vidit mulier quia bonum lignum in escam et quia placet oculis videre et decorum est cognosccre，et sumens de fructu eius edit et dedit et viro suo secum，et ederunt.

第三章

1. 主（耶和华）上帝所造的，惟有蛇比田野一切的活物更狡猾。蛇对女人说："上帝为何说你们不可吃园中所有树上的果子呢？"

2. 女人对蛇说："园中树上的果子，我们可以吃；

3. 惟有园当中那棵树上的果子，上帝曾说："你们不可吃，也不可摸，免得你们死。"

4. 蛇对女人说："你们不一定死，

5. "因为上帝知道，你们吃的日子眼睛就开（明亮）了，你们便如上帝能知道善恶。"

6. 于是，女人见那棵树的果子好作食物，也悦人的眼目，且是可喜爱的，能使人有智慧，就摘下果子来吃了；又给她丈夫一些，他们都吃了。

7. 然后他们二人的眼睛就开（亮）了，才知道自己是赤身露体，便拿无花果树的叶子，为自己编做裙子。

7. Et aperti sunt ocuii amborum, et agnoverunt quia nudi erant; et consuerunt folia fici et feccrunt sibi campestria.

8. Et audierunt vocem Domini Dei deambulantis in paradiso ad vesperam et absconderunt se Adam et mulier eius a facie Domini Dei in medio ligni paradisi.

9. Et vocavit Dominus Deus Adam et dixit illi: Adam, ubi es?

10. Et dixit ei: Vocem tuam audivi deambulantis in paradiso et rimui, quia nudus sum, et abscondi me.

11. Et dixit illi: Quis nuntiavit tibi quia nudus es, nisi a ligno quod praeceperam tibi tantum ne ex eo mand-ucares ab eo edisti?

12. Et dixit Adam: Mulier quam dedisti mecum haec mihi dedit a ligno, et edi.

13. Et dixit Dominus Deus muiieri: Quid hoc fecisti? Et dixit mulier: Serpens seduxit me, et manducavi.

14. Et dixit Dominus Dens serpenti: Quia fecisti hoc, maledictus tu ab omnibus pccoribus et ab omnibus bestiis quae sunt super terram. Super pectus tuum et ventrem tuum ambulabis et terram edes omnes dies vitae tuae.

15. Et inimicitias ponam inter te et inter mulierem et inter semen tuum et inter semen eius. Ipsa tibi servabit caput, et tu servabis

8. 傍晚，上帝在园中行走。亚当和他妻子听见上帝的声音，就藏在园里的树木中，躲避上帝的面。

9. 上帝呼唤亚当，对他说："亚当，你在哪里？"

10. 他说："你在园中行走时，我听见你的声音，我就害怕，因为我赤身露体，我便藏了。"

11. 上帝说："谁告诉你赤身露体呢？莫非你吃了我吩咐你不可吃的那树上的果子吗？"

12. 亚当说："你所赐给我、与我同居的女人，她把那树上的果子给我，我就吃了。"

13. 上帝对女人说："你做的是什么事呢？"女人说："那蛇引诱我，我就吃了。"

14. 上帝对蛇说："你既做了这事，就必受咒诅，比一切的牲畜野兽更甚！你必用肚子行走，终身吃土。"

15. "我又要叫你和女人彼此为仇；你的后裔和女人的后裔也彼此为仇。她要窥伺（伤）你的头；你要窥伺（伤）她的脚跟。"

16. 又对女人说："我必多多加

eius calcaneum□

16. Et mulieri dixit: Multiplicans multiplicabo tristitias ruas et gemitum tuum. In tristitiis paries filios, et ad virum tuum conversio tua et ipse tui dominabitur.

17. Adae autem dixit: Quia audisti vocem mulieris tuae et edisti de ligno de quo praeceperam tibi de eo solo non edere, maledicta terra in operibus tuis; in tristitiis edes illam omnes dies vitae tuae.

18. spinas et tribulos edet tibi, et edes fenum agri.

19. In sudore faciei tuae edes pa-nem tuum, donec convertaris in terram, ex qua sumtus es, quia terra es et in terram ibis.

20. Et vocavit Adam nomen mulieris suae "Vita" quoniam haec est mater omnium viventium.

21. Et fecit Dominus Deus Adam et mulieri eius tunicas pelliceas et induit eos.

22. Et dixit Dominus Deus: Ecce Adam factus est tamquam unus ex nobis in cognoscendo bonum et malum, Et nunc ne aliquando extendat manum et sumat de ligno vitae et edat et vivat in aeternum.

23. Et dimisit ilium Dominus Deus de paradiso voluptatis operari terram ex qua sumtus est.

增你怀胎的苦楚，你生产儿女必多受苦楚。你必恋慕你丈夫，你丈夫必管辖你。"

17. 又对亚当说，你既听从妻子的话，吃了我所吩咐你不可吃的那树上的果子，地必为你的缘故受咒诅。你必终身劳苦，才能从地里得吃的。

18. 地必给你长出荆棘和蒺藜来，你也要吃田间的菜蔬。

19. 你必汗流满面才得糊口，直到你归了土，因为你是从土里出的。你本是尘土，仍要归于尘土。

20. 亚当给他妻子起名叫"生命"（夏娃），因为她是众生之母。

21. 上帝为亚当和他妻子用皮子做衣服给他们穿。

22. 上帝说："看哪，亚当已经与我们中的一位相似，能知道善恶。现在恐怕他伸手又摘生命树的果子吃，就永远活着。"

23. 上帝便打发他出乐园去，耕种他所自出之土。

24. Et eiecit Adam et conlocavit eum contra paradisum voluptatis, et ordinavit Cherubim et flammeam rhomp-haeam quae vertitur custodire viam ligni vitae.

24. 于是把他赶了出去，安置在乐园的对面，又安设基路伯和四面转动发火焰的剑，要把守生命树的道路。

中译者后记（下）

鉴于《〈创世记〉字疏》（上）和《〈创世记〉字疏》（下）是单独成册分别出版的，上部的《中译者后记》里涉及全书的一些说明这里得赘述一下。

奥古斯丁的《〈创世记〉字疏》是按照经文的字面意义或文字自身的真实含义——奥古斯丁也称之为历史事实自身的意义，不是对将来事件的预示或预表，故与比喻意义或寓意相对——解释《创世记》前三章的注释作品。全书共有十二卷，分编为上下两部，每一部有六卷组成。但从内容看，第一卷到第五卷应该是一部分，注释《创世记》第一章1节至第二章6节，涉及六日创世的工作以及上帝在第七日的安息；第六卷到第十一卷为一部分，注释第二章第7节至第三章24节经文，涉及亚当的身体和灵魂的问题、伊甸的园子、女人的被造、亚当后代之灵魂的起源、堕落、被逐出乐园等。第十二卷比较特别，不是严格地注释《创世记》经文，而是围绕《哥林多后书》里保罗看到的"第三重天"，单独（也较自由地）讨论乐园问题，带有较浓的神秘主义色彩。

中译本奥古斯丁《〈创世记〉字疏》（上、下）主要译自英译本，严格对照拉丁文本。中译本采用的英文本是 *Ancient Christian Writers, the Works of the Fathers in translation*, edited by Johannes Quasten/Walter J. Burghardt/Thomas Comerford Lawler; *St. Augustine: the Literal Meaning of Genesis*, Translated and annotated by John Hammond Taylor, S. J., Gonzaga University, Spokane, Washington, Paulist press, New York/

Mahwah。采用的拉丁文本是 Migne, PL: S. Aurelii Augustini Opera Omnia: Patrologiae Latinae Elenchus。

中译本翻译过程中比较大的一个问题是《创世记》经文的翻译。由于奥古斯丁使用的是古拉丁语旧约（OL），其大部分内容都基于 LXX，即七十子希腊文本，但有些地方与 LXX 有出入，请读者留意注释里英译者的说明。经文的中文主要参考和合本圣经，但与和合本有出入的，严格按照拉丁文和英文直译，尤其是奥古斯丁重点注释的一些关键字词和断句，尽量忠实于奥古斯丁的版本。另外，附录 2 整理了奥古斯丁所使用的旧拉丁文《创世记》第一章 1 节至第三章 24 节的拉丁文，并附中文对照，读者也可以对照合和本圣经阅读。

再者，在《〈创世记〉字疏》（下）翻译的过程中，中译者认为有几个问题需要扼要说明一下：

1. 奥古斯丁在第十二卷专门讨论"visio"（vision）问题，把它分为三类：属体的、属灵的和属理智的。由于这个词包含三个基本的意思，即看或看见（videntur）、看见的视象以及异象，在翻译过程中，为了保持行文的统一性，基本上都译为"异象"，前面为了说明三类异象产生的方式，也译成"看"，尽管属体的"异象"其实不能算"异象"，只是指身体感官（眼睛）的看以及它看到的视觉；而属灵的看，其实不是看，而是灵的一种想（cogitatur）；属理智的看，则是理智的一种凝视（conspicitur）。奥古斯丁为了说明这三种不同的看，举了一个例子，即圣经上的一句经文"你要爱人如己"，认为这个句子里同时包含了这三类看或异象：在体的意义上看见（videntur）文字，这是属体的异象；在灵的意义上想到（cogitatur）邻人，这是属灵的异象；在理智的意义上凝视（conspicitur）爱，这是属理智的异象，严格来说，这第三类才是真正意义上的异象，也是奥古斯丁认为的保罗"被提"到第三层天或乐园所看到的异象。

2. 奥古斯丁在第十二卷还专门讨论了 spiritus 与 mens 的联系和区

别。这里的 mens 对应英文 mind，为了与"灵"对应，本书把 mens 译为"心"。灵与心是灵魂（anima）的两个部分，或者两种能力，灵是灵魂里较低的能力，而心是它较高的能力，其实就是它的理智部分或理解能力。但有时他又把 spiritus 和 anima 混合使用，把 mens 和 intellectus 混合使用。中译本比较严格地按照拉丁文来处理这几组术语，希望读者能按照上下文来区分和理解。

3. 还有一组术语就是 imagio, imagines（image, images）和 similitudines（likeness）。两者都是指灵在自身中产生的像，是物质事物的某种像，也是灵所看见的对象，或者说是属灵的异象。虽然两个词指的是同一个意思，但由于用了两个不同的拉丁词，故中译也相应译为影像和样式。另外当提到的是上帝的 imagio 时，还是译成"形象"，以区别于灵的"影像"。

4. 最后一组需要说明的术语是：corpus，基本意思是身体、物体、形体；corporeus 或 corporalis，是 corpus 的形容词，基本意思为属体的（身体的，物体的，形体的），它的反义词 incorporeus 或 incorporalis 意思为非体的、非物质的、无形的。这一组词在不同的上下文中尽量采取相对应的译法，但有时考虑到中文的习惯，在不影响含义的前提下会略有调整。

本译著是国家社科重点项目"新柏拉图主义哲学基本经典集成及研究"（项目批准号 17AZX009）的中期成果。

鉴于本人在语言（包括中文、英文、拉丁文）训练上的不足，译文中难免会有许多瑕疵甚至讹误，诚请读者批评指正，不胜感激。

石敏敏

浙江工商大学

2018.2